"十二五"职业教育国家规划教材

经全国职业教育教材审定委员会审定

复旦卓越 · 21世纪经济学系列

经济学基础与应用

（第二版）

主　编　胡田田

副主编　杨跃琴　刘春月

参　编　沈　晶　隋秀娟

復旦大學出版社

内容提要

本书是一本趣味性很浓，可读性极强的经济学教程，它在经济学经典的理论框架下，运用生活、生产中的鲜明实例生动地阐述经济的点点滴滴，把原本深奥的经济学原理还原为浅显易懂的事理常规，启发我们从经济学的视野去思考和解读问题，让我们的经济活动更有准则和方向！

经济学不是复杂的图形和公式，也不是只存在于课堂的知识，生活中我们需要有经济学的思维方式，我们每一个人都应该是经济学家！

在当今社会，谁不学习经济学，谁就不懂得怎样生活。

——保罗·萨缪尔森

第二版前言

本书在坚持经济学理论系统性的前提下，以适用性、实用性和应用性为原则，对庞杂的经济学原理进行分析取舍、优化整合，并运用生活、生产中的鲜明实例将原本深奥的经济学原理还原为浅显易懂的事理常规，为学生提供分析经济现象与解决现实经济问题的理论知识、分析方法和解决思路，着重培养学生的经济学思维，为提高学生综合素质、增强职业发展能力打下坚实的基础。第二版教材延续第一版中运用生动活泼的实例阐述经济基本原理，解析热点经济问题的主旨风格，在不失理论严谨性的前提下，进一步创新性地打破经济学传统理论框架，以生活、生产中的鲜活实例为血肉，从经济学思维的建立到日常的生活与消费，延伸到毕业之后从事的管理与营销工作，进一步扩展到民生热点与国际经济交往，运用七个学习领域——走进经济学、生活经济学、消费经济学、管理经济学、营销经济学、民生经济学和国际经济学勾勒出现代经济学的基本轮廓。

本书在内容和文字处理上，坚持紧密联系生活、生产实际，语言力求通俗简洁，注重内容的趣味性与可读性；结构编排上，每个学习领域前设有学习目标与关键词汇索引，学习领域结束附阅读材料、复习思考题与实训项目，非常方便学生开展自学及实践活动，达到融“教、学、做”为一体，强化学习效果的目的。第二版教材更进一步充实了与经济学理论结合紧密且可操作性强的实训项目，并将项目实施所需的辅助素材加入教材，提升了实践环节的可操作性,突出亮点。

本书第一版于2010年7月出版,教材出版以来,受到从事经济学教学的许多同仁以及广大学生的重视和欢迎,他们给本书以肯定,也指出不少差错,在此,我表示衷心感谢。根据大家的意见和要求,结合教学过程中使用教材的体会和思考,除了上述的学习领域划分与实践环节强化,我还对第一版教材做了如下改动:(1)仔细校对并订正了第一版教材书写、排版等方面的错误,对原教材中的某些疏漏予以补充,对时效性较强的案例与数据进行更新与完善;(2)以简洁的语言归纳各学习领域的核心内容,作为本书学习精要加入教材,为学生复习与备考提供有益帮助;(3)替换了第一版教材的部分复习思考题,使之与书中内容搭配更加合理,并将参考答案详解加入教材。参与本书再版的有杨跃琴、刘春月、沈晶、隋秀娟等,全书由我设计、修改和统稿。在再版工作中,我们仍力求完美,但难免有疏漏与不足之处,敬请广大同仁和读者批评指正。

胡田田

2014年7月

目　　录

学习领域一　走进经济学——像经济学家一样思考

通过"大炮与黄油的矛盾"了解经济学的产生与解决的主要问题，认识资源稀缺性、生产可能性边界等概念；从人们总是面临权衡取舍认识选择的重要性，了解经济学家如何思考选择问题；回顾经济学发展历程，走近马克思到凯恩斯十位著名经济学家，了解他们的贡献和代表著作；通过近年诺贝尔经济学奖探索当代经济学发展的最新动态；走进经济学，学习像经济学家那样思考！

学习领域二　生活经济学——经济领域热点(焦点)问题透视

认识垄断、外部性、公共物品、洛伦兹曲线与基尼系数,思考如何将中国的收入蛋糕做大分好,透视生活中的经济热点(焦点)问题,把原本深奥的经济学原理还原为浅显易懂的事理常规。

学习领域三　消费经济学——做个明明白白的消费者

运用供需工具分析小镇的冰淇淋市场,揭示亚当·斯密"看不见的手"调节经济的基本机制;解读萨缪尔森"幸福=效用/欲望"方程式,从生活中水和钻石的价值悖论引出消费过程中的边际效用递减规律,运用基数效用论和序数效用论分析消费者均衡;指出家装市场中的消费者陷阱,了解信息不对称带来的市场逆向选择与道德风险;总结理性消费的若干原则,做个明明白白的消费者。

学习领域四　管理经济学——投入、产出、成本与收益

从"三季稻不如两季稻"总结企业生产中客观存在的边际产量递减规律，从"小的是美好的"还是"大的是美好的"回答中引出对企业适度规模的思考，从"言利必有义"谈企业利润最大化的经营目标，针对大学生自主创业提出中肯的建议，认知投入、产出、成本与收益，掌握管理经济学初步。

学习领域五　营销经济学——抓住市场扩大效益

企业销售产品实现利润离不开市场。本学习领域通过对几个典型行业的分析介绍完全竞争、完全垄断、垄断竞争、寡头垄断四种市场类型，重点把握不同市场中企业竞争策略的制定，如何抓住市场扩大效益是企业市场竞争永恒不变的主题。

学习领域六 民生经济学——居民的钱口袋和国家的宏观调控

全面认识国民收入体系中的总量指标,为什么GDP不是万能,但没有它却万万不能?大学生就业难与物价飞涨引发人们对失业和通货膨胀问题的关注,我国官方公布的失业率数字是如何统计的?反映通货膨胀程度的消费物价指数CPI在我国又是怎样核算的?政府这只"看得见的手"为实现既定的宏观调控目标如何发挥作用?透视中国经济发展如何创造"世界之最"!

学习领域七 国际经济学——国际贸易与国际金融

了解贸易如何改变人们的状况,透视全球化进程中愈演愈烈的贸易摩擦,了解货币及货币制度,分析人民币汇率变动及未来走势,了解人民币有望成为国际硬通货这一事实。

学习领域一

走进经济学

——像经济学家一样思考

通过“大炮与黄油的矛盾”了解经济学的产生与解决的主要问题，认识资源稀缺性、生产可能性边界等概念；从人们总是面临权衡取舍认识选择的重要性，了解经济学家如何思考选择问题；回顾经济学发展历程，走近马克思到凯恩斯十位著名经济学家，了解他们的贡献和代表著作；通过近年诺贝尔经济学奖探索当代经济学发展的最新动态；走进经济学，学习像经济学家那样思考！

学习目标

- 了解经济学的由来与发展历程；
- 掌握经济学的研究对象与主要研究内容；
- 区分实证与规范的经济学分析方法；
- 认识选择的重要性，建立基本的经济思维。

关键词汇索引

生产可能性边界　稀缺性　微观经济学　宏观经济学　经济学　计划经济　市场经济　实证分析　规范分析　机会成本　生产率

第一节　大炮与黄油的矛盾

——一个古老但实用的经济学成语

一、"大炮与黄油的矛盾"

作为一个古老但实用的经济学成语,大炮与黄油的矛盾经常被经济学家挂在嘴边。它是指具备一定生产技术水平和一定数量经济资源的一个社会,所能生产的各种物品的量是有限的,多生产某种物品就要减少其他物品的生产。简化分析,假设某经济社会只生产大炮和黄油两种物品,那么多生产大炮就要少生产黄油,多生产黄油就要少生产大炮。即在资源一定的情况下,大炮与黄油的生产数量是此消彼长的,我们称之为"大炮与黄油的矛盾"。

假定一个社会在资源既定的情况下,如果全部资源都用来生产大炮,可以生产 15 万门;而全部资源都用来生产黄油则可以生产 5 万吨。在这两种极端的可能性之间,通过经济资源在两种产品生产间的转移,大炮与黄油此消彼长,还存在其他数量的组合。假设这个社会在决定大炮与黄油的生产时提出了 A、B、C、D、E、F 六种组合方式,如表 1－1 所示。

表 1－1　大炮与黄油的生产组合方式

组合方式	黄油(万吨)	大炮(万门)
A	0	15
B	1	14
C	2	12
D	3	9
E	4	6
F	5	0

如果用横轴表示黄油的产量,纵轴表示大炮的产量,建立坐标系,将 A、B、C、D、E、F 六种组合标示在坐标图中,并连接成线 AF,如图 1－1 所示,则 AF 线是在资源既定的条件下所能

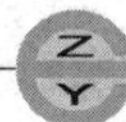

达到的大炮与黄油最大产量的组合线。这种表明在既定的经济资源和生产技术水平下所能达到的两种产品最大产量组合的曲线，被称为*生产可能性边界*（Production Possibility Frontier; PPF）。

☞生产可能性边界(PPF)是指在既定的经济资源和生产技术水平下所能达到的两种产品最大产量组合的曲线。

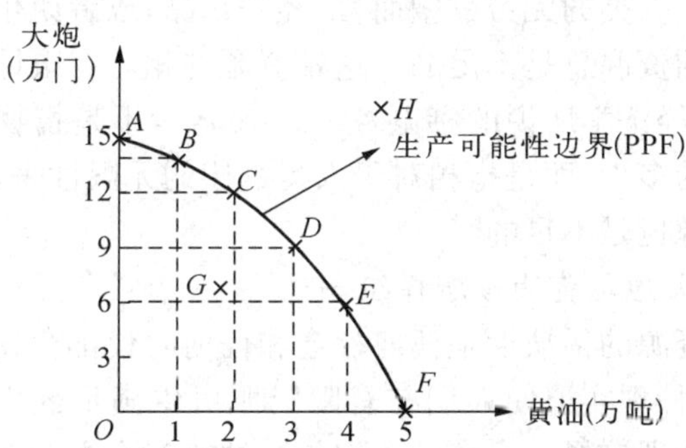

图1-1　大炮与黄油的生产可能性边界

二、"大炮与黄油的矛盾"引出的三个问题

1. 为什么所能生产的大炮与黄油数量是有限的？

大炮与黄油的生产数量是有限的，其根源在于人类社会用于生产的经济资源总是稀缺的。西方经济学正是基于人类欲望的无限性和满足欲望的经济资源的稀缺性这一矛盾而产生。

欲望（Desire），即需要，是由人之本性所产生的想达到某种目的的要求。美国心理学家亚伯拉罕·马斯洛（Abraham Harold Maslow）把人的欲望划分为五个层次：第一，基本的生理需要，即吃、穿、住等生存的需要，这是最底层的需要；第二，安全的需要，即希望未来生活有保障，如免于伤害、免于受剥夺、免于失业等；第三，社会的需要，即感情、爱和归属感的需要；第四，自尊的需要，即人需要有名誉、威望和地位；第五，自我实现的需要，即实现自己的最高理想。这些欲望或需要一个接一个地产生，当基本的欲望首先得到满足，总是又产生新的更高层次的欲望和需要。因此，人的欲望是无限的。

☞欲望(Desire)即需要，是由人之本性所产生的想达到某种目的的要求。

西方经济学家把满足人类欲望的物品分为"自由物品"和"经济物品"。自由物品（Free Goods）是指人类无需任何代价就能自由取用的物品，如空气、阳光等，其数量是无限的；*经济物*

☞经济物品(Economics Goods)指人类必须付出代价才能够取得的物品，即必须借助生产资源通过人类加工出来的物品。

品(Economics Goods)是指人类必须付出代价才能够取得的物品,即必须借助生产资源通过人类加工出来的物品,在人类社会中经济物品可谓无处不在,对人类生活具有十分重要的意义,但它的数量是有限的。

相对于人类的无穷欲望而言,经济物品,或者说生产这些物品所需要的资源总是不足的。这种资源的相对有限性就是稀缺性。可见,经济学所说的*稀缺性*(Scarcity),不是指物品或资源绝对数量的多少,而是指相对于人类欲望的无限性来说,再多的物品和资源也是不足的。

☞**稀缺性**
(Scarcity)指物品或资源,相对于人类无限欲望来说,总是不足的状态。

2. 生产的大炮与黄油该怎样组合?

经济资源的稀缺性是任何社会和任何时代都存在的一个基本事实,这种现实迫使人们在有限资源可供满足欲望的多种途径中进行合理选择。生产的大炮与黄油该怎么组合就是一个与资源稀缺性相联系的选择问题。

稀缺的资源如何进行合理配置是*微观经济学*(Microeconomics)研究的主要内容。包括以下五个基本问题:生产什么?(产品)what;如何生产?(生产要素组合)how;为谁生产?(分配)for whom;此外,还有生产多少?(数量)how many;何时生产?(时间)when。

☞**微观经济学**
(Microeconomics)
研究家庭和企业如何做出决策,以及如何在市场上相互交易,解决经济资源的合理配置问题。

第一,生产什么物品与生产多少。用大炮与黄油的例子来说,就是生产大炮还是黄油;或者生产多少大炮、多少黄油,即在大炮与黄油的无数种可能数量组合中选择哪一种组织生产。在这一问题决定后还涉及另外两个问题。

第二,如何生产,即用什么方法来生产大炮与黄油。生产方法实际就是如何对各种生产要素进行组合,是多用资本、少用劳动,用资本密集型方法来生产呢?还是少用资本、多用劳动,用劳动密集型方法来生产?不同的方法可以达到相同的产量,但其经济效率并不相同。

第三,生产出来的产品如何分配,即大炮与黄油按什么原则分配给社会各阶级与各成员。这也就是为谁生产的问题。

稀缺性是人类在各个社会和各个时期都会面临的永恒问题,所以,选择“生产什么”、“如何生产”和“为谁生产”的问题,成为人类社会所必须解决的基本问题。这三个问题被称为资源配置问题。

经济学是为解决资源稀缺性问题而产生的，因此，经济学所研究的对象就是由资源稀缺而引起的选择问题，即资源配置问题。也正是在这种意义上，许多经济学家把经济学定义为研究稀缺资源在各种可供选择的用途之间进行分配的科学。

3．为什么有时生产的大炮与黄油只能在 G 点？如何使生产的大炮与黄油达到 H 点？

人类社会往往面临这样一种矛盾：一方面资源是稀缺的；另一方面稀缺的资源还得不到充分的利用。20 世纪 30 年代大萧条时期，西方发达国家普遍存在资源的浪费，使得大炮和黄油的产量无法达到生产可能性边界线上（只能在图 1－1 中的 G 点）；当经济缺乏效率时，也会产生这种后果，如我国 1958 年大跃进以及十年动乱时期的情况。因此，要使社会处在生产可能性边界上，必须充分利用现有的经济资源和提高经济效率。

人类社会为了发展，也不能仅仅满足于达到生产可能性边界的水平，还要使既定的资源生产出更大的产量（如达到图中的 H 点），这样，资源的稀缺性引出了另一个问题：资源利用。即如何更好地利用现有的稀缺资源，使之产出更多的产品，这是*宏观经济学*（Macroeconomics）研究的主要内容。

宏观经济学（Macroeconomics） 研究整体经济现象，包括通货膨胀、失业和经济增长，解决经济资源的充分利用问题。

大炮与黄油的矛盾引出稀缺资源不仅存在合理配置的问题，还存在充分利用的问题。微观经济学在假定资源已实现充分利用的前提下分析如何达到最优配置，而宏观经济学则是在假定资源已实现最优配置的前提下分析如何达到充分利用，两者共同构成了经济学的整体。从“大炮与黄油的矛盾”这一古老但实用的经济学成语中我们可以引出经济学的完整定义，*经济学*（Economics）是一门研究如何合理配置和充分利用稀缺资源，以更好地满足人类无限欲望的社会科学。

经济学（Economics） 研究如何合理配置和充分利用稀缺资源，以更好地满足人类无限欲望的一门社会科学。

三、选择与经济体制

稀缺性决定了每一个社会和个人总是面临权衡取舍。哈佛大学经济学教授、美国经济学家 N·格里高利·曼昆（N. Gregory Mankiw）在其风靡世界的《经济学原理》一书中阐述了经济学十大原理。十大原理之首即是“人们面临权衡取舍”。曼昆用简洁通俗的语言写道：天下没有免费的午餐。为了得到我们喜爱的一件东西，我们通常不得不放弃另一件喜爱的东西。为做出决策，就要求我们在一个目标与另一个目标之间权衡取舍。

鱼和熊掌不可得兼，舍鱼而取熊掌，这是中国古人在面临选择时做出的取舍。实际生活中我们每天都面对各种选择：早饭吃包子还是油条；多花点时间工作还是多花点时间锻炼身体；是买房还是买车；空闲时间里是多学英语还是多学习经济学；是愁眉苦脸地计划将来的每一步路，还是干脆啥也不想又傻又开心地过日子。认识到生活中的权衡取舍是重要的：人们总是面临权衡取舍，只有了解了所面临的选择，才能更好地做出决策。

和我们每个人一样，一个社会也面临许多选择。社会面临的一个很重要的权衡取舍就是选择何种经济体制。按照西方经济学者的划分，经济体制大体分为以下四种类型：自给经济、计划经济、市场经济和混合经济。不同的经济体制，实现资源配置的方式不同。

自给经济(Self-supporting Economy)的特征是每个家庭生产他们消费的大部分物品，扩大一点说，是每个村落生产他们消费的大部分物品，只有极少数消费品是与外界交换来的。在这种体制下，资源配置与利用由居民的直接消费所决定，经济效率低下。

☞**计划经济(Planned Economy)** 又称指令型经济，是对生产、资源分配以及产品消费由计划当局事先指令的经济体制。

计划经济(Planned Economy)又称指令型经济，这种体制的基本特征是生产资料归政府所有，经济的管理实际上像一个单一的大公司。在这种体制下，用计划来解决资源配置和利用问题。产品的数量、品种、价格，消费和投资的比例、投资方向，就业及工资水平，经济增长速度等等，均由中央当局的指令性计划来决定。实践证明，这种体制不能解决资源的有效配置问题，效率较低。

☞**市场经济(Market Economy)** 指资源配置和利用由完全自由竞争市场中的价格机制即“看不见的手”来解决的经济体制。

市场经济(Market Economy)的基本特征是生产资料私有，经济决策高度分散。这种体制为一只“看不见的手”所指引，资源配置与利用由完全自由竞争的市场中的价格机制来解决。这种体制的缺点是不能很好地解决资源的利用和公平的缺失问题。

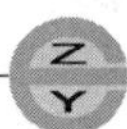

混合经济(Mixed Economy)的基本特征是生产资料的私人所有和国家所有相结合，自由竞争和国家干预相结合。换句话说，是以市场调节经济为主，政府适当干预，凭借市场制度来解决资源配置问题，依靠国家干预来解决资源利用问题。混合经济是对市场经济的改进，在这种经济体制下，效率和公平可以得到较好的协调。

☞混合经济(Mixed Economy) 生产资料的私人所有和国家所有相结合，以市场调节经济为主，政府适当干预的经济体制。混合经济是对市场经济的改进。

西方经济学认为，纯粹的自给经济、纯粹的市场经济和纯粹的计划经济在当代并不存在。非洲和拉丁美洲一些国家偏向于自给经济，北美、西欧、澳大利亚和日本等偏向于市场经济，而社会主义国家传统体制下则偏向于计划经济。伴随资本主义国家的国有化运动和社会主义国家的市场改革运动的开展，两种体制已经互相渗透、趋同，从而都具有混合经济的特征，在解决资源配置和利用问题时，方式和方法具有趋同之势。

四、经济学家如何研究选择问题——实证与规范的分析方法

每门学科都有自己的研究方法，经济学也不例外。面对同一个问题，经济学家会给出怎样独到的解释呢？从经济学方法论的角度来说，经济学家分析问题可以选择实证分析方法或规范分析方法。

可以从对一个具体事例的分析来说明经济学家分析问题的独到之处。我们以近年来经济学界关于“轿车进入家庭”的争论为例。这一争论中实际上包含了两个方面的问题：一是轿车能否进入家庭？轿车进入家庭对经济有什么影响？包括对轿车价格、居民收入、交通、能源及其他影响轿车进入家庭的因素的分析，以及轿车对整个国民经济带动作用的分析。二是轿车是否应该进入家庭？支持者认为，轿车的发展对国民经济有推动作用，而且享用轿车是消费者的权利；反对者则批判轿车进入家庭给社会与环境带来一系列负面影响等。

☞实证分析(Positive Analysis) 描述经济现象“是什么”以及社会经济问题实际上是如何解决的。即找出经济事实的真相及其隐藏的因果关系，致力于解释现实。

关于轿车能否进入家庭的分析属于实证分析，关于轿车是否应该进入家庭的问题就属于规范分析的问题。如果要给实证分析和规范分析这两个概念以较为准确的定义，则可以表述为：*实证分析*(Positive Analysis)企图超脱或排斥一切价值判断，只研究经济本身的内在规律，并根据这些规律，分析和预测人们经

☞**规范分析(Normative Analysis)** 对已有的经济现象、经济运行状态做出是非曲直的主观价值判断，力求回答“应该是什么”的问题。

济行为的效果。它要回答“是什么”的问题。*规范分析*(Normative Analysis)以一定的价值判断为基础，提出某些标准作为分析、处理经济问题的标准，树立经济理论的前提，作为制定经济政策的依据，并研究如何才能符合这些标准。它要回答“应该是什么”的问题。

可以看出，实证经济学研究经济运行规律，不涉及评价问题，规范经济学则是对经济运行进行评价。实际上，无论是实证经济学还是规范经济学，都与经济目标相关。经济目标是分层次的，目标的层次性越低，越与经济运行联系密切，因而研究越具有实证性；目标层次越高，越需要对经济运行进行评价，研究越具有规范性。所以从这个意义上来说，就像微观经济学和宏观经济学是从不同角度来研究经济问题并不矛盾一样，实证经济学和规范经济学是在经济目标的不同层次上进行研究，同样具有相互补充、功效各异、构成整体的效果。正因为如此，近年来经济学家对于宏观经济问题的研究之规范化分析有所加强。

> 即问即答：列举三个你在生活中面临的重大权衡取舍的例子。

第二节　经济学发展的三个里程碑

随着人类社会的不断发展，经济学一直在变化着。在前资本主义社会，由于生产力水平不高，自然经济占统治地位，一些经济思想家对当时的经济问题提出过他们的见解，但都比较零散，缺乏科学性、系统性。资本主义诞生以来，由于社会生产力的快速发展，客观上要求人们去发现经济发展的一般规律。当时在西方应运而生了许多不同的经济学说和流派，试图对经济现象作出合理解释。

最先登场的是重商主义学说。该学说认为，财富就是贵重金属，流通领域中交易着的都是财富。因此，国家重视商业流通，采取各种方法限制贵金属的流出，并对经济活动积极保护。

随着资本的原始积累，到了17世纪下半叶，西方国家尤其是英国的纺织、采煤、冶金、炼铁、造船等工业都有了较快的发展，资本主义工业也已进入工场手工业阶段。社会财富的增长不再单纯表现为货币的积累，而更表现为社会再生产过程中创造出来的物质财富的增加。在这一背景下，重商主义已不能完全解释资本主义的发展。经济思想家也从对流通的研究转移到对生产、分配、交换、消费各个社会再生产过程的研究上来。1776年，亚当・斯密（Adam Smith）《国民财富的性质和原因的研究》（简称《国富论》）一书的发表，标志着真正意义上的西方经济学的开始。《国富论》的主要思想是：任何一个部门的劳动都是国民财富的源泉，并主张国家应对经济活动采取自由放任的态度。然而，斯密对于一些简单的经济现象却不能给出合理的解释。比如：不同年代的葡萄酒价格怎么相差那么大？既然价值取决于劳动，那么一瓶酒生产出来以后，其中的劳动是一定的，价格应该一样，可是在日后的销售中，价格相差却太大。再如，梵高的作品可以卖到几千万美元以上，这个价格中又包含了什么呢？因此，随后在1871—1874年出现了边际效用论。边际效用论认为价值的决定不是客观的，而是取决于人们对商品的主观评价。在我们的生活中也的确存在这样的事实：同样的一件东西，有人认为它身价百倍，有人认为它一钱不值。实际上，边际效用论强调需求和消费对价格的决定作用，而劳动价值论则是强调生产和供给。这两者如何并存呢？英国经济学家阿尔弗雷德・马歇尔（Alfred Marshall）在他的《经济学原理》中引入均衡的概念，把这两种理论结合到一起，对西方社会产生了极大的影响，从而引出经济学发展的第一个里程碑——微观经济学（亦称新古典经济学）。

一、微观经济学

1. 微观经济学的产生及发展

一般认为，微观经济学的奠基者是英国经济学家阿尔弗雷德・马歇尔，他首次系统地将数学分析工具用于构建完整的微观经济学分析框架，被认为是经济学中具有里程碑性质的成就。在他之后，一些经济学家如约翰・贝茨・克拉克（John Bates

Clark)、欧文·费雪(Irving Fisher)等相继提出的在完全竞争条件下的边际生产力分配论、效用理论、报酬递减理论、无差异曲线理论和方法等,进一步丰富和发展了微观经济学理论体系。

2. 微观经济学的理论特色

微观经济学的体系很严密,从基本的前提假定出发,用数学工具来分析经济问题。它的前提之一:人都是理性的人,都追求私利,以最小的投入追求利益的最大化;前提之二:完全竞争假设,即经济中不存在垄断;前提之三:信息完全假设,要想实现利益的最大化,就必须有良好的信息传递机制,即价格机制。因为价格每时每刻都会根据供求发生变动,它可以传递全部供求信息,这就是亚当·斯密所说的"有一只看不见的手,在控制着成千上万人的行为";前提之四:市场出清假设,指供给和需求刚好相等时的状态。通过以上假设可以得出:市场可以自我调节,国家不应该进行干预,这样的机制就能创造出一个理想的经济社会。

二、宏观经济学

1. 宏观经济学的产生及发展

从18世纪的亚当·斯密到后来20世纪的阿尔弗雷德·马歇尔,经济学家一直坚信市场上"看不见的手"的原则,主张采取放任自流的经济政策,"商品供给自行创造需求"。然而,在1929—1933年爆发了一场历史上从未有过的经济危机,整个资本主义世界陷入了举步维艰的境地:商品积压、物价暴跌、工厂倒闭、工人失业。这场危机使整个工业状况倒退到了1908年的水平,20多年积累的财富荡然无存。这场震撼世界的经济危机给传统的经济理论以沉重的打击,传统的经济学家对这一现象无法解释,也拿不出如何摆脱危机的政策。这时,西方国家不得不干预经济生活,以保持政治上的稳定,那么这种干预的理论依据是什么呢?凯恩斯经济理论就此诞生了。

1936年英国经济学家约翰·梅纳德·凯恩斯(John Maynard Keynes)发表了《就业、利息和货币通论》(简称《通论》)一书,主张加强政府的宏观管理。他的理论得到了当时以美国为首的西方国家的认可,并被付诸实践,这就是所谓的凯恩

斯革命——标志着经济学发展史上的又一个里程碑，并从实际上宣告了宏观经济学的诞生。

2. 宏观经济学的理论特色

在凯恩斯以前，严格来说，并没有宏观经济学，因为新古典的微观经济学告诉我们，只要在微观上市场是供求均衡的，在宏观上就不会出现总量的不平衡；即使出现，也是短暂的。而凯恩斯理论正式把"国家干预"引入经济学领域，给"看不见的手"一个相得益彰的伴侣——"看得见的手"。凯恩斯在他的著作中，推翻了新古典经济学的最终结论。他认为人不是理性的，尤其在大萧条时期，人们普遍具有"羊群心理"，同时信息也是不对称的，其中一个重要假设是：价格是僵化的，市场是不均衡的；商业需要政府的干预来帮助。

既然凯恩斯对新古典经济学进行了革命，那么到今天为什么新古典经济学仍然存在呢？这要归功于美国经济学家保罗·萨缪尔森(Paul A Samuelson)，他在《经济学》(至今被奉为全球经济学之圣经)一书中把新古典经济学和凯恩斯理论进行了综合，即新古典综合经济学。

二战以后，"新古典综合派"充当西方主流经济学的角色，一直持续到 20 世纪 60 年代中期。但到了 70 年代，世界经历了严重的石油危机。国际油价大幅上升，西方出现严重的经济"滞胀"现象。按照凯恩斯的理论，失业和通货膨胀不可能同时存在。"滞胀"的出现给新古典综合派一次沉重的打击——它对于经济"滞胀"无法在理论上给予解释，因此也不能提出相应的政策措施。在这种背景下，货币主义和理性预期学说流行起来了。

三、货币主义和理性预期学派

货币主义学派的代表人物是 1976 年获得诺贝尔经济学奖的美国经济学家米尔顿·弗里德曼(Milton Friedman)，他是一名坚定的自由主义者。货币主义对凯恩斯理论提出质疑和挑战，主要观点是坚持经济自由主义，反对国家过多干预。货币学派认为，市场经济中的波动与政府干预有很大关系。如果让价格自由发挥其传递信息、激励和分配收入的作用，那么，市场将出现最好的资源配置效率，个人和社会可以谋得最大福利；但如果政府干预经济，就将破坏市场机制的作用，阻碍经济发展，甚至造成或加剧经济的动乱。不过，政府仍要充当“守夜人”角色，还要保护产权和契约的执行，促进市场的完善。

然而，任何具有稳定作用的货币政策，在预期面前都是黯淡的。因为如果信息充分，当政府实施一项政策时，人们已经能准确地预期到政府会做什么，那么政府的政策会失效，这时人们的对策和政策同时会起作用，预期成为理性。这就是在经济学发展史上带来深远影响的理性预期学派的主要观点，它是货币主义学派的一个分支，其代表人物是1995年诺贝尔经济学奖获得者美国经济学家罗伯特·卢卡斯(Robert Lucas)。经济学家们继承并发展了以卢卡斯为代表的理性预期学派，坚持市场完善和理性预期是可以被接受的理论假说，被称为“新古典主义”经济学派。

总之，从统一的政治经济学到微观经济学的兴起、宏观经济学的产生，再到新古典主义经济学派的问世，基本描画出了经济学一百多年来的发展轨迹，微观经济学、宏观经济学和新古典主义经济学派也成为经济学百年发展的三个里程碑式的成就。

即问即答：分别列举两个主要涉及微观和宏观的经济现象，并简述微观经济学与宏观经济学的区别和联系。

第三节　从马克思到凯恩斯的十大经济学家

西方经济学作为一种理论形态已经有近三百年的历史，在此期间，涌现出许多著名的经济学家，他们的理论思想为人类社会的发展和繁荣作出了巨大的贡献。在此，我们一起沿着经济史的长河来研读从马克思到凯恩斯十位经济学家的生平和贡献。

一、卡尔·马克思(1818—1883)

德国政治哲学家及社会理论家，马克思主义创始人，经济学家。

马克思出生的年代，正是资本主义矛盾积聚的时期。财富向少数人集中，而广大的工人中却出现了大量的贫困人口。工人和资本家的斗争从改善生活到争取政治权利，工人运动急需理论的指导。

1867年，马克思写出了奠定自己在经济学史上巨人地位的著作《资本论》，成为第一位最全面地分析资本主义制度和资本主义制度影响社会生活方式的学者。在《资本论》中，他所做的就是“揭示现代社会经济运动的规律”。他认为，工人的劳动是剩余价值的最终来源。随着经济危机的日趋严重和工人阶级的成长，资本主义制度最终必然灭亡，社会主义是人类社会的美好未来。

二、马利·埃斯普里·里昂·瓦尔拉(1834—1910)

法国经济学家，边际学派经济思想的创始人，主要著作：《政治经济学和正义》。

瓦尔拉是边际效用概念的独立发现人之一，他认为价格取决于消费者的需求。他最著名的成果是创立了一般均衡经济模型，用数学公式表达价格系统的构成，对经济学进行了彻底的改革。这一均衡理论也被称为“瓦尔拉一般均衡”，至今仍是现代经济理论的重要组成部分。

三、卡尔·门格尔 (1840—1921)

奥地利著名经济学家，是19世纪70年代“边际革命”的三大发起者之一，经济科学中的奥地利学派当之无愧的开山鼻祖。主要经济著作：《国民经济学原理》(1871年)。

门格尔的学术生涯主要体现在他对

主观价值的贡献上,这在当时的资产阶级经济学界产生了较为广泛的影响。19 世纪 80 年代,他的周围出现了一大批追随者,并成为强有力的奥地利学派。他与英国的杰文斯、法国的瓦尔拉同时发现了边际效用原则。但是,门格尔用通俗的方法传播主观价值论,其影响远远超出了其他两人。

四、阿尔弗雷德·马歇尔(1842—1924)

当代经济学的创立者,现代微观经济学体系的奠基人,剑桥学派和新古典学派的创始人,19 世纪末 20 世纪初英国乃至世界最著名的经济学家。主要著作:《经济学原理》、《经济学精义》、《关于租金》等。

马歇尔继承了由斯密开创、李嘉图发展的古典经济学的自由主义传统,出版了划时代的巨著《经济学原理》。在这本书中,他建立起了消费者理论、生产者理论和市场竞争均衡分析理论,还提出一些重要的经济学概念如消费者剩余、准地租、需求弹性和代理公司等。他的理论奠定了新古典经济学的理论体系,坚定了当时人们对自由市场经济体制的信心。

五、维尔弗雷多·帕累托(1848—1923)

意大利经济学家、社会学家。

以帕累托的名字命名的帕累托最优理论,主要含义是:如果一个经济体不是帕累托最优,则存在一种情形——有些人可以在不使其他人的境况变坏的情况下使自己的境况变好。帕累托的另一个贡献是著名的帕累托法则——80/20 法则。帕累托发现意大利 20%的人口拥有 80%的财产,并且这种趋势存在普遍性。例如,在企业中,通常认为它 80%的利润来自 20%的项目或重要客户;心理学家认为,20%的人身上集中了 80%的智慧;推而广之,我们可以

认为，在任何大系统中，80%的结果是由该系统中约20%的变量产生的。

六、欧根·冯·庞巴维克(1851—1914)

奥地利经济学家，奥地利学派经济学说的全面发展者，20世纪初最重要的资本理论专家。

他的《资本与利息》一书已成为经济学经典著作，被称为“科学发展史上最重要、最有创造性的著作”。在书中，他提出用利息贴水理论来解释利息的实质。资本的出现使得生产能力和效率大大提高，因此资本家必须要付出代价，支付利息。

七、弗兰克·威廉·陶雪格(1859—1940)

生于捷克，后移民到美国，著名经济学家。1883年获哈佛大学经济学博士学位。他曾以美国总统威尔逊经济顾问的身份，出席巴黎和会，并被推荐为《凡尔赛和约》经济条款的起草人之一。他的主要贡献是对国际贸易中关税的研究。主要著作有：《美国对幼稚工业的保护：一项经济史研究》、《美国关税史》、《国际贸易》等。

八、欧文·费雪(1867—1947)

美国经济学家、数学家，经济计量学的先驱者之一，美国第一位数理经济学家，耶鲁大学教授。主要经济著作：《资本和收入的性质》、《利息率》、《利息理论》、《通货膨胀》等。

欧文·费雪第一个揭示了通货膨胀率预期与利率之间的关系，提出了“费雪效应”,即当通货膨胀率预期上升时,利率也将上升。通俗地解释:假如银行储蓄利率为5%,某人的存款在一年后就多了5%,是说明他富了吗?这只是理想情况下的假设。如果当年通货膨胀率是3%,那他只富了2%的部分;如果是6%,那他一年前100元能买到的东西现在要106元,而存了一年的钱只有105元,他反而买不起这个东西了!据此,他还提出一个利率计算公式:名义利率=实际利率+通货膨胀率。

九、韦斯利·克莱尔·米切尔(1874—1948)

美国经济学家。主要著作:《商业周期》、《商业周期的测量》、《景气循环》。

他一生的大部分时间致力于经济周期理论的研究,利用实际数据分析了经济周期繁荣、萧条、衰退和复兴各阶段的特征。另外,他在经济思想史方面的贡献也是巨大的。

十、约翰·梅纳德·凯恩斯(1883—1946)

英国经济学家、金融家、记者,经济学界最具影响力的人物之一。主要著作:《货币论》、《就业、利息和货币通论》、《货币改革论》等。

前面提到,20世纪30年代初的资本主义经济危机使全世界陷入恐慌,市场那只“看不见的手”已不能解决当时的问题。这时,凯恩斯出版了让他留名青史的巨著——《就业、利息和货币通论》,创立了现代宏观经济学的理论体系,实现了西方经济学演进中的一次革命,成为西方经济学史上具有划时代意义的事件。

即问即答:中国当代经济学家有哪些?你能说出他们的贡献和代表著作吗?

第四节　经济学发展的最新动态

众所周知，诺贝尔经济学奖是当今世界上最有影响力的经济学奖项，被称为当代经济学家的“王冠”。从 1969 年全球首届诺贝尔经济学奖颁发以来，有许多经济学家获此殊荣。让我们一起历数 2000 年以来诺贝尔经济学奖得主及其贡献（见表 1－2），来探索经济学发展的最新动态。

表 1－2　2000—2013 年诺贝尔经济学奖得主及其贡献

时间	人　　物	国籍	贡　　献
2000	詹姆斯·赫克曼 丹尼尔·麦克法登	美	在微观计量经济学领域，他们发展了广泛应用于个体和家庭行为实证分析的理论和方法。
2001	乔治·阿克尔洛夫 迈克尔·斯宾塞 约瑟夫·斯蒂格利茨	美	为不对称信息市场的一般理论奠定了基石。从传统的农业市场到现代的金融市场，他们的理论迅速得到了应用。
2002	丹尼尔·卡纳曼 弗农·史密斯	美	把心理学分析方法与经济学研究融合在一起，为创立一个新的经济学研究领域奠定了基础，主要研究成果是发现了人类决策的不确定性。
2003	克莱夫·格兰杰 罗伯特·恩格尔	美	他们分别用“随着时间变化的易变性”和“共同趋势”两种新方法分析经济时间序列，给经济学研究和发展带来巨大影响。
2004	芬恩·基德兰德 爱德华·普雷斯科特	挪威 美	通过对宏观经济政策运用中“时间连贯性难题”的分析研究，为经济政策特别是货币政策的实际有效运用提供了思路；通过对引起商业周期波动的各种因素和各因素间相互关系的分析，加深人们对于这一现象的认识。
2005	托马斯·克罗姆比·谢林 罗伯特·约翰·奥曼	美 德	通过博弈论分析加深了对冲突与合作的理解。

(续表)

时间	人　物	国籍	贡　献
2006	埃德蒙德·菲尔普斯	美	对经济增长的动态最优化路径进行了分析,提出了著名的"经济增长黄金律"。
2007	埃里克·马斯金 罗杰·迈尔森 莱昂尼德·赫维奇	美	在创立和发展"机制设计理论"方面所取得的成就。
2008	保罗·克鲁格曼	美	对贸易模式上分析和对经济活动的定位。
2009	埃莉诺·奥斯特罗姆 奥利弗·威廉森	美	在经济管理分析方面,特别是对公共资源管理与公司边界问题的分析使经济管理学科从经济学研究的边缘走向前沿。
2010	彼得·戴蒙德 戴尔·莫特森 克里斯托弗·皮萨里德斯	美 美 英	"市场大部分交易都是为贸易而进行的,当然会出现一些贸易摩擦,买者很难得到想要买的产品,而卖者很难找到消费者。"该理论可以应用在除了劳动力市场之外的整个房地产市场和家庭经济学中。
2011	克里斯托弗·西姆斯 托马斯·萨金特	美	在宏观经济学中对成因及其影响实证研究作出了贡献。
2012	埃尔文·罗斯 罗伊德·沙普利	美	因稳定配置和市场设计实践理论获奖。
2013	尤金·法马 拉尔斯·皮特·汉森 罗伯特·J·席勒	美	因对资产价格的实证分析共同获得殊荣。

从表1-2中发现,诺贝尔经济学奖得主的研究涵盖经济学领域多个方面。他们获奖的理由,或是因为建立了一种新的分析方法,或是提出了不同、角度各异的为当代经济学的发展作出了独创性或奠基性的学说。从横向上覆盖了微观经济学、宏观经济学、国际经济学和发展经济学四大部分;从纵向上包括了经济理论、数理经济学和计量经济学三个层面;从流派上涉及剑桥学派、奥地利学派、瑞典学派、芝加哥学派、新古典综合派等欧美经

济学众家之说。因此说,获奖的经济学家的理论基本上代表了西方经济学的主要成就、最高水平,对西方经济学的发展有相当大的影响,带动着西方经济学的发展走势。这种走势主要表现为:

一、数学在经济学中得到广泛而深入的应用

20 世纪以来,数学在经济学中的应用是如此的专门化、技术化、职业化甚至到了登峰造极的程度,已经成为经济学发展的主流趋势。

1. 计量经济学的崛起

"计量经济学"一词是挪威经济学家拉格纳·弗里希(Ragnar Frisch)于 20 世纪 20 年代创造的,后来,库普曼、克莱因、迪鲁布等作出了巨大的贡献,尤其是诺贝尔奖获得者克莱因(Klein)从 50 年代开始提出最早的宏观经济计量模型,为宏观经济的研究开辟了新视野。此后随着大型计算机的诞生和使用,经济结构的各种参数得以推算出来,为制定政策提供了依据。第一代计量经济学家采用较为严密的经济学方法论,主要研究"宏观"经济学领域,而在"微观"经济研究方面加里·贝克尔(Garys Becker)是第一人,他将经济计量原则首次引入原来无法以数学来计量的领域,如爱情、利他主义、慈善和宗教虔诚等,并获得了巨大成功。

2. 统计学的大规模运用

计量经济学之所以在 20 世纪得到了长足的发展并成为经济学中一个极富魅力的分支,首先得益于统计学在经济学中的广泛使用,并最终成为构建计量经济学体系的一个重要基础。例如,弗里德曼的《1867—1960 年美国货币史》就成功运用统计分析。他通过一系列的数据统计分析,得出货币实际数量的长期变化和实际收入的长期变化之间具有一种密切的相关性,从而构建了弗氏货币数量说。

3. 博弈论的引进和发展

作为一个崭新的研究方法,博弈论的应用范围已延伸至政治、军事、外交、国际关系和犯罪学等学科,但其在经济学中的应用最为成功。进入 20 世纪 80 年代以来,博弈论逐渐成为主流经济学的一部分,甚至可以说已成为微观经济学的基础,还有人

试图以博弈论语言重建整个微观经济学。博弈论研究的内容主要是决策主体的行为发生直接相互作用时的决策以及该决策的均衡问题。借助于博弈论这一强有力的分析工具,"机制设计"、"委托—代理"、"契约理论"等已被推向当代经济学的前沿。2005 年以及 2012 年的诺贝尔经济学奖就授予运用博弈论分析解决问题的经济学家。

二、研究领域的非经济化趋势

在经济学演变中出现了一个引人注目的现象,即研究领域逐渐超出了传统经济学的分析范畴,分析对象也几乎扩张到所有人类行为,小至生育、婚姻、离婚、家庭、犯罪,大至国家政治、投票选举、制度分析。一些诺贝尔经济学奖得主成功地从政治学、法学、社会学和心理学等不同角度来分析经济问题。

1. 经济学在内容上得到拓宽和深化

国际经济学——将经济分析的视野从一国扩展到其他国家,直至全世界;发展经济学——将微观经济学、宏观经济学理论运用到分析发展中国家的经济问题;现代宏观经济学和宏观经济政策,以传统宏观经济学为基础,是凯恩斯体系中分离的产品市场和货币市场相结合的结果;现代微观经济学和微观经济政策,也在传统微观经济学的基础上得到进一步的发展。

2. 案例使用的经典化趋势

在西方经济学中,用案例阐明一个定理、寓意一个规律已经司空见惯。但是,20 世纪西方经济学中的"举例",不仅已经发展到了"经典化"的地步,而且在有些定理中不举例已不足以说明问题,甚至所举的案例已具有不可替代性。被一些学者认为"博大精深"、"深奥无比"的科斯定理,就是通过一个简单的"牛群到毗邻的谷地里吃谷"的故事来完成的;1977 年诺贝尔奖获得者,英国经济学家詹姆斯·爱德华·米德(James Edward Meade)在论述外部性的发生与补偿时,给读者讲述的是"蜜蜂与果园"的例子;同样论述外部性,同样是英国经济学家,阿瑟·塞西尔·庇古(Arthur Cecil Pigou)的举例更为浪漫与优美,是"火车与飞鸟"的故事。百年来,经济学家的笔下已为后人留下许多经典性的"案例幽默"。

3. 理论研究贴近现实，为解决实际问题作出贡献

经济学一直以来就是学以致用的学科，我们也看到，无论经济学怎么发展，都是从解决现实的经济问题出发，并将随着人类历史的发展和演变而变化。

即问即答：说说你所了解的诺贝尔奖和诺贝尔经济学奖。

知识链接

诺贝尔奖是以瑞典著名的化学家、硝化甘油炸药的发明人阿尔弗雷德·贝恩哈德·诺贝尔(Alfred Bernhard Nobel)的部分遗产(3 100 万瑞典克朗)作为基金创立的。诺贝尔奖分设物理、化学、生理或医学、文学、和平五个奖项，以基金每年的利息或投资收益授予前一年世界上在这些领域对人类作出重大贡献的人，1901 年首次颁发。1968 年，瑞典国家银行在成立 300 周年之际，捐出大额资金给诺贝尔基金，增设“瑞典国家银行纪念诺贝尔经济科学奖”，通常称为诺贝尔经济学奖(Nobel economics prize)，也称瑞典银行经济学奖。1969 年首次颁发，由挪威人拉格纳·弗里希和荷兰人扬·廷贝亨(Jan Tinbergen)共同获得，美国经济学家萨缪尔森、弗里德曼等人均获得过此奖。

第五节　如何像经济学家一样思考

一、某种东西的成本是为了得到它所放弃的东西

> ☞**机会成本 (Opportunity Cost)** 指为了得到某种东西而放弃的另一样东西。可以理解为把一定资源投入某一用途后所放弃的在其他用途中能获得的最大利益。

老王原来是某机关的一个处长，年薪 5 万元。在“下海”高潮中他也辞职经商，一年下来赚了 8 万元，他认为自己“下海”是对的。经济学家如何看待老王“下海”的得失呢?

经济学家认为，世界上没有免费的午餐，做出任何决策都要付出代价。在资源既定的情况下，做出了某个决策就要放弃另一个决策，得到些什么就不得不放弃另一些什么。经济学家把为了得到某种东西而放弃的东西称为*机会成本*(Opportunity

Cost)。正如中国古话所说的:“鱼和熊掌不能兼得”,得到鱼就要放弃熊掌,得到熊掌就要放弃鱼。把机会成本这个概念用在老王身上,他“下海”赚到8万元的机会成本是什么,或者说老王“下海”经商放弃了什么呢?首先,他放弃了当处长每年的年薪5万元。其次,一个处长的收入绝不仅仅是工资,还有许多隐性收入,例如,可以享受公费医疗、以成本价购买住房、夏天可以公费度假、年底还可以分些年货,等等,据估计一个处长的这些额外收入每年约为2万元左右,这也是老王所放弃的。再者,老王“下海”需要的资金中有20万元是自己历年的储蓄,用自己的资金当然不用支付利息,但也不能存在银行中得到利息。假定利率为每年5%,这样,老王又放弃了1万元的利息收入。最后,老王当处长时,每天8小时上班,机关工作是轻闲的,晚上还可以舞文弄墨,给报刊写点小文章,一年下来亦可有1万元收入,“下海”后这份闲情没有了,当然这份收入也失去了。以上放弃的四种收入共计9万元,得到8万元付出的机会成本是9万元,当然是得不偿失。在不考虑机会成本时,老王认为自己“下海”赚了,但像经济学家一样考虑到机会成本,即所放弃的东西时,就知道“下海”亏了,还是“商海无边,回头是岸”的好。

人们在考虑到机会成本时,所做的决策会更明智。据报道硅谷离婚率低。其实这并不是因为硅谷的夫妻们感情好,更重要的是对于“时间就是金钱”的硅谷创业者来说,把许多时间用在离婚诉讼上,机会成本实在太高了。

二、理性人考虑边际量

小李最近正在考虑业余时间的学习安排,在选择电脑培训班还是会计培训班之间犹豫不定。假设电脑班收费5 000元,会计班收费3 000元。利用业余时间学习,不考虑机会成本,小李该上哪个培训班呢?

经济学家在分析这个问题时使用了边际分析法。“边际”这个词在经济学中很常见,经济学家把所研究的各种变量分为自变量和因变量,自变量是最初变动的量,因变量是由于自变量变动而引起变动的量。自变量发生一定变动引起的因变量变动值称为边际量。我们在很多问题的决策中,往往考虑的不是成本和收益的总量，而是增加量，即边际量。边际分析法的运用在现实中极为重要。

经济学家这样分析小李的问题：小李参加某个培训班所增加的成本称为*边际成本*(Marginal Cost; MC)，把从这项活动中得到的好处称为*边际收益*(Marginal Revenue;MR)。如果边际收益大于(至少等于)边际成本，就可以从事这项活动；如果边际收益小于边际成本，就万万不可从事这项活动。我们可以用这种方法来给小李出主意。参加电脑班的边际成本是5 000元，参加会计班的边际成本是3 000元，因此，只要参加电脑班后增加的收入——边际收益大于或等于5 000元，参加会计班后增加的收入——边际收益大于或等于3 000元，参加这两个班就是有利的。如果参加两个班都是边际收益大于边际成本，当然是选择大得多的那一个班了。

☞**边际成本**

(Marginal Cost; MC)原指企业最后增加一单位产品产量所增加的成本。这里延伸为从事某项额外活动多支出的成本。

☞**边际收益**

(Marginal Revenue; MR)原指企业最后增加一单位产品销售量所增加的收益。这里延伸为从事某项额外活动得到的好处。

下面我们再运用边际的思维解释我们生活中一种常见的现象——假日经济现象：许多大型零售商场在节假日期间会延长自己的营业时间，而平时却不延长。

从理论上说商场延长1小时的营业时间，就要支付1小时所耗费的成本，这种成本既包括直接的物耗，如水、电等，也包括由于延时而需要支付售货员的加班费，这种增加的成本就是边际成本。假如延长1小时增加的成本是1万元，在延时的1小时里他们由于卖出商品而增加的收益大于1万元，即边际收益大于边际成本，那么作为一个精明的企业家他就应该将营业时间延长，因为这是他能赚却还没赚到手的钱！节假日里人们有更多的时间去旅游购物，使商场的收益增加，而平时工作紧张、家务繁忙，人们没有更多时间和精力去购物，就是延时服务也不会有更多的人光顾，增加的销售额不足以抵偿延时所增加的成本。这就运用了边际的思维解释了商场在节假日延长营业时间而在平时不延长的经济学道理。

三、一国的生活水平取决于它生产物品与劳务的能力

通过电视和网络的新闻报道，人们经常将不同国家之间的居民生活水平进行对比。有的国家，居民生活富裕、安定，而有的国家，居民的生活还处于艰辛与贫穷之中。尽管每一个国家

都有富人和穷人,但如果进行整体比较,还是能够看出国家与国家生活水平之间的差异。比如,一些欧洲国家和一些非洲国家之间,其贫富差距是显而易见的。那么,一个国家的生活水平,说到底,究竟是由什么决定的呢?这就涉及一个重要的经济学概念:生产率。

☞**生产率**

(productivity)表示产出与投入比率的术语,总产出除以劳动投入即劳动生产率。

生产率(productivity),是用来表示产出与投入比率的术语,总产出除以劳动投入是劳动生产率。如果相同数量的投入生产了更多的产出,则表示生产率提高了,相反,如果相同数量的投入所带来的产出下降了,则表示生产率下降了。对于劳动者而言,其劳动生产率水平可以用单位时间内所生产的产品的数量来表示,也可以用生产单位产品所耗费的劳动时间来表示。单位时间内生产的产品数量越多,劳动生产率就越高,反之,则越低;生产单位产品所需要的劳动时间越少,劳动生产率就越高,反之,则越低。格里高利·曼昆引用著名小说《鲁滨孙漂流记》的例子来说明生产率的概念。如果克鲁索能够在固定的时间内捕到更多的鱼,那么他的生活水平就会提高。这对于一个国家同样适用。一个国家只有在相同的时间里生产更多的物品与劳务,它的成员才能享受更高的生活水平。在那些单位时间内工人能生产大量物品与劳务的国家,大多数人能够享有较高的生活水平;而在那些生产率水平较低的国家,大多数人则必须忍受贫困的生活。那么,不同水平的生产率,又是由哪些因素决定的呢?

具体来说,决定劳动生产率高低的因素主要包括:(1) 劳动者的平均熟练程度:劳动者的平均熟练程度越高,劳动生产率就越高。它包括劳动实际操作技术以及劳动者接受新技术的能力;(2) 科学技术的发展水平:科学技术发展得越快,在生产中运用得越广泛,劳动生产率也就越高;(3) 生产过程的组织与管理:主要包括劳动者的分工协作,以及工艺和经济管理方式;(4) 生产资料的规模与效率:主要包括劳动工具的使用效率,原材料和动力燃料等的利用程度;(5) 自然条件:主要包括与生产有关的地质状态、资源分布、气候条件等。将这些影响生产力水平的要素综合起来,可以帮助我们理解不同国家之间的生产率状况,并对当今世界不同国家之间的生活水平差异有更进一

步的认识。

即问即答：什么是机会成本？说明你考试前上网的机会成本。

阅读材料

理性成就快乐：像经济学家那样思考

在日常生活中，每个人其实都在自觉不自觉地运用着经济学知识。比如在自由市场里买东西，我们喜欢与小商小贩讨价还价；到银行存钱，我们要想好是存定期还是活期。在日常生活中，我们还常常烦扰于别人为什么挣得比我多，总是觉得自己得到的比应得的少，而经济学却告诉我们这样的感觉是庸人自扰，也是错误的。经济学认为别人比自己挣得多是正常的，自己得到的就是应得的，如果自己不能理性地坦然面对，只会给自己的生活带来不必要的烦扰和忧愁。

我们之所以在日常生活中遇到这样或那样的烦扰，主要还是因为对经济学有一些误解，这可能是经济学说起来比较简单的缘故。“供给与需求”、“价格”、“效率”、“竞争”等都是大家耳熟能详的经济学词汇，而且这些词汇的意思也是显而易见的，因此，很多时候，似乎人人都是经济学家。人们不敢随便在一个物理学家或数学家面前班门弄斧，但在一个经济学家面前，谁都可以就“车价跌了该高兴还是该郁闷”等实际问题随意发表自己的见解。其实，经济学中有许多并非显而易见的内容，并不是每个人想象的那么简单。在经济学领域，要想从“我听说过”进入到“我懂得”的境界并不是一件轻而易举的事情。

因此，掌握正确的经济学知识，将经济学思考问题的方法运用到日常生活中来，使我们能够更加理性地面对生活中的各种琐事，小到油盐酱醋，大到谈婚论嫁，就会减少生活中的诸多郁闷和不快，多一些开心，多一些欢笑。

资料来源：梁小民：《微观经济学纵横谈》，三联书店，2002 年。

复习思考题

一、单项选择题

1. 资源的稀缺性是指(　　)。

A. 世界上的资源最终会由于人们生产更多的物品而消耗

B. 相对于人们无穷的欲望而言,资源总是不足的

C. 生产某种物品所需资源的绝对数量很少

D. 资源绝对数量有限且不可再生

2. 生产可能性边界线以内的任何一点表示(　　)。

A. 一国可以利用的资源稀缺

B. 资源没有得到充分利用

C. 资源得到了充分利用

D. 无法实现

3. 现代微观经济学体系的奠基者是(　　)。

A. 亚当·斯密　　B. 马歇尔

C. 凯恩斯　　D. 罗伯特·卢卡斯

4. 微观经济学解决的问题是(　　)。

A. 资源配置

B. 资源利用

C. 资源浪费

D. 单个经济单位如何实现最大化

5. 宏观经济学的中心理论是(　　)。

A. 失业与通货膨胀理论

B. 国民收入理论

C. 经济周期与经济增长理论

D. 宏观经济政策

6. “宏观经济学之父”是(　　)。

A. 凯恩斯　　B. 弗里德曼

C. 帕累托　　D. 欧文·费雪

二、应用分析题

1. 设想一个生产军用品和消费品的社会,我们把这些物品

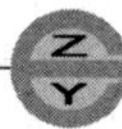

称为“大炮”和“黄油”。

(1) 画出大炮和黄油的生产可能性边界；

(2) 标出这个经济不可能实现的一点 A，再标出可以实现但无效率的一点 B；

(3) 设想这个社会有两个政党，称为鹰党(想拥有强大的军事实力)和鸽党(想拥有较弱的军事实力)。在生产可能性边界上标出鹰党会选择的一点 C 和鸽党会选择的一点 D。

2. 把下列命题分别归入微观经济学和宏观经济学。

(1) 家庭把多少收入用于储蓄的决策；

(2) 分析外国竞争对本国汽车行业的影响；

(3) 企业关于雇用多少工人的决策；

(4) 通货膨胀率和失业率之间的短期权衡取舍。

3. 把下列表述分别归入实证分析和规范分析。

(1) 中国人民银行应该提高商业银行的存款准备金率；

(2) 利率下调有利于刺激投资和消费；

(3) 经济发展过程中出现收入差距扩大是正常的；

(4) 最低工资将引起失业。

4. 经济学三个里程碑阶段分别是什么？简述每一阶段的代表人物及著作。

5.“80/20”原理对你个人有什么启示？

6. 你的姑妈正考虑开一家五金店，为此她辞去了年薪为 5 万元的会计师工作。经她计算，店面租金、购进货物和支付工人工资每年共需要 50 万元。

(1) 给机会成本下定义。

(2) 你姑妈经营五金店一年的机会成本是多少？

(3) 如果估算她一年的营业额可以达到 54 万元，她应该开这个店吗？解释原因。

7. 在我国，许多大商场和超市晚上仍开门营业，给白天工作繁忙的市民购物带来极大的方便。但是，我们很少见到银行把工作时间延长到晚上。对此，有市民在报纸上刊文批评，但仍没有见到情况有所改善。试运用边际思维解释这一现象。

8. 根据经济资料，某家庭 1999 年的生活水平相当于它在 1990 年生活水平的 6 倍。就实际消费方式而言，这意味着什么呢？不妨同你自己的父母和长辈一起讨论一下，比较你们今天的生活水平与父母那一代人的生活水平，分析两者的不同之处。

实训项目

一、实训目标

1. 对资源的稀缺性有具体的认识；
2. 掌握经济学的研究内容，确立正确的经济学指导思想；
3. 锻炼资料检索整理能力，提高阅读能力。

二、实训项目与要求

1. 资料分析——浏览"中国环境资源网"http：//www.epi88.com/

项目要求：

(1) 认真研读网页资料。

(2) 小组讨论：中国资源稀缺状况、资源发展趋势预测。

(3) 小组派代表陈述观点：经济学需要解决的问题是什么？

(4) 教师对各小组讨论结果进行归纳和点评。

2. 案例分析——阅读案例"人生离不开选择"(★辅助素材)

项目要求：

(1) 归纳和总结案例中对机会成本的论述和观点。

(2) 讨论你面临的大大小小的选择，你是如何进行选择的？每次选择时考虑的机会成本分别是什么？

(3) 撰写一篇"如何面对人生的选择"的小论文(不少于1 000字)。

3. 阅读训练——经济学名人名著选读：亚当·斯密与凯恩斯

项目要求：

(1) 认真研读亚当·斯密与凯恩斯的生平及其著作资料。

(2) 小组派代表陈述主要收获与观点。

(3) 教师对各小组结果进行归纳和点评。

学习领域二

生活经济学

——经济领域热点(焦点)问题透视

认识垄断、外部性、公共物品、洛伦兹曲线与基尼系数,思考如何将中国的收入蛋糕做大分好,透视生活中的经济热点(焦点)问题,把原本深奥的经济学原理还原为浅显易懂的事理常规。

学习目标

- 了解垄断带来的经济低效率与反垄断;
- 了解经济的外部效应及对策;
- 了解公共物品及其特性;
- 了解收入分配与经济公平。

关键词汇索引

垄断　自然垄断　外部性　正外部性　负外部性　科斯定理　公共物品　搭便车　基尼系数

第一节 由美国微软垄断案想到的

一、美国微软公司垄断案大事记

1975 年,微软公司创立。

1980 年,微软公司被选择为国际商用机器公司(IBM)的个人电脑设计操作系统,逐渐占据了全球磁盘操作和视窗操作软件制造领域的优势地位。

1997 年 10 月,美国司法部指控微软将因特网浏览器软件与视窗操作系统软件非法捆绑销售,涉嫌*垄断*(Monopoly)。

> ☞**垄断**
> **(Monopoly)**指唯一的卖家在一个或各个市场,通过一个或各个阶段,面对竞争的消费者。我国《反垄断法》规定,排除、限制竞争以及可能排除、限制竞争的行为即为垄断行为。

1998 年 5 月 18 日,美国司法部部长和 19 个州的总检察官对微软提出反垄断诉讼,开始了"世纪末的审判"。

2000 年 4 月,联邦法官托马斯·杰克逊(Thomas Jackson)称,根据搜集到的证据证明微软公司的确存在垄断行为。

2000 年 6 月,上诉法庭推翻托马斯·杰克逊法官对浏览器案件的裁决,微软躲过被拆分的命运。

2000 年 8 月,杰克逊法官因违反司法程序、向媒体泄漏案件审理内情而被解职,科林·科拉-科特里(Colleen Kollar-Kotelly)被任命接替杰克逊,全权负责对微软反垄断案的审理。

2000 年 11 月上旬,在科拉-科特里法官力促下,微软和美国司法部达成妥协。妥协条件是微软同意个人电脑制造商可以自由选择视窗桌面、公开视窗软件部分源代码,使微软的竞争者也能够在操作系统上编写应用程序。在 19 个起诉微软的州中,有 9 个州决定反对司法部与微软的协议条件,明确表示继续进行这桩旷日持久的官司。

2002 年 4 月 22 日,比尔·盖茨(Bill Gates)亲自出庭为微软辩护,试图使公司免于 9 个州的司法部长提出的严厉的反垄断制裁方案。这是盖茨在长达 4 年的微软反垄断案审理过程中首次出庭作证。

2002 年 4 月 23 日,比尔·盖茨在反垄断案听证会上表示,微软公司无法允许 PC 制造商和消费者选择视窗操作系统应该捆绑哪些软件。

2002 年 4 月 24 日,比尔·盖茨首次承认,微软有可能会为

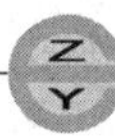

个人计算机用户提供一套视窗简装版本。

2003年10月,微软声称同意支付约2亿美元作为对5个州及哥伦比亚特区的消费者集体诉讼的和解费用。此前,微软已就10个州的集体诉讼达成了和解,和解费用总计为15.5亿美元。

二、垄断创造效益还是带来弊端——垄断与低效率

垄断会给社会经济带来一系列弊端,主要表现在:

(1) 降低经济效率。产业垄断使完全竞争市场转化为不完全竞争市场,垄断企业可利用其垄断力量将产品价格定在均衡价格之上,其产量远远低于完全竞争市场的产量,这样便降低了资源配置的经济效率。

(2) 垄断容易形成"X非效率"。在垄断企业的大组织内部,存在着资源分配的非效率性,即"X非效率"。一般来说,能获得垄断利润的企业组织庞大,面临的市场竞争威胁很小,因此,企业内各利益集团追求各自集团利益的行为与企业整体目标不合,致使企业的效率下降。具体来说,"X非效率"主要体现在三个方面:一是在企业经理层中存在过高的代理成本;二是由于企业经济效益与每个职工工作努力程度的关系模糊,导致激励机制弱化;三是由于管理层次增加,导致组织、管理费用增加。

(3) 垄断可能限制技术创新。有些经济学者认为,一旦垄断形成后,竞争的压力就大大减少了,从而推动技术创新的动力也相应减弱。

三、如何削弱垄断带来的不利影响——反垄断

1. 对自然垄断的政府管制

所谓*自然垄断*(Natural Monopoly),是一种自然条件,它恰好使市场只能容纳一个有最适度规模的公司。自然垄断的基本特征:一是固定资本投资巨大;二是规模报酬递增。铁路、航空、邮电、煤气、供电供水等公用事业大多具有自然垄断的特征。

☞**自然垄断**
(Natural Monopoly)
由于市场的自然条件而产生的垄断,经营这些部门如果进行竞争,则可能导致社会资源的浪费或者市场秩序的混乱。

对于自然垄断部门,如果政府准予自由进入,虽可以加强市场竞争,但由于市场需求限制,企业难以取得规模经济效果,巨大的固定投资可能被浪费。因此,对这一类部门,政府采用管制

的方法来抑制垄断行为,其中主要是价格管制。政府应通过制定合理的收费标准,以便既能消除不合理的垄断利润,又能提高资源配置效率。

2. 反垄断政策

由于垄断的存在易产生上述弊端,西方国家制定了一系列反垄断政策,以谋求铲除垄断的弊害。如美国从 19 世纪末以来,颁布了一系列反垄断法,其中最著名的有《谢尔曼法》《克莱顿法》《联邦贸易委员会法》等。

美国的反垄断法主要禁止企业从事以下活动:

① 参加限制贸易的密谋,即参加统一价格或瓜分市场的协议;

② 垄断或图谋垄断一个行业,获得过大的市场;

③ 进行其结果可能大大削弱竞争、易于形成垄断的合并;

④ 制定排他性规定,如规定购买者不得购买自己竞争对手的产品等;

⑤ 搞价格歧视;

⑥ 运用不正当竞争方法或运用欺骗的做法。

2008 年 8 月 1 日,《中华人民共和国反垄断法》正式开始实施,这是中国的首部反垄断法,它将对保护中国市场竞争和改善中国经济环境起着积极的作用。

西方国家抑制垄断还通过对市场结构的改善来实现。第一,当垄断者的市场集中度已达到阻碍市场竞争的程度时,采取强行分割已有垄断企业的措施。比如,1984 年 1 月,美国司法部指控 AT&T 垄断了美国的电信设备市场、长途电话市场和地区性电话市场,最后该公司被分割为 7 个地区性经营公司,AT&T 只经营长话业务。美国电信业拆分后有了突飞猛进的发展。第二,降低产业进入壁垒。所谓进入壁垒,是新企业相对于老企业而言所遇到的不利因素,如资本、资源限制、规模经济壁垒、行政限制等。政府降低产业进入壁垒,目的在于确保更多竞争性企业的自由进出,加强市场竞争程度。

? 即问即答:如何理解垄断带来经济效率的降低和社会福利的减少?

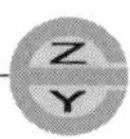

第二节　“补钙广告”旺销了肉骨头

一段时期以来,人体补钙大兴,于是厂家推出了各种各样的补钙品,电视广播和报纸杂志上也全都是补钙的广告。当补钙广告做得如火如荼的时候,人们发现了一个未曾预料到的现象:菜市场卖肉摊上的肉骨头旺销!因为肉骨头的含钙量特别丰富,根据吃什么补什么的原理,吃肉骨头是最补钙的,尤其是猪的脚筒骨,它的骨髓多,敲骨吸髓的味道好,大家都抢着买,而一只猪身上只有1千克的脚筒骨,供给有限,价格上涨,甚至逼平了肋条肉。同时,各家饭店的各种骨头汤、骨头煲也大行其道,菜单上它的“点击率”最高。那些花钱在媒体上大做广告的厂商发现,他们的广告费为他人做了嫁衣裳。

这种现象在经济学中叫作*外部性*(Externalities),指人们的经济活动对他人造成影响而未将这些影响计入市场交易的成本与价格之中。对外部性的定义可以从以下几个方面理解:① 外部性是一种人为的活动;② 外部性应该是在某项活动的主要目的以外派生出来的影响;③ 外部性包括对生态环境等与社会福利有关的一切生物或非生物影响。

☞外部性(Externalities) 指社会成员(包括组织和个人)从事经济活动时,其成本与后果不完全由该行为人承担,也即行为举动与行为后果的不一致性。

一、阳台上的花草与门窗上的钢条防盗笼——外部性的分类

1. 按产生的结果分类

从产生的结果来看,外部性可以分为*正外部性*(Positive Externalities)和*负外部性*(Negative Externalities)。一个人在自己的生产和消费活动中产生了一种对他人的影响,如果是好的影响,就叫正外部性,或者叫外部经济;如果是不好的影响,就叫负外部性,或者叫外部不经济。

☞正外部性(Positive Externalities) 又叫外部经济,指某经济行主体的活动使他人或社会受益,而受益者无须花费代价。

☞负外部性(Negative Externalities) 又叫外部不经济,指某个经济行为主体的活动使他人或社会受损,而造成外部不经济的人却没有为此承担成本。

(1) 外部经济。养蜂场养蜂取蜜,蜂儿飞到别人的果园从果树采回了蜜,果园的主人也因此受益,因为他的果树经蜜蜂传授花粉能结更多的果实,在这里,养蜂场的生产活动就具有一种正的外部性。你把自家房子的外形弄得别致独特,并在阳台上种满花草,建筑的美丽和花草的芳香让路人感到赏心悦目,若家家都如此,此地可成风景区的景观,引来游客,因此,这样的装饰

行为具有外部经济性。

(2) 外部不经济。反之,如果一个小区附近因为常常发生偷盗现象,家家户户的门窗都装上钢条防盗笼,路人从旁经过,抬头望去满目都是黑灰铁条,像监牢一般,大煞风景,这就是外部不经济,或叫负的外部性。最典型的负外部性还要提到污染问题。有的工厂烟囱浓烟滚滚,造成空气中粉尘弥漫,四邻的人不能开窗,不能穿白领衬衫,更增加了呼吸系统的疾病。有的工厂把污水直接排入江河农田,发黑发臭的水使鱼虾和作物死亡。某个地方在建设高速公路时进行爆破作业,不料惊动了附近一个养兔场,兔子的胆子特别小,好多兔子受惊后精神失常,怀孕的母兔流了产,造成了经济损失,这都是外部不经济性。

2. 按外部性产生的领域分类

当然,从外部性产生的领域来看,外部性还可以分为生产的外部性和消费的外部性。

二、外部性如何导致资源配置的低效率?

假如你是一个厂商,你知道控制废气的排放,对全社会来说是最优的,但环境质量的提升,其成本要由你来承担(因为你可能要为此花费一大笔钱在污染净化、技术革新等方面),你是否会觉得很不公平?一定会!因为如果其他地方厂商都不控制污染,你自己花了很多钱来控制,你的成本就会上升,导致你在竞争中处于不利地位,但环境质量改善了,得到好处的却是所有人,你会有动力去投资于环保吗?这就是因为环境质量是具有外部性的公共物品,因此靠市场是无法有效对其进行资源配置的。

不存在外部性时,生产者为了利润最大化进行生产,消费者为了效用最大化进行消费。当价格调节使供求相等时,生产者实现了利润最大化,消费者也实现了效用最大化,即整个社会就实现了经济福利最大化。但存在外部性时,行为和结果的不一致性将导致市场机制在资源配置领域产生扭曲,其结果是不可能自动形成社会资源的最优配置。任何经济活动都将涉及成本与收益,在不存在外部性的场合,成本和收益就是生产一件物品所引起的全部成本和或销售这件物品所产生的全部收益;然而当存在负外部性,将会引起社会成本与私人成本的不一致;当存

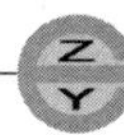

在正外部性,将会引起社会收益与私人收益的不一致,此时,价格的自发调节将无法实现社会经济福利最大化,或资源配置最优化。一般而言,外部不经济的私人活动水平要高于社会所要求的最优水平;而存在外部经济的情况下,由于私人收益小于社会收益,私人活动水平将低于社会所要求的最优水平。

三、政府解决外部性的对策

外部性造成了资源配置的失当,是市场失灵的一个重要来源。西方经济学者提出了政府解决外部性的三种方法。

1. 庇古税

经济学家阿瑟·塞西尔·庇古提出对造成外部效应的经济行为人征"税"。具体来说,对造成外部不经济或负外部效应的私人,应征收"正"税,其数额应该等于该个人给社会其他成员造成的损失,从而使得私人成本恰好等于社会成本。如对污染企业征收污染治理费等。另一方面,应对造成外部经济或正外部效应的个人征"负"税,即给予补贴,使得私人利益与社会利益相等。总之,私人成本(利益)等于社会成本(利益),就能保证资源配置达到最优。

2. 外部效应"内部化"

主要是将受外部效应关联影响的企业合并。比如,一个企业的生产影响到另外一个企业。如果这种影响是正的外部效应,那么第一个企业的生产就会不足;反之,如果这种影响是负的外部效应,则第一个企业的生产就会过度。但是,如果将这两个企业合并,则此时的外部影响就被"内部化"了。因为合并后的单个企业,为了使自己的整体利润最大化,将把原来的"外部影响"计算在成本与收益之中,从而,资源配置达到最优状态。

3. 产权明晰法——科斯定理

在许多情况下,外部性之所以导致资源配置不当,是因为财产权不明确。所谓财产权,是通过法律界定和维护的人们对财产的权利。它描述了个人或企业使用其财产的方式。例如,一条河的上游和下游各有一个企业,上游企业有排污权,下游企业有河水不被污染的权利,下游企业要想使河水不受污染就必须与上游企业协商并要求支付费用,以得到清洁的水,这样上下游企业进行谈判,上游企业要想排污将给予下游企业一定的赔偿,上游企业会在花钱治污与赔偿之间进行选择。总之,只要产权界定清晰并可转让,那么市场交易和谈判就可以解决负外部性问题,私人成本与社会成本就会趋于一致。

上述明确财产权的政策,可以看作是更加一般化的所谓科斯定理的特例。甚至税收与补贴都可以看作是科斯定理的一个具体运用。

再比如,一个湖泊里的鱼的数量是有限的,大家都来捕鱼,鱼越捕越少。对这种情况有什么解决办法?湖泊里捕鱼太多会使鱼的数量越来越少,这就是负的外部性。解决这个问题可用明确产权的办法,即由某一个企业或个人来承包这个湖泊的捕鱼作业;也可用征税的办法,即对捕鱼者征税,并把税收用于投放鱼苗。当然也可以用法律手段明确规定禁止捕捞的时间。

科斯定理 (Coase Theorem) 由诺贝尔经济学奖获得者罗纳德·科斯(Ronald H. Coase)提出,指在交易成本为零和产权充分界定并加以实施的条件下,外部效应的当事人可通过谈判协商使资源配置达到最优。

科斯定理(Coase Theorem)表明,对有明确规定的产权的转让可以有助于促进经济效率。但是实际上它不能说明市场机制总能解决外部不经济问题并达到最优配置。因为科斯定理的有效性有两个前提条件:一是涉及外部效应的当事人为数很少,二是谈判协商费用很低。现实生活中,涉及外部效应的当事人往往很多,成分复杂,意见很难一致,而且谈判协商的费用也可能很高。所以事实上市场机制在遇到外部效应问题时往往无能为力,但科斯定理说明了政府在界定私人产权方面应起重要作用。

? 在现实经济中,对于环境污染等"外部性"问题政府是如何治理的?有关国际组织有哪些作为?

相关链接

世界环保组织,其全名为 International Union for Conservation of Nature and Natural Resources;IUCN,该组织历史悠久,1948 年即在瑞士格兰德成立,是政府及非政府机构都能参与合作的少数几个国际组织之一。由全球 81 个国家、

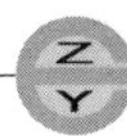

120 个政府组织、超过 800 个非政府组织、10 000 个专家及科学家组成。组织每 3 年召开一次世界自然保护大会(World Conservation Congress)。IUCN 旨在影响、鼓励及协助全球各地的社会,保护自然的完整性与多样性,并确保在使用自然资源上的公平性,及生态上的可持续发展。

第三节　路灯为所有人照明

一、路灯与衣服究竟有何不同?

现实中的经济物品可以分成两类:一类是私人物品,另一类是公共物品。你每天消费的东西,包括食品、衣服、家用电器、交通用的自行车和小汽车以及书柜中的所有书籍等,都是私人物品,它们是你花钱从商店那里买来的。你住的房子,即使是你单位分给你的房子,也是私人物品,因为你要为它付租金。企业的厂房、设备和各种根据市场价格买来的生产工具等,同样属于私人物品,尽管它们的所有权归国家,但企业拥有对它们的使用权以及向所有者支付部分利润是按市场价格规则进行的。私人物品(Private Goods)是指由市场提供给个人享用的物品。但是,国防、公路、路灯、公共服务、公办教育、江河水域等,它们不是私人物品,而属于公共物品范畴。*公共物品*(Public Goods)是政府向社会和个人提供的服务的总称。公共物品的范围很广,主要有:国家的国防、警察机构、司法部门、国家经济调节机构、教育、医疗保健、公共文化设施等。

☞**公共物品(Public Goods)**是指政府向社会和个人提供的服务的总称。在经济学上是指那些能够同时供许多人享用,其供给成本却不随享用它的人数规模和地域范围的变化而变化的物品。

二、为什么所有人都能享受路灯带来的光明?

1. 非竞争性

王府井商店里的星海牌钢琴是一种私人物品,它有竞争性,只有愿意出钱买它的人才能得到它,张三买了它会减少或干扰李四买它的机会。但长安街上的路灯是一种公共物品,它没有竞争性,夜间路过那里的人都可以利用它,而且多一个人消费公共物品,并不额外增加成本,公共物品的消费者之间不存在竞争。

2. 非排他性

消费者对私人物品的占有和消费都有排他性,你花钱买的彩电，只有你和你的家人与朋友能消费它，别人不能享用；而天安门广场谁都可以在那里参观照相，消费具有非排他性。

严格意义上的公共物品必须同时具备非竞争性和非排他性。概括来说，非竞争性指一个人对公共物品的享用并不影响其他人的享用，非排他性指对公共物品的消费权或享用权不是归某个人独有，而是由整个社会共同所有。路灯带给人们光明，路人甲享用路灯带来光明的同时，并不能阻止公民乙对路灯的享用，人们无需花钱就能享用这种光明。现实生活中还有些物品从某一角度看是私人物品，从另一角度看又是公共物品，如医院和学校。你到医院去看病，不仅要为大夫、护士的服务以及药品付费，而且还要为医院大楼和设备付费。你的孩子到学校读书，既要支付老师辛劳费，又要支付教学设备费。但是，看病和读书这样的消费活动不完全像羊肉串等纯粹私人物品那样具有完全的竞争性和排他性。由于医院、学校这类物品具有某种程度的“公共性质”，所以它们应该列入公共物品之列。当然，这并不排除它们作为私人物品而存在的可能性。因此，医院和学校既可以有公立的，又可以有私立的。

三、市场无法提供公共物品

由于公共产品具有消费的非竞争性和非排他性的特征，市场配置公共产品将出现失灵。主要表现在两个方面：

1. 非竞争性消费造成了市场失灵

消费的非竞争性意味着，某人享受了消费利益，并不因此减少别人的消费利益。于是，进行排斥是无效率的行为。例如，对一座不太拥挤的桥征收通行费，虽然可行但却无效率，因为边际成本为零，收费只能妨碍桥的使用。这说明，对有些公共产品，排斥别人消费即使是“可行”的，但却是不“应该”的。

2. 非排他性造成市场失灵

公共产品的非排他性导致现实中出现“*搭便车*”(Free Riding)问题。据说，搭便车问题来源于早期的美国西部。当时，西部盗马贼横行。牧主们自发出钱组织骑队巡逻。盗马贼就失业了。于是，部分牧主开始不愿意出钱养骑队。接着，更多的人不愿意出钱，骑队只好解散，结果是贼又来了。部分

☞**搭便车**
(Free Riding) 指某些个人虽然参与了公共物品的消费，但却不愿支付公共物品的生产成本，完全依赖于他人对公共物品生产成本的支付。

牧主不愿意出钱的行为，是想要享受免费的骑士服务，这种行为实则是坐享其成的心理作祟。“搭便车”“免费搭车”等字样，就是为了形容这种坐享其成的心理和行为。后来，人们就用“搭便车”问题来概括人人都不想出钱，而又要享受公共产品的好处，结果导致公共产品不能充分有效地提供出来的现象。由于公共产品的非排他性，任何个人即使不对公共产品的提供付费，也能同样享用，个人就有动力成为“免费搭车者”。如果所有个人均这样行事，那么，公共产品的提供就会不足。也就是说，市场本身提供的公共产品通常将低于最优数量，出现市场失灵。

四、政府为公共物品买单

由以上分析可知，由于公共物品的特殊性，市场机制并不能向对私人物品一样，对公共物品的生产、销售定价和消费等方面充分发挥市场的自动调节作用。在许多情况下，必须由政府出面对公共物品进行干预和管理。如果公共物品由政府提供，政府一方面可利用税收获得生产公共物品的经费，这等于免费乘客无形中买了票，另一方面可将公共物品提供给全体社会成员，使公共物品得到最大限度的利用。与其说是政府为公共物品买单，不如说是公众在为公共物品赋税！

当然，政府干预公共物品的生产和经营，也必须按照经济原则决策，其中较常用的方法是成本—收益分析方法。这一方法的可用性已被人们承认并广泛应用于政府经济活动的各个方面，如修造娱乐场所、民航、公路、城市改造、传染病控制、教育投资等等。但是，成本—收益分析方法在使用中也常常会碰到许多具体困难，如对收益的估价难以摆脱人们主观判断的影响从而出现过高估价或过低估价；对成本的计算也常遇到许多复杂情况。因而政府对公共物品的管理也可能出现低效率。

即问即答：政府应该如何更有效地决定是否提供某一种公共物品？

第四节 如何看待中国的收入分配

一、收入分配均等程度的衡量

目前在对收入分配问题的研究中,人们普遍采用国际公认的洛伦兹曲线和基尼系数作为衡量尺度。

1. 洛伦兹曲线

1905年,美国统计学家马克思·奥托·洛伦兹(Max Otto Lorenz)提出了一种收入分配曲线——洛伦兹曲线(Lorenz Curve)。将社会总人口按收入由低到高的顺序平均分为5个等级组,每个等级组均占20%的人口,再计算每个组的收入占总收入的比重。假定一国有如下收入分配资料,如表2-1所示。

表2-1 某国收入分配资料

收入分组		人口百分比	收入占总收入百分比	人口累计百分比	收入累计百分比
低	1	20%	4%	20%	4%
	2	20%	10%	40%	14%
	3	20%	20%	60%	34%
	4	20%	26%	80%	60%
高	5	20%	40%	100%	100%

以人口累计百分比为横轴,以收入累计百分比为纵轴,绘出一条反映居民收入分配差距状况的曲线,即为洛伦兹曲线,如图2-1所示。

图2-1中连接两个对角的45°线 OY 代表收入分配绝对均等,因为该线上的任何一点都表示总人口中每一定百分比的人口所拥有的收入在总收入中占有相同的比重。图中折线 OPY 代表收入分配绝对不均等,这条线表示,社会的全部收入都被一个人占有,其他所有人的收入都是零。而介于两种极端情况之间的曲线则是实际收入分配线,即洛伦兹曲线。从洛伦兹曲线的形状可以看出,实际收入分配线越靠近45°对角线,则表示收

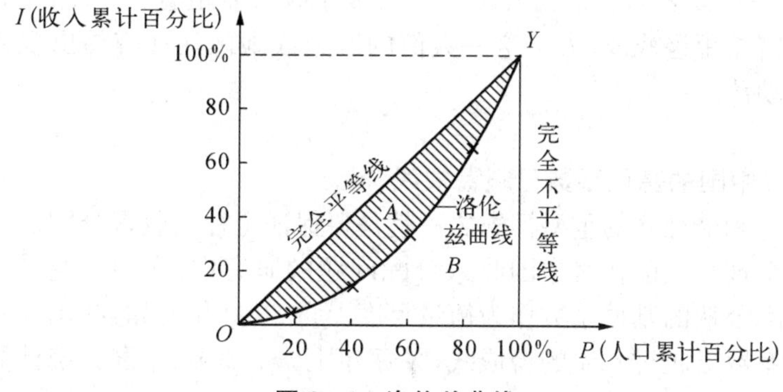

图 2-1　洛伦兹曲线

入分配越接近平均;反之,实际收入分配线越远离 45°对角线,则表示收入分配越不平均。

2. 基尼系数

为了用指数来更好地反映社会收入分配的平等状况,1912 年,意大利经济学家基尼(Corrado Gini)根据洛伦兹曲线计算出一个反映收入分配平等程度的指标,称为*基尼系数*(Gini Coefficient),也称为"洛伦兹系数"。

基尼系数(Gini Coefficient) 是国际上用来综合考察居民内部收入分配差异状况的一个重要分析指标。其经济含义是:在全部居民收入中,用于进行不平均分配的那部分收入占总收入的百分比。

根据图 2-1,基尼系数可定义为:

$$G = \frac{S_A}{S_{A+B}} \tag{2.1}$$

式(2.1)中的 S_A 代表洛伦兹曲线与 45°对角线 OY 之间的面积,也叫"不平等面积",S_{A+B} 代表完全不平等线 OPY 与完全平等线即 45°对角线之间的面积,也叫作"完全不平等面积",基尼系数等于不平等面积 S_A 与完全不平等面积 S_{A+B} 的比值。当 S_A 为 0 时,基尼系数为 0,表示收入分配绝对平等;当 S_B 为 0 时,基尼系数为 1,表示收入分配绝对不平等。基尼系数在 0—1 之间,系数越大,表示分配越不均等,系数越小,表示分配越均等。

基尼系数被西方经济学家公认为反映收入分配均等程度的重要指标,也被现代国际组织(如联合国)作为衡量各国收入分配的一把标尺。按照国际上通行的标准,基尼系数小于0.2表示绝对平均,0.2—0.3 表示比较平均,0.3—0.4 表示基本合理,

0.4—0.5 表示差距较大,0.5 以上表示收入差距悬殊。0.4作为贫富差距警戒线,大于这一数值的国家或地区往往容易出现社会动荡。

二、中国的基尼系数已超警戒线

和谐社会的重要标志之一就是要保证全社会收入分配的公平合理。目前在对中国收入分配问题的研究中,人们普遍采用国际公认的基尼系数作为衡量尺度。自 2000 年开始,我国的基尼系数已越过 0.4 的警戒线,并逐年上升。2013 年国家统计局公布的我国基尼系数显示,2003 年是 0.479,2004 年 0.473,2005 年 0.485,2006 年 0.487,2007 年 0.484,2008 年 0.491,2009 年 0.490,2010 年 0.481,2011 年 0.477,2012 年 0.474,我国收入分配失衡问题已经凸显。

1. 收入差距不断扩大

当前,我国收入差距扩大中存在很多不合理的因素。从分配本身看主要包括:一是垄断性行业的收入分配同市场脱节;二是保险福利制度改革造成收入差距扩大。比如,住房制度改革以后,经过公房出售这个环节,默认了过去住房实物分配中造成的不平等,福利分房时代分到更多、更好的住房的人,利用出租或出售房改房,就可以获得更多的收入或利益;在社会保障制度改革中,能够建立企业年金的企业,大多是处于垄断性行业的国有及国有控股企业。这些企业的职工不但在职时工资收入高,而且退休后还能得到企业年金。

2. 收入分配不公

处于垄断性领域的企业,工资分配上的平均主义,造成企业内部的分配不公;而普通岗位的工资收入高于劳动力市场价位,比其他行业同工种职工的收入高出很多,因而在全社会范围内造成分配不公。此外,分配不公在行政机关和事业单位也很严重,表现为工资分配上的平均主义。

3. 分配秩序混乱

国有单位的分配失控,是造成分配秩序混乱的根源,主要表现为分配规则的混乱、无序,资金渠道过多、过滥。国家垄断经营企业凭借其垄断地位获得的高额利润,并没有上缴国家财政

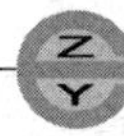

或转为国有资本金,而是直接或变相地转化为职工收入和福利,造成行业间收入差距过大;行政机关把通过财政以外的渠道获得的资金,也转化为职工津贴、补贴等收入项目,造成不同单位之间职工的收入过分悬殊。

4. 分配格局不合理

不同人群之间的利益分配关系,正在对我国社会经济生活产生重大影响。过去,由于全社会范围内的收入差距很小,分配格局就像一个"矩形"。现在,由于收入差距扩大,城乡居民的收入分层很明显,分配格局就像一个"倒三角形"。这样的分配格局对保持社会稳定极为不利。应当从确保国家长治久安的战略高度,对现有分配格局进行及时调整,逐步形成"两头尖、中间大"的分配格局。

三、如何将中国的收入蛋糕做大、分好?

伴随改革开放,我国经济效率不断提高,但收入差距也逐渐拉大,反映收入分配状况的指标——基尼系数在逐年扩大,这引起了经济学者和政府的高度重视。如何改善这种收入分配失衡的现状呢?归纳经济学家的观点,可从以下四个方面采取相应的对策:

1. 大力发展生产力,做大社会主义收入蛋糕

这是缩小偏大的基尼系数的前提和基础。我国收入差距的拉开和扩大,是社会主义市场经济条件下,在不断解放和发展生产力的过程中出现的,收入差距的逐步缩小也必须建立在不断解放和发展生产力的基础上,其根本途径是深化改革,不断解放和发展生产力,加快经济发展,把"蛋糕"做大,不断增强国家经济实力。只有这样,才能保证在人民生活水平普遍不断提高的基础上,为逐步缩小收入差距奠定日益雄厚的物质基础。

2. 加快农村经济的发展,不断增加农民的收入

这是缩小偏大的基尼系数的核心内容。我国目前基尼系数偏大的一个重要原因是农村居民与城镇居民的收入差距偏大。因此,缩小偏大的基尼系数的关键是加快农村经济的发展,不断增加农民的收入。当前我国政府向农业倾斜的各项政策是缩小偏大的基尼系数的有效政策。

3. 加强宏观调控，实现区域经济协调发展

这是缩小偏大的基尼系数的重要途径。地区差距是形成收入差距的一个重要方面，缩小地区差距的关键是实现区域经济的协调发展，区域经济协调发展的关键是优势互补、统筹兼顾。

4. 规范收入分配关系，调节收入差距

这是缩小偏大的基尼系数的主渠道。规范收入分配关系主要应从保护合法收入、取缔非法收入、整顿不合理收入、调节过高收入和保障最低收入五个方面入手。

2012 年中国共产党第十八次全国代表大会上胡锦涛同志代表党中央向大会作报告，报告中指出要调整国民收入分配格局，着力解决收入分配差距较大问题，使发展成果更多更公平惠及全体人民，朝着共同富裕方向稳步前进。具体内容包括：千方百计增加居民收入。实现发展成果由人民共享，必须深化收入分配制度改革，努力实现居民收入增长和经济发展同步、劳动报酬增长和劳动生产率提高同步，提高居民收入在国民收入分配中的比重，提高劳动报酬在初次分配中的比重。初次分配和再分配都要兼顾效率和公平，再分配更加注重公平。完善劳动、资本、技术、管理等要素按贡献参与分配的初次分配机制，加快健全以税收、社会保障、转移支付为主要手段的再分配调节机制。深化企业和机关事业单位工资制度改革，推行企业工资集体协商制度，保护劳动所得。多渠道增加居民财产性收入。规范收入分配秩序，保护合法收入，增加低收入者收入，调节过高收入，取缔非法收入。

即问即答：你认为造成中国目前收入差距扩大的主要原因是什么？

2013 年经济生活盘点

2013 年，是贯彻落实党的十八大精神的开局之年。这一

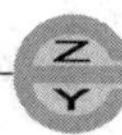

年,中国应对多重挑战,实现良好开局：经济发展稳中有进,改革红利逐步释放,民生保障再上台阶。回首2013,无论面临困境还是取得进步,你我都共同经历、感受。

一、直面挑战换挡转型　经济实现稳中有进

年底前,山东潍坊诸城市超力机械厂正忙着扩大生产规模。企业负责人赵忠义说,原来厂子每月能生产4到5台变矩器,打算扩大规模后,每月能多生产两台。

国家2013年8月起对月销售额不超过2万元的小微企业暂免征收增值税和营业税,对小微企业发展促进作用明显。潍坊市对120家小微企业的调查显示,政策实施以来,有45家企业已经扩大生产规模;29家正为扩大产能做准备。2013年以来,欧美等发达经济体复苏进程迟缓,部分新兴经济体陷入增速下滑、通胀再起的"两难"困境;与此同时,中国经济也处于增速换挡、转型升级的关键期。在极为错综复杂的形势下,中国经济面临严峻挑战。上半年,中国经济增速两个季度下滑,一季度增长7.7%,二季度增长7.5%;6月份中国外贸进出口双双负增长;电力消费需求回落;铁路货运量连续下降……

"寒意阵阵",这是浙江义乌标点进出口有限公司总经理丁胜光对当时企业形势的切身感受。这家外贸公司2013年上半年欧美、中东业务同比下降六成多。

面对挑战,党中央、国务院坚持稳中求进工作总基调,把握经济大势,保持调控定力,坚持底线思维,按照宏观政策要稳、微观政策要活、社会政策要托底的思路,扎实做好各方面工作。"对经济转型中的阵痛,企业和政府都有清醒认识。不能总是盼着有意外的利好,而是要在转型升级上真正下决心。"国务院发展研究中心宏观经济部研究员张立群说。

在一系列稳增长、调结构、促改革措施下,中国经济发展的潜力被再一次激发。2013年下半年,中国经济初步扭转连续下滑势头,三季度,经济同比增速比上季度反弹0.3个百分点,投资、消费、出口"三驾马车"稳中略升。11月份,中国制造业采购经理指数(PMI)为51.4%,连续4个月回升,创出18个月以来的新高。全年粮食产量实现"十连增"……

"随着中央稳增长、调结构、促改革措施到位和显效,企业生产经营环境逐步改善,制造业继续稳中向好。"国家统计局服务业调查中心高级统计师赵庆河说。

二、体制机制持续创新 改革红利逐步释放

自2013年9月底中国(上海)自由贸易试验区挂牌运行以来,这片28.78平方公里的区域已经成为中国最令人关注的一块改革热土。即使临近岁末,综合服务大厅里有意前来入驻自贸区的企业依旧络绎不绝。

2013年,"改革"成为中国经济社会的关键词,从中央到地方,创新脚步扎实有力,改革大幕徐徐打开。

——精简机构,简政放权。2013年年初,《国务院机构改革和职能转变方案》经十二届全国人大一次会议批准,国务院组成部门减少至25个。此后,新一届政府"自我革命",一年中取消下放334项行政审批等事项,简政放权成为深化改革的"马前卒"和宏观调控的"当头炮"。

——金融改革大提速。国家放开了除个人房贷以外的贷款利率管制,利率市场化改革迈出关键一步;推动民间资本进入金融业,更多民营银行呼之欲出,银行业市场竞争将更加充分。

——垄断行业改革取得新突破。铁路继初步实现了政企分开后,进一步向地方和社会资本开放城际铁路、市域(郊)铁路、资源开发性铁路等的所有权和经营权。

——资源性产品价格改革继续深化。完善了成品油价格机制,调价周期由22个工作日缩短至10个,取消调价幅度限制;建立了天然气与可替代能源价格挂钩的动态调整机制,适当调整了非居民用天然气价格。

——一系列财税、工商利好政策出台。交通运输业和部分现代服务业营改增改革,2013年8月1日从试点扩围到全国,预计全年减税超1 200亿元;对小微企业暂免增值税和营业税,使市场主体负担减轻;工商登记制度改革着力营造宽松、平等的准入环境……

2013年年底,党的十八届三中全会审议通过了《中共中央关于全面深化改革若干重大问题的决定》,提出了全面深化改革

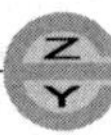

的总目标、总方向、时间表等,并对改革做出系统部署。“即使面临经济下行压力,中央也注重以改革统筹各项工作,成为2013年宏观管理方式的最大创新,是2013年能够实现良好开局的关键所在。”发展改革委经济体制与管理研究所所长聂高民说。

三、发展成果惠及人民 民生保障再上台阶

“没想到这么快就能住上新房。”退休工人高俊平坐在刚刚买回来的沙发上,看着新房感叹:“10个月时间,党和政府就让我家实现了几十年的梦想。”高俊平是内蒙古自治区最大的棚户区——包头市东河区北梁棚户区改造工程受益者之一。棚户区改造工程让他们一家告别了住了56年的“蜗居”,搬到了近50平方米的新家。

改革的最终目的是让人民过上更好的生活。2013年,随着政府基本公共服务投入力度的加大和社会管理职能的强化,发展成果正在更多更公平地惠及全体人民。

——安居工程超额完成任务。全国城镇保障性安居工程超额完成了基本建成470万套、新开工630万套的建设任务。中央安排230亿元补助资金,支持全国266万贫困农户改造危房。

——新增就业人数再创新高。2013年全国城镇新增就业预计达到1 300万人,超额完成全年城镇新增就业900万人以上的目标。

——物价涨幅温和可控。2013年1—11月,全国CPI同比上涨2.6%,低于全年3.5%的调控目标。

——社会体制改革打牢民生基础。城乡居民大病保险制度已覆盖城乡居民2.1亿,累计补偿金额6.3亿元;14个省区市探索建立了城乡统一的户口登记制度,初步为农业人口落户城镇开辟了通道。

“各级党委政府积极统筹经济社会、城乡区域发展,加大民生投入,改革制约社会发展的体制机制取得了实效。”中南财经政法大学教授徐汉明说。

民生建设没有终点。大气污染问题、农村“三留守”问题、教育公平问题……一系列民生难题亟待破解。2013年,中国“雾霾”天气频发。9月12日,国务院发布《大气污染防治行动计

划》,确定了十项具体措施。12 月 18 日召开的国务院常务会议,又对加强生态保护和建设作出明确部署。年底召开的中央农村工作会议提出,要重视农村“三留守”问题,搞好农村民生保障和改善工作,健全农村留守儿童、留守妇女、留守老年人关爱服务体系,坚持不懈推进扶贫开发,实行精准扶贫。

“要围绕老百姓反映强烈的民生问题,在与群众利益密切相关的社会保障和收入分配、社会事业、食品药品安全、环境保护、城乡统筹发展等领域加快改革,补上短板。”国家发展改革委主任徐绍史说。

资料来源:齐中熙:《2013 你我共同走过——回首一年经济生活盘点》,新华网,2013 年 12 月 31 日。

复习思考题

一、单项选择题

1. 为了提高资源配置效率,政府对自然垄断部门的垄断行为应该是(　　)。

A. 不管　　B. 加以管制

C. 尽量支持　　D. 坚决反对

2. 下列物品最有可能是公共物品的是(　　)。

A. 公海上的一个灯塔

B. 国家森林公园内树上的果子

C. 故宫博物院内的国宝

D. 大熊猫

3. 市场不能提供纯粹的公共物品是因为(　　)。

A. 公共物品不具有排他性

B. 公共物品不具有竞争性

C. 消费者都想免费乘车

D. 以上三种情况都是

4. 某种经济活动有负的外部影响时,该活动的(　　)。

A. 私人成本大于社会成本

B. 私人成本小于社会成本

C. 私人利益大于社会收益

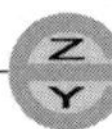

D. 私人收益小于社会收益

5. 当正的外部影响存在时，市场决定的产量将会(　　)。

A. 大于社会理想产量　　　　B. 小于社会理想产量

C. 等于社会理想产量　　　　D. 都可能

6. 如果一个国家或地区的恩格尔系数和基尼系数同时增大，说明该国家或地区(　　)。

A. 人民生活水平下降，收入分配越不均等

B. 人民生活水平下降，收入分配越均等

C. 人们生活水平提高，收入分配越不均等

D. 人民生活水平提高，收入分配越均等

二、应用分析题

1. 20 世纪较重要的反托拉斯案例之一涉及 1945 年的美国铝业公司。在那时候，美铝公司控制着大约 90%的美国原铝生产，该公司被指控垄断铝市场。美铝公司争辩说虽然它确实控制了原铝生产的很大份额，但再生铝也占铝的总供给的 30%左右，而且有许多竞争厂商从事再生铝生产，因而它没有多大的垄断势力。

(1) 提供一个有利于美铝的清楚的论证；

(2) 提供一个反对美铝的清楚的论证；

(3) 法官伦特·汉德 1945 年的判决被称为“当代最值得称颂的司法见解之一。”你知道汉德法官的判决是什么吗？请通过互联网找到当年的判决。

2. 公共物品与私人物品相比有什么特点？这种特点怎样说明在公共物品生产上市场是失灵的？

3. 有这样一些现象：上游的造纸厂污染下游的养鱼场，炼钢厂污气的排放损害了附近居民的身体健康，同寝室同学放录音机听歌影响其他人的休息，等等。请问经济学上是如何定义该类现象的？经济学上有什么解决该类问题的办法？

4. 为什么不平等的收入分配是市场机制运行的必然结果？政府可以通过哪些措施来实现收入分配的均等化？

5. 下列政府活动的动机是关注效率还是关注公平，请作出判断并简要说明理由。

(1) 对有线电视频道的价格进行管制；

(2) 向一些穷人提供可用来购买食物的消费券；

(3) 在公共场所禁止吸烟;
(4) 把美孚石油公司分拆为几个较小的公司;
(5) 对高收入的人实行高的个人所得税税率;
(6) 制定禁止酒后开车的法律。

实训项目

一、实训目标

1. 把握经济学在生活中实践的内涵;
2. 学会运用经济数据分析实际问题。

二、实训项目与要求

1. 观察与分析——聚焦经济热点

(1) 选取时下经济领域的热点问题,查找相关资料。
(2) 分小组交流讨论,形成题为"经济生活热点(焦点)之我见"的报告。
(3) 选派小组代表进行班内汇报,教师对各小组报告进行点评。

2. 辩论赛——垄断,想说恨你不容易

项目要求:
(1) 查找垄断在经济效率、社会福利与技术创新等方面的利弊。
(2) 学生分成偶数组,两两对弈,双方各自持有不同观点,进行讨论和资料准备。
(3) 教师主持辩论赛,并选出获胜者,进行点评,借此让学生充分认识垄断。

3. 课堂讨论——如何看待我国恩格尔系数的下降与基尼系数的上升?

项目要求:
(1) 分组对我国历年的恩格尔系数与基尼系数进行调研与数据分析。
(2) 小组派代表陈述主要观点,派专人进行记录。
(3) 请同学总结、归纳主要观点,并举例说明。
(4) 教师对课堂讨论结果进行点评。

学习领域三

消费经济学
——做个明明白白的消费者

运用供需工具分析小镇的冰淇淋市场，揭示亚当·斯密“看不见的手”调节经济的基本机制；解读萨缪尔森“幸福＝效用/欲望”方程式，从生活中水和钻石的价值悖论引出消费过程中的边际效用递减规律，运用基数效用论和序数效用论分析消费者均衡；指出家装市场中的消费者陷阱，了解信息不对称带来的市场逆向选择与道德风险；总结理性消费的若干原则，做个明明白白的消费者。

学习目标

- 理解供需调节经济的基本机制；
- 能够运用供需工具分析现实商品市场；
- 能够运用边际效用递减规律解释生活中的现象；
- 掌握基数效用和序数效用对消费者均衡的分析；
- 了解信息不对称导致的市场逆向选择与道德风险。

关键词汇索引

需求　需求定理　供给　供给定理　市场均衡　供求定理　效用　边际效用递减规律　无差异曲线　边际替代率　消费预算线　消费者均衡　完全信息　信息不对称　逆向选择　道德风险

第一节 某小镇冰淇淋市场的风云变幻

有个笑话说,如果能教会鹦鹉说“需求”和“供给”这两个词,这只鹦鹉就可以成为一个经济学家。这虽然是个笑话,可却有些道理,因为需求和供给是使市场经济运行的力量,它们决定了市场中每种商品的产量及其出售的价格,可以说,供需分析是经济学家独有的也是最基本的思考问题的方式。本节我们将运用供需工具分析某小镇冰淇淋市场的风云变幻,进而揭示亚当·斯密“看不见的手”调节经济的基本机制。

一、冰淇淋的需求与供给

1. 冰淇淋的需求

(1) 需求。

☞**需求(Demand)** 指消费者在一定时期内,在不同价格水平下愿意并且能够购买的数量。

一种商品的*需求*(Demand)是指消费者在一定时期内,在不同价格水平下愿意并且能够购买的数量。理解需求概念要注意以下几点:① 一个统一。一是购买欲望,二是购买能力,两者缺一不可。例如一个成人有能力购买很多个冰淇淋,但他不愿意买,则不能产生需求。② 两个变量。商品的价格(Price)及与该价格相对应的需求数量(Quantity demanded),需求实际上反映了商品价格 P 与人们对商品需求的数量 Qd 这两个变量之间的关系。③ 区分个人需求与市场需求。所谓个人需求,是指单个消费者对某一商品的需求,而市场需求则是指在某一市场中所有消费者对某一商品的需求,它是个人需求的加总。

(2) 个人需求的影响因素。

考虑一下你自己的冰淇淋需求。你如何决定每个月买多少冰淇淋,以及哪些因素影响你的决策呢?这里是一些你可以给出的回答。

① 价格。如果每个冰淇淋的价格上升到 3 元,你将会少买冰淇淋,转而去买冷藏酸奶。但如果每个冰淇淋的价格下降到 1 元甚至是 5 角,你自然会多买一些。由于需求量随着价格下降而增加,随着价格上升而减少,我们说,需求量与价格负相关。价格与需求量之间的这种关系对经济中大部分商品都是正确

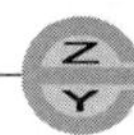

的，而且，实际上这种关系非常普遍，以至经济学家称之为*需求定理*（Law of Demand）：在其他条件不变时，一种商品的价格和需求量呈反向变动，即需求量随着价格下降而增加，随着价格上升而减少。“其他条件不变”是指除了商品本身的价格之外，下面分析的影响需求的其他因素都是不变的。离开了这一前提，需求定理就无法成立。

☞**需求定理（Law of Demand）**在其他条件不变时，一种商品的价格和需求量呈反向变动，即需求量随着价格下降而增加，随着价格上升而减少。

② 收入。如果某个夏天你失去了工作，你对冰淇淋的需求会发生什么变化呢？很可能的情况是，需求要减少。收入较低意味着人的总支出减少，因此你不得不在某些商品——而且也许是大多数商品上——少支出一些。如果当收入减少时，一种商品的需求减少，这种商品就被称为正常品。并不是所有商品都是正常商品。如果当收入减少时，一种商品的需求增加，这种商品就被称为低档品。低档品的一个例子是搭乘公共汽车。随着你收入减少，你不大可能买汽车或乘出租车，而是更多地乘坐公共汽车。

③ 相关商品的价格。假设冷藏酸奶的价格下降。需求规律表明你将多买冷藏酸奶。同时，你也许将少买冰淇淋。因为冰淇淋和冷藏酸奶都是冷而甜的奶油甜食，它们满足相似的欲望。当一种商品价格下降减少了另一种商品的需求时，这两种商品被称为替代品。其他成对的替代品包括热狗与汉堡包、毛衣与运动衫，以及长途客车与火车。现在假设新鲜软糖价格下降。根据需求规律，你将买更多的新鲜软糖。但在这种情况下，你将买更多冰淇淋，因为冰淇淋和新鲜软糖通常是一起吃的。当一种商品价格下降增加了另一种商品的需求时，这两种商品被称为互补品，其他成对的互补品包括汽油与汽车、电脑与软件、乒乓球拍和乒乓球。

④ 偏好。决定你需求的最明显因素是你的偏好。如果你喜欢冰淇淋，你会买得多一些。偏好会受文化、广告、流行风尚、对健康的顾及和以前购买这种商品的经历等诸多因素的影响。

⑤ 预期。你对未来的预期也会影响你现在对商品与劳务的需求。例如，如果你预期下个月会赚到更多收入，你可能愿意用你现在的一些储蓄来买冰淇淋。再举一个例子，如果你预期明天冰淇淋的价格会下降，你就会不太愿意以今天的价格去买冰淇淋。

(3) 需求表与需求曲线。

我们已经知道,有许多因素决定一个人对冰淇淋的需求量。为了简化分析,我们假设价格之外的其他影响因素都不变,只考虑价格如何影响需求量。表 3-1 表示冰淇淋在不同价格时,王涵小朋友每个月的购买数量。如果冰淇淋价格是 5 角,王涵买 10 个,随着价格上升,他的需求量越来越少。当价格达到 3 元时,王涵不再购买冰淇淋。这个表是一个需求表(Demand Schedule),即一个表示一种商品价格与其需求量之间关系的数字序列表。

表 3-1 王涵的需求表

冰淇淋的价格(元)	王涵对冰淇淋的需求量(个)
0	12
0.5	10
1.0	8
1.5	6
2.0	4
2.5	2
3.0	0

根据需求表我们可以建立坐标系,冰淇淋价格作为纵轴,冰淇淋需求量作为横轴,描出王涵对冰淇淋的个人需求曲线,如图 3-1 所示。

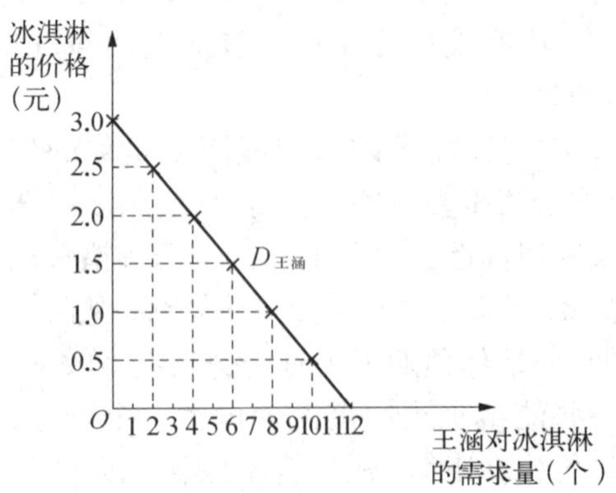

图 3-1 王涵的需求曲线

图 3－1 这条需求曲线是根据表 3－1 的需求表画出的，把价格与需求量联系在一起的向右下方倾斜的曲线被称为需求曲线(Demand Curve)。需求曲线可以更加直观地表示出某种商品价格与需求量之间的关系。图 3－1 中的需求曲线是一条直线。实际上，需求曲线可以是直线型的，也可以是曲线型的，如图 3－2 所示。

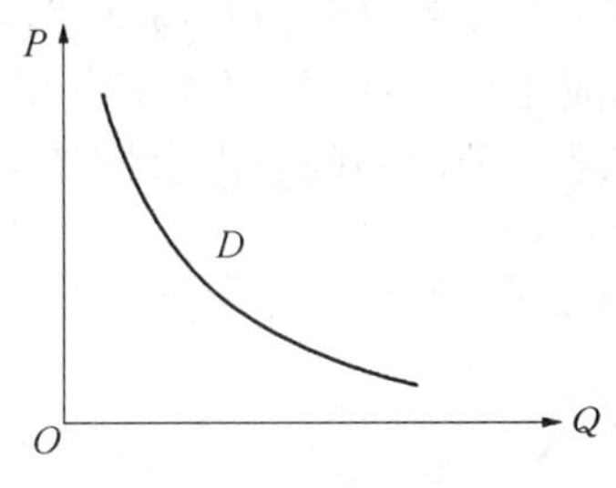

图 3－2　需求曲线

(4) 个人需求到市场需求。

到现在为止我们已经讨论了个人对一种商品的需求。为了分析市场如何运行，我们需要确定市场需求，市场需求是所有个人对某种商品或劳务需求的总和。为了简化分析，我们假设该小镇的冰淇淋市场中只有两个消费者：王涵和黄晗晞。表 3－2 是两个小朋友的需求表，那么市场需求就是在每一价格时，两个人对于冰淇淋的个人需求量加总。由于市场需求是从个人需求推导出来的，所以，市场需求量取决于决定个别买者需求量的因素。即市场需求量不仅取决于一种商品的价格，而且还取决于买者的收入、偏好、预期，以及相关商品的价格。它也取决于买者的人数(如果更多消费者加入到王涵和黄晗晞的行列，在每种价格时需求量会更多)。表 3－2 的需求表表示当决定需求量的所有其他因素不变时，随着价格变动，需求量发生的变动。

表 3－2　个人与市场需求关系表

冰淇淋的价格(元)	王涵对冰淇淋的需求量(个)	黄晗晞对冰淇淋的需求量(个)	市场需求(个)
0	12	7	12＋7＝19
0.5	10	6	10＋6＝16
1.0	8	5	8＋5＝13
1.5	6	4	6＋4＝10
2.0	4	3	4＋3＝7
2.5	2	2	2＋2＝4
3.0	0	1	0＋1＝1

通过把个人需求曲线水平相加(即把个人需求曲线横轴上表示的个人需求量相加)我们可以得出市场需求曲线。图 3－3 描绘了冰淇淋的市场需求曲线。由于我们更关心的是分析市场如何运行,所以我们经常会用到市场需求曲线。市场需求曲线表示一种商品的总需求量如何随着该商品的价格变动而变动。

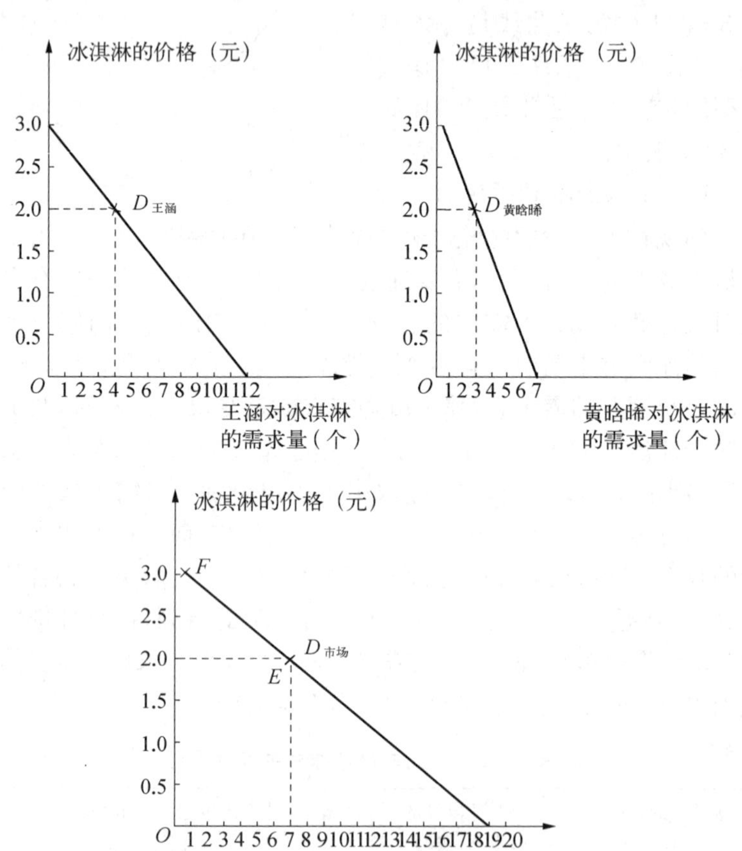

图 3－3 冰淇淋的市场需求曲线

(5) 需求量的变动与需求的变动。

需求量的变动是指在其他条件不变时,由某商品的价格变动引起的该商品需求数量的变动。需求量的变动表现为某一既定需求曲线上点的移动。例如在图 3－3 中,当冰淇淋的价格发生变化,由 2 元逐步上升为 3 元,它所引起的冰淇淋需求数量由

7 个逐步减少为 1 个，商品的价格和需求量组合由 E 点沿着既定的市场需求曲线，移动至 F 点。

需求的变动是指在某商品本身价格不变的条件下，由于其他因素的变动所引起的该商品在既定价格水平下的需求量发生变动，即需求发生变动。这里的其他因素是指收入、相关商品价格、偏好、预期等。在图形中，需求的变动表现为需求曲线的位置发生移动。以图 3-4 加以说明。

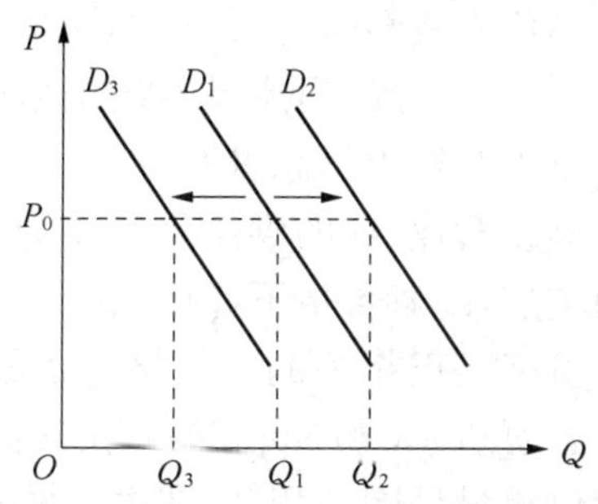

图 3-4　需求的变动和需求曲线的移动

图中冰淇淋原来的需求曲线为 D_1。在价格不变的前提下，如果其他因素的变化使得需求增加，例如天气炎热使得消费者对冰淇淋的偏好增强，需求曲线向右平移，如由图中的 D_1 曲线向右平移到 D_2 曲线的位置。如果其他因素的变化使得需求减少，例如冷藏酸奶的价格下降，需求曲线向左平移。需求的变动可以理解为商品在每一价格水平下由于影响需求的其他因素发生变化，需求数量都增加或减少了。显然，需求的变动所引起的是需求曲线位置的移动，表示整个需求状态的变化。

2. 冰淇淋的供给

现在我们转向市场的另一方，考察卖者的行为。为了集中思考，仍然以冰淇淋这种商品加以说明。

(1) 供给。

供给(Supply)是指厂商(生产者)在某一特定时期内，在不同价格水平下愿意并且能够出售的商品数量。显然，理解供给概念也有几个要点：① 一个统一。一是出售的欲望，二是生产的能力，两者缺一不可。② 两个变量。商品的价格(Price)及与该价格相对应的供给数量(Quantity supplied)，供给实际上反映了商品价格 P 与对厂商商品的供给数量 Qs 这两个变量之间的关系。③ 区分个人供给与市场供给。所谓个人供给，是指单个厂商的供给，而市场供给则是指在某一商品市场中所有厂商的个人供给之和。

☞**供给(supply)** 指厂商(生产者)在某一特定时期内，在不同价格水平下愿意并且能够出售的商品数量。

(2) 个人供给的影响因素。

设想你经营一家生产并销售冰淇淋的公司。哪些因素会影响你愿意生产并提供销售的冰淇淋数量呢？下面是一些可能的回答。

① 价格。冰淇淋的价格是供给量的一个决定因素。当冰淇淋价格较高时,出售冰淇淋是有利可图的,因此,你的供给量也较大。相反,当冰淇淋的价格较低时,对你的经营不太有利,你将生产较少的冰淇淋;在一个更低的价格时,你甚至会选择完全停止营业,你的供给量减少为零。由于供给量随着价格上升而增加,随着价格下降而减少,所以我们说,某种商品的供给量与价格是正相关的。价格与供给量之间的这种关系被称为*供给定理*(Law of supply):在其他条件不变时,一种商品的价格和供给量呈同向变动,即供给量随着价格的上升而增加,随着价格的下降而减少。"其他条件不变"是指除了商品本身的价格之外,下面分析的影响供给的其他因素都是不变的。离开了这一前提,供给定理就无法成立。

☞**供给定理(Law of supply)**在其他条件不变时,一种商品的价格和供给量呈同向变动,即供给量随着价格的上升而增加,随着价格的下降而减少。

② 生产成本。为了生产冰淇淋,公司会发生各项成本支出:奶油、糖、香料、冰淇淋机、生产冰淇淋的厂房,以及搅拌各种材料并操作机器的工人劳动。当这些支出中的一种或几种价格上升时,生产冰淇淋就不太有利,你的公司提供的冰淇淋就较少。如果投入价格大幅度上升,你会关掉你的公司,根本不提供冰淇淋。因此,一种商品的供给量与生产这种商品所支出的成本负相关。

③ 技术。把各种投入变为冰淇淋的技术也是供给量的另一个决定因素。例如,机械化的冰淇淋机的发明减少了生产冰淇淋必需的劳动量。技术进步通过减少公司的生产成本增加了冰淇淋的供给量。

④ 预期。你现在供给的冰淇淋量还取决于对未来的预期。例如,如果你预期未来冰淇淋的价格会上升,你就将把你现在生产的一些冰淇淋贮存起来,并减少当前的市场供给。

(3) 供给表与供给曲线。

影响冰淇淋供给量决策的因素有许多,但价格起着特殊或者说决定性的作用。在其他条件相同时,一种商品的价格和生产者对它的供给量呈同向变动，这是我们前面讲到的供给定理。表 3-3 表明一个冰淇淋卖者张三在冰淇淋各种价格下的供给量。在价格低于 1 元时，张三根本不供给冰淇淋，随着价格上升，供给的数量越来越多。根据供给表(Supply schedule)中的数据我们绘制成卖者张三的供给曲线(Supply curve)，如图 3-5。可以很直观地看到，供给曲线向右上方倾斜，因为其他条件相同的情况下，冰淇淋的价格越高供给量也越大。如同需求曲线一样，供给曲线可以是直线型，也可以是曲线型。

表 3-3　卖者张三的供给表

冰淇淋的价格(元)	张三对冰淇淋的供给量(个)
0	0
0.5	0
1.0	1
1.5	2
2.0	3
2.5	4
3.0	5

(4) 个人供给到市场供给。

为了分析冰淇淋市场如何运行，我们还需要确定市场供给。为了简化分析，我们假设该小镇的冰淇淋市场中卖者只有两个：张三和李四。表 3-4 是两个卖者的冰淇淋供给表，那么市场供给就是在每一价格时，两个人对于冰淇淋的个人供给量加总。图 3-6 描绘了冰淇淋的市

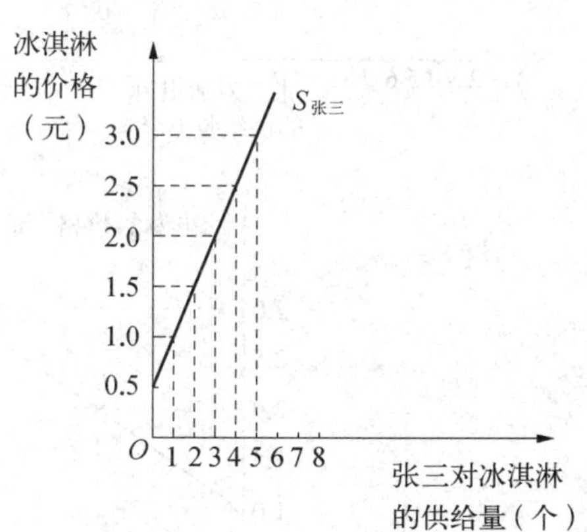

图 3-5　卖者张三的供给曲线

场供给曲线。

表 3－4　个人与市场供给关系表

冰淇淋的价格(元)	张三对冰淇淋的供给量(个)	李四对冰淇淋的供给量(个)	市场供给(个)
0	0	0	0+0=0
0.5	0	0	0+0=0
1.0	1	0	1+0=1
1.5	2	2	2+2=4
2.0	3	4	3+4=7
2.5	4	6	4+6=10
3.0	5	8	5+8=13

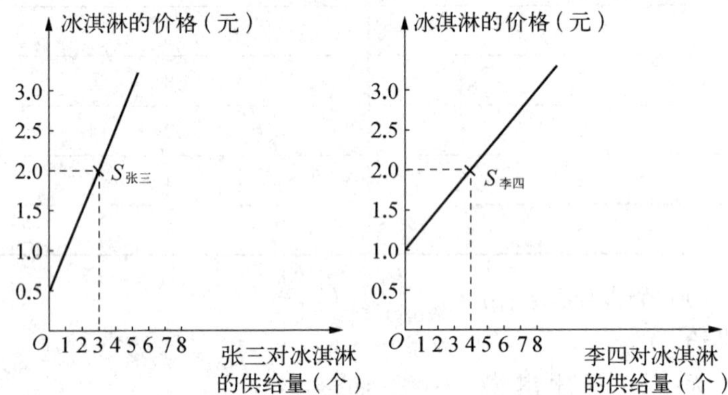

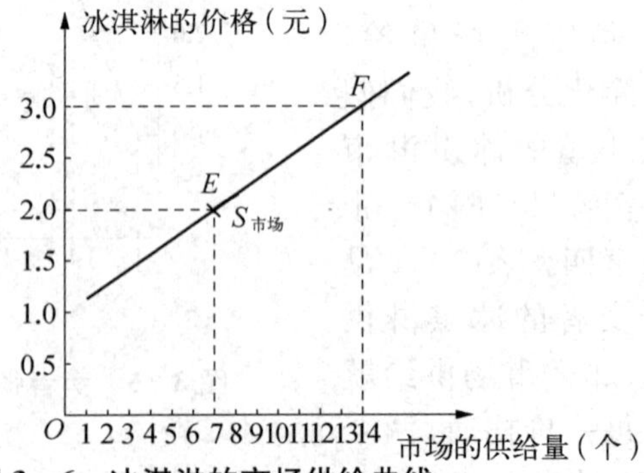

图 3－6　冰淇淋的市场供给曲线

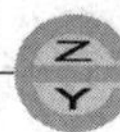

(5) 供给量的变动与供给的变动。

供给量的变动是指在其他条件不变时，由某商品的价格变动所引起的该商品供给数量的变动。在图形中，这种变动表现为商品的价格—供给数量组合点沿着同一条既定的供给曲线的运动。例如在图 3-6 中，随着冰淇淋价格由 2 元上升到 3 元，引起供给数量逐步增加，沿着同一条供给曲线由 E 点运动到 F 点。

供给的变动是指在商品价格不变的条件下，由于其他因素变动所引起的该商品在每一价格水平下的供给量都发生变动。这里的其他因素变动可以指生产成本的变动、技术水平的变动、生产者的预期变化等，在图形中，供给的变动表现为供给曲线的位置发生移动。以图 3-7 加以说明。

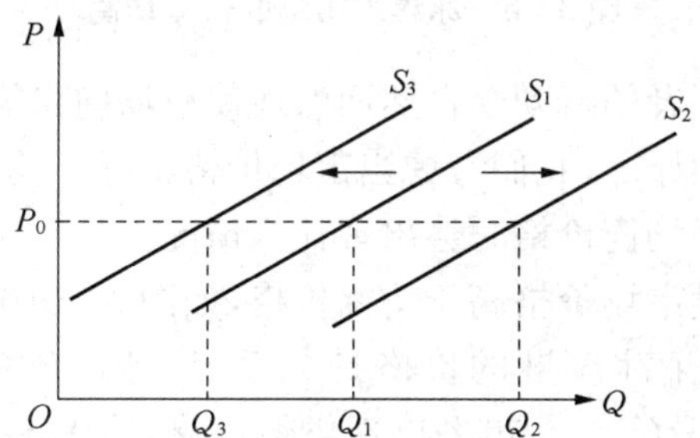

图 3-7　供给的变动和供给曲线的移动

二、冰淇淋的供需均衡与均衡变动

1. 市场均衡

在分别考察了冰淇淋的供给与需求之后，现在我们把两者结合起来，说明供需如何共同决定冰淇淋的价格和销售量。

图 3-8 表示冰淇淋市场供给与市场需求的结合。可以看到，市场供给曲线与市场需求曲线相交于一点 E，这一点被称为市场的均衡点。均衡点所对应的冰淇淋的价格被称为*均衡价格*(Equilibrium Price)。在这里冰淇淋的均衡价格是 2 元，在这个价格水平下，买者愿意而且能够购买的冰淇淋数量刚好与卖者愿意而且能够出售的数量相等，供给与需求这两种决定价格

☞**均衡价格**
(Equilibrium Price)
一种商品供给量与需求量相等时的市场价格。

市场均衡
(Market Equilibrium)
一种商品的供给量和需求量相等时的市场状态。

均衡数量
(Equilibrium Quantity)一种商品达到供求均衡时所对应的相等的供需量,也叫均衡产量。

的力量处于平衡状态,达到*市场均衡*(Market Equilibrium),这个相等的供需量被称为*均衡数量*(Equilibrium Quantity),也叫均衡产量,在这里是7个冰淇淋。

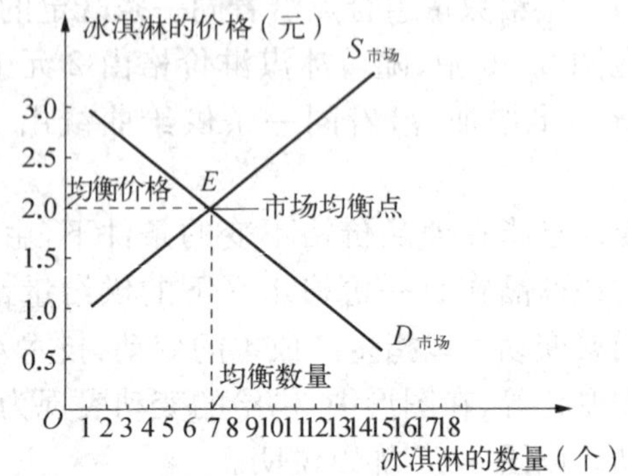

图3－8　冰淇淋市场的供需均衡

卖者和买者的行动会自然而然地使市场向供需的均衡点变动。为了说明原因,我们考虑当市场价格不等于均衡价格,而是高于或者低于均衡价格时会出现什么情况。

首先假设市场价格高于均衡价格,如图3－9(a)所示。在这种情况下,每个冰淇淋的价格是2.5元,冰淇淋的供给量(10个)超过需求量(4个),市场出现供给过剩,冰淇淋积压,无法卖出,卖者的反应自然是降低价格。因价格下降需求量将增加、供给量将减少,价格会一直下降到市场供需均衡为止。

假设市场价格低于均衡价格,如图3－9(b)所示。在这种情况下,当每个冰淇淋的价格是1.5元时,冰淇淋的需求量(10个)超过供给量(4个),市场商品短缺,冰淇淋供不应求,众多的买者抢购少量的商品,卖者可以提高价格而不降低销售量。随着价格上升,需求量减少,市场又一次向均衡变动。

许多买者和卖者的活动自发地把市场价格推向均衡价格。一旦市场达到均衡价格,所有买者和卖者都得到满足,也就不存在价格上升或者下降的压力。在大多数自由的市场上,产品过剩和短缺都只是暂时的,任何一种产品随着价格的调整其供给与需求都将达到平衡。

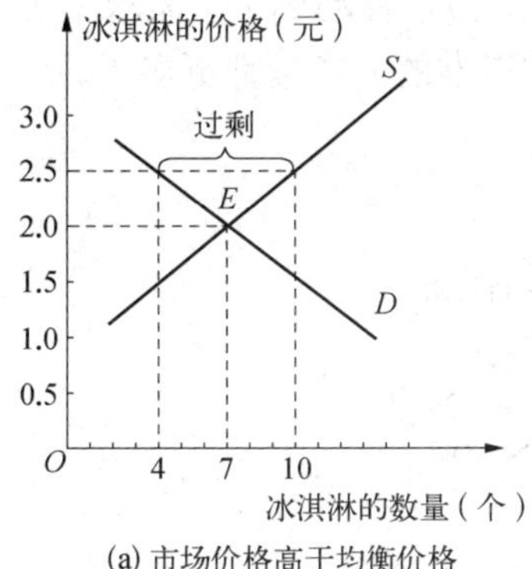

(a) 市场价格高于均衡价格

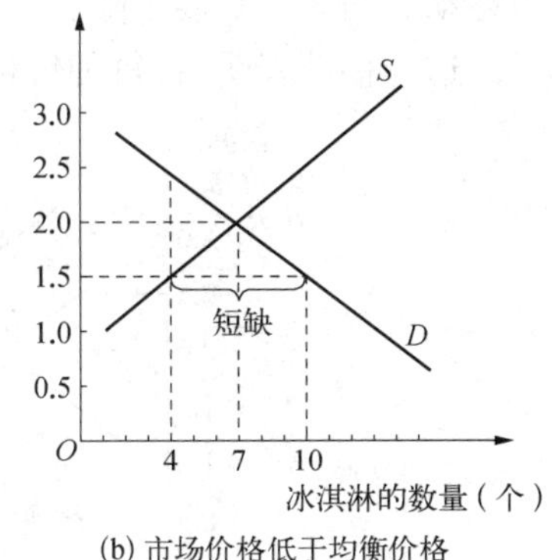

(b) 市场价格低于均衡价格

图 3－9　市场价格不等于均衡价格的情况

2. 均衡变动

到目前为止，我们已经明白了供给与需求如何共同决定市场均衡，如何决定产品的价格和均衡供需量。当然，均衡价格与均衡数量取决于供给曲线与需求曲线的位置。当某些事件使供给或需求发生变动，其中一条曲线发生移动时，市场的均衡也就改变了，从而产生买者和卖者之间新的均衡价格和均衡数量。

当分析某个事件如何影响一个市场时，我们按三个步骤进行：

(1) 我们确定该事件是影响供给还是影响需求，使供给曲线移动还是使需求曲线移动，或者是使两条曲线都移动；

(2) 我们确定曲线的移动方向，是向右移动还是向左移动；

(3) 我们运用供求图来比较原来的均衡和新均衡，说明均衡价格和均衡数量如何变动。

下面我们就用这种方法考察可能影响冰淇淋市场的各种事件。

事件 1. 某年夏季天气特别炎热

假设某一年夏季天气特别热。这种情况如何影响冰淇淋市场呢？为了回答这个问题，我们遵循三个步骤进行：

(1) 天气炎热通过改变人们对冰淇淋的嗜好而影响需求曲线。这就是说，天气改变了人们在任何一种既定价格时想购买的冰淇淋数量。供给曲线不变，因为天气并不直接影响销售冰淇淋的企业。

(2) 由于天气热使人们想吃更多的冰淇淋，所以，需求曲线向右移动。图 3－10 表示随着需求曲线从 D_1 移动到 D_2，需求增加了。这种移动表明，在每种价格下，冰淇淋的需求量都更多了。

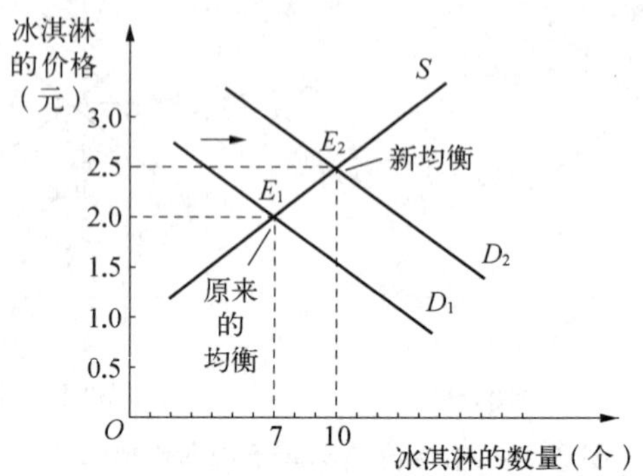

图 3－10　需求增加如何影响均衡

(3) 正如图 3－10 所示，需求增加使均衡价格由 2 元上升到 2.5 元，均衡数量由 7 个增加到 10 个。换句话说，天气炎热提高了冰淇淋的价格，增加了冰淇淋的销售量。

事件 2. 某年夏季台风摧毁部分甘蔗田，使得糖的价格上升

假设在某个夏季，台风摧毁了当地的甘蔗田，使得糖的价格大幅上升。这个事件如何影响冰淇淋市场呢？为了回答这个问题，我们又遵循三个步骤进行：

(1) 台风影响供给曲线。台风使得糖的价格上升，成本上涨改变了任何一种既定价格时企业生产并销售的冰淇淋数量。需求曲线没变，因为台风并没有直接改变家庭希望购买的冰淇淋数量。

(2) 供给曲线向左移动，因为在任何一种价格时，企业愿意并能够出售的总量减少了。图 3－11 说明了随着供给曲线从 S_1 移动到 S_2，供给减少了。

(3) 正如图 3－11 所示，供给曲线移动使均衡价格从 2 元上升到 2.5 元，使均衡数量从 7 个减少为 4 个。由于台风，冰淇淋的价格上升了，而销售量减少了。

事件 3. 天气炎热与台风发生在同一个夏季

现在假设天气炎热和台风同时发生。为了分析两个事件的这种结合，我们仍遵循三个步骤进行。

(1) 我们确定，两条曲线都应该移动。天气炎热影响需求

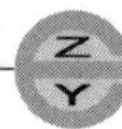

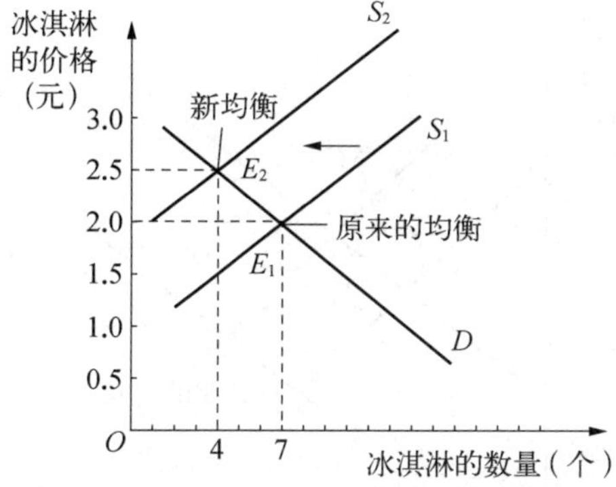

图 3-11 供给减少如何影响均衡

曲线,因为它改变了家庭在任何一种既定价格时想要购买的冰淇淋数量。同时,台风改变了供给曲线,因为它改变了企业在任何一种既定价格时想要出售的冰淇淋的数量。

(2) 这两条曲线移动的方向与我们以前分析中它们的移动方向相同:需求曲线向右移动,而供给曲线向左移动。图 3-12 说明了这些移动。

(3) 正如图 3-12 所示,会引起两种可能的结果,这取决于需求和供给移动的相对大小。在这两种情况下,均衡价格均上升。在(a)图中,需求有大幅度增加,而供给减少很小,均衡数量增加了。与此相比,在(b)图中,供给有大幅度减少,而需求增加很小,均衡数量减少了。因此,事件 3 肯定会提高冰淇淋的价格,但它对冰淇淋销售量的影响是不确定的。

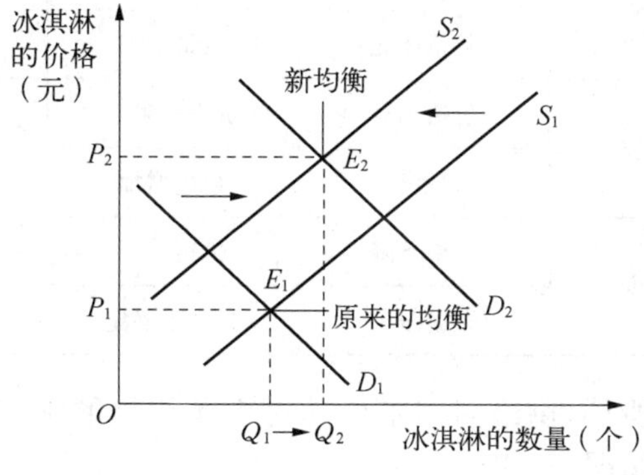

(a) 价格上升,数量增加

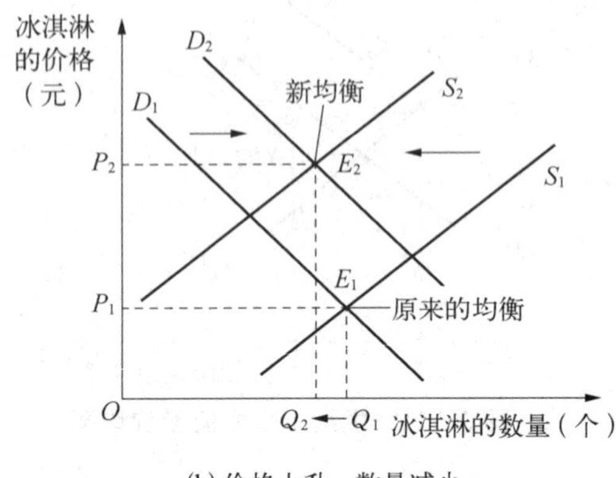

(b) 价格上升,数量减少

图 3-12 供给和需求的变动

3. 供求规律

我们刚刚说明了如何用供求曲线分析均衡变动的三个例子。只要一个事件移动了供给曲线或需求曲线,或同时移动了这两条曲线,你就可以用这些工具预测这个事件将如何改变均衡时的销售量和出售物品的价格。表 3-5 表示这两条曲线任何一种移动结合的预期结果。

表 3-5 供给或需求变动对价格和数量的影响

	供给未变	供给增加	供给减少
需求未变	价格相同	价格下降	价格上升
	数量相同	数量增加	数量减少
需求增加	价格上升	价格不确定	价格上升
	数量增加	数量增加	数量不确定
需求减少	价格下降	价格下降	价格不确定
	数量减少	数量不确定	数量减少

综上所述,供给与需求变动对市场均衡的影响可以归结为如下三种情况:

(1) 供给不变而需求变动时,均衡价格和均衡数量与需求同方向变动；

(2) 需求不变而供给变动时，均衡价格与供给反方向变动，均衡数量与供给同方向变动；

(3) 需求与供给同时同方向变动，均衡数量与供求同方向变动，均衡价格可能提高、降低或不变；需求与供给同时反方向变动，均衡价格与需求同方向变动，均衡数量则有可能增加、减少或不变。

这就是西方经济学中的*供求定理*（Law of Supply and Demand）。

☞**供求定理（Law of Supply and Demand）**是指在需求与供给变动时，均衡价格与均衡数量的变动规律。

三、亚当·斯密"一只看不见的手"

1. 价格如何配置资源？

市场通常是一种组织经济活动的好方法。虽然要判断市场结果是好还是坏仍然早了一点，但在本节中我们开始了解市场是如何运行的。

本节首先分析了市场中影响和决定价格的两个最基本的力量：供给与需求。尽管我们的分析集中在某小镇的冰淇淋市场上，但在这里所学到的结论也适用于大部分其他市场。只要你到商店去买某种东西，你就对那种东西的需求作出了贡献。只要你找工作，你就对劳动服务的供给作出了贡献。由于供给与需求是如此普遍的经济现象，所以，供求模型是一种十分有用的分析工具。在以后学习中我们要经常使用这个模型。

在任何一种经济制度中，都需要把稀缺资源配置到竞争性用途中。市场经济利用供给与需求的力量来实现这个目标。供给与需求共同决定了经济中许多不同物品与劳务的价格；价格又是指导资源配置的信号。例如，考虑一下海滩土地的配置。由于这种土地量有限，并不是每一个人都能享受海滩的奢华生活。谁能得到这种资源呢？答案是任何一个愿意而且能够支付这种价格的人。海滩土地的价格要一直进行调整，直至这种土地的需求量与供给量平衡。在市场经济中，价格是配置稀缺资源的机制。同样，价格决定了谁生产某种物品，以及生产多少。例如，考虑一下农业的情况。由于生存需要食物，一些人从事农业是至关重要的。什么因素决定谁是农民、谁不是农民呢？在一个自由的社会中,并不存在作出这种决策并确保充足食物供给的政府计划机构。相反,把工人配置到农业中是千百万工人的工作决策。这种分散的决策制度运行良好,因为这些决策取决于价格。食物价格和农业工人工资(他们劳动的价格)调整确保了有足够的人选择当农民。

如果一个人从未见过市场经济的运行,这整个思想看来就是荒谬的。经济中有一大群从事相互依存活动的人,什么因素使分散决策免于陷入混乱呢?用什么来协调千百万有不同能力与欲望的人的行动呢?用什么来保证需要做到的在实际上也实现了呢?用一个词来回答就是"价格"。正像亚当·斯密(Adam Smith)的著名论断那样,市场经济由"看不见的手"指导,价格制度就是"看不见的手"用来指挥经济交响乐队的指挥棒。

2. 亚当·斯密与"看不见的手"

经济学之父亚当·斯密在《国富论》中提出了"一只看不见的手"的命题。最初的意思是,个人在经济生活中只考虑自己的利益,受"看不见的手"的驱使,即通过分工和市场的作用,可以达到国家富裕的目的。后来,"看不见的手"便作为市场经济中完全竞争模式的形象用语。这种模式的主要特征是人人都有获得市场信息的自由,企业之间自由竞争,无需政府干预经济活动。亚当·斯密的后继者们以均衡理论的形式完成了对于完全竞争市场机制的精确分析。在完全竞争条件下,生产是小规模的,一切企业由企业主经营,单独的生产者对产品的市场价格不发生影响,消费者用货币作为"选票",决定着产量和质量。生产者追求利润最大化,消费者追求效用最大化。价格自由地反映供求的变化,其功能一是配置稀缺资源,二是分配商品和劳务。通过"看不见的手",企业家获得利润,工人获得由竞争的劳动力供给决定的工资,土地所有者获得地租。

亚当·斯密在《国富论》中较为详细地描绘了"看不见的手"作用的过程:

"每种商品的上市量自然会使自己适合于有效需求。因为,商品量不超过有效需求,对所有使用土地、劳动或资本而以商品供应市场者有利;商品量少于有效需求对其他一切人有利。"

"如果市场上商品量一旦超过它的有效需求,那么它的价格

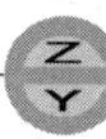

的某些组成部分必然会降到自然率以下。如果下降部分为地租，地主的利害关系立刻会促使他们撤回一部分土地；如果下降部分为工资或利润，劳动者或雇主的利害关系也会促使他们把劳动或资本由原用途撤回一部分。于是，市场上商品量不久就会恰好足够供应它的有效需求，价格中一切组成部分不久就升到它们的自然水平，而全部价格又与自然价格一致。"

"反之，如果市场上商品量不够供应它的有效需求，那么它的价格的某些组成部分必定会上升到自然率以上。如果上升部分为地租，则一切其他地主的利害关系自然会促使他们准备更多土地来生产这种商品；如果上升部分是工资和利润，则一切其他劳动者或商人的利害关系也会马上促使他们使用更多的劳动或资本，来制造这种商品并送往市场。于是，市场上商品量不久充分供应它的有效需求。价格中一切组成部分不久都下降到它们的自然水平，而全部价格又与自然价格一致。"

市场机制就是依据经济人理性原则而运行的。在市场经济体制中，消费者依据效用最大化的原则做购买的决策，生产者依据利润最大化的原则做销售决策。市场就在供给和需求之间，根据价格的自然变动，引导资源向着最有效率的方面配置。这时的市场就像一只"看不见的手"，在价格机制、供求机制和竞争机制的相互作用下，推动着生产者和消费者做出各自的决策。而当经济个体自私地追求个人利益时，他或她像被一只看不见的手所引导而去实现公众的最佳福利。

马克思后来指出，斯密的"看不见的手"，就是价值规律，用现在时髦的话来说，就是市场机制。在商品经济或市场经济下，都存在一只看不见的手在幕后调节参与经济生活的每个人的行为，调节着有限的社会资源合理地在各部门和各生产者之间的配置。这是一只只要有商品交换行为就存在的手、商品经济条件下无所不在的手。

即问即答：请给市场均衡下定义，描述市场经济中价格的作用。

第二节 你的效用最大化了吗

诺贝尔经济学奖获得者美国经济学家保罗·萨缪尔森把幸福当作一个经济问题进行研究,提出了一个幸福方程式:幸福=效用/欲望。显然,幸福取决于两个因素:效用与欲望。效用越大越幸福;欲望越低越幸福。但清心寡欲对我们这些“凡夫俗子”非常困难,所以,想要更幸福只能从效用着手了,那么,你的效用最大化了吗?

一、认识效用

☞**效用(Utility)** 消费者从消费商品中获得的主观满足程度。

什么是效用?西方经济学家用*效用*(Utility)来表示消费者从消费物品中得到的主观享受或满足,满足程度高,效用大;满足程度低,效用小。可见,效用是消费者的一种主观心理感觉,它的大小取决于消费者对商品和劳务的主观评价,因此它会因人、因时、因地而异,为了更好地理解效用这个概念,我们来看下面3个小故事。

故事1. 最好吃的东西

兔子和猫争论,世界上什么东西最好吃。兔子说,“世界上萝卜最好吃。萝卜又甜又脆又解渴,我一想起萝卜就要流口水。”猫不同意,说,“世界上最好吃的东西是老鼠。老鼠的肉非常嫩,嚼起来又酥又松,味道美极了!”兔子和猫争论不休、相持不下,跑去请猴子评理。猴子听了,不由得大笑起来:“瞧你们这两个傻瓜蛋,连这点儿常识都不懂!世界上最好吃的东西是什么?是桃子!桃子不但美味可口,而且长得漂亮。我每天做梦都梦见吃桃子。”兔子和猫听了,全都直摇头。世界上到底什么东西最好吃呢?

这个故事告诉我们,效用完全是个人的心理感觉。消费者不同的偏好决定了对同一种商品效用大小的不同评价。比如,香烟对于喜欢吸烟的人来说效用很大,但对于不喜欢吸烟的人来说,则效用很小,甚至因吸烟痛苦而产生负效用。

故事2. 傻子地主

从前,某地闹起了水灾,洪水吞没了土地和房屋。人们纷纷爬上了山顶和大树，想要逃脱这场灾难。在一棵大树上，地主和长工聚集到一起。地主紧紧地抱着一盒金子，警惕地注视着长工的一举一动，害怕长工会趁机把金子抢走。长工则提着一篮玉米面饼，呆呆地看着滔滔大水。除了这篮面饼，长工已一无所有了。几天过去了，四处仍旧是白茫茫一片。长工饿了就吃几口饼，地主饿了却只有看着金子发呆。地主舍不得用金子去换饼，长工也不愿白白地把饼送给地主。又几天过去了，大水悄悄退走了。长工高兴地爬到树下，地主却静静地躺着，永远留在大树上了。

这个故事形象地说明了同样的物品在不同的时间和地点，效用也不同。同样是一杯水，对于一个住在山泉旁的人和一个在沙漠中长途跋涉的人来说，效用肯定大不相同。

故事 3. 钻石和木碗

一个穷人家徒四壁，只得头顶着一只旧木碗四处流浪。一天，穷人登上一条渔船去帮工。不幸的是，渔船在航行中遇到了特大风浪，船上的人几乎都淹死了，穷人抱着一根大木头，才幸免于难。穷人被海水冲到一个小岛上，岛上的酋长看见穷人头顶的木碗，感到非常新奇，便用一大口袋最好的珍珠宝石换走了木碗，派人把穷人送回了家。一个富翁听到了穷人的奇遇，心中暗想，一只木碗都能换回这么多宝贝，如果我送去很多可口的食物，该换回多少宝贝！于是，富翁装了满满一船山珍海味和美酒，找到了穷人去过的小岛。酋长接受了富人送来的礼物，品尝之后赞不绝口，声称要送给他最珍贵的东西。富人心中暗自得意。一抬头，富人猛然看见酋长双手捧着的“珍贵礼物”，不由得愣住了！

这个故事揭示了我们都熟知的一个道理：物以稀为贵。越是稀少的商品带给消费者的满足即效用越大，这个道理我们在后面还会进一步说明。

效用的大小会因人、因时、因地而不同。因此，除非给出特殊的假定，否则，效用是不能在不同的人之间进行比较的，但就某一个确定的消费者而言，可以判定某种商品对他的效用的大小。

二、基数效用与序数效用

效用理论可分为基数效用理论和序数效用理论。

1. 基数效用论

基数效用论的基本观点是：效用是可以计量并可以加总求和的。表示效用大小的计量单位被称为效用单位(Utility Unit)。因此，效用的大小可以用基数(1、2、3……)来表示，正如长度单位可以用米来表示一样。基数效用理论采用的分析方法是边际效用分析法。基数效用论的假设条件包括：

① 效用量可以具体衡量；

② 边际效用(MU)递减；

③ 货币的边际效用不变。

2. 序数效用论

序数效用论是为了弥补基数效用论的缺点而提出来的另一种研究消费者行为的理论。序数效用论的基本观点是：效用作为一种心理现象无法计量，也不能加总求和，只能表示出满足程度的高低与顺序，因此，效用只能用序数(第一、第二、第三……)来表示。

序数效用论用消费者偏好的高低来表示满足程度的高低。该理论建立在以下假定上：

① 完备性，即指消费者对每一种商品都能说出偏好顺序；

② 可传递性，即消费者对不同商品的偏好是有序的，连贯一致的：若 A 大于 B，B 大于 C，则 A 大于 C；

③ 不充分满足性，即消费者认为商品数量总是多一些好。

三、钻石与水的价值悖论

众所周知，钻石对于人类维持生存没有任何价值，然而其市场价值非常高，售价昂贵。相反，水是人类生存的必需品，其售价却非常低廉。这种强烈的反差就构成了价值悖论，也称作钻石与水的矛盾。为什么出现这样的现象呢?

钻石与水之悖论最早由亚当·斯密在《国富论》中提出。他指出：没有什么东西比水更有用；能用它交换的货物却非常有限；很少的东西就可以换到水。相反，钻石没有什么用处，但可

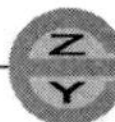

以用它换来大量的货品。这一悖论即是前面“钻石和木碗”故事中归结出的中国俗谚：物以稀为贵。

若不考虑市场上的其他因素，沙漠地区的水比钻石贵，或者是需求面的因素。就供给面来说，水的数量非常大，且几乎随处可见(如果不考虑荒漠干旱地区，地球上几乎处处都有水，包含大气层中的水汽)；而钻石呢，是蕴藏在地表底下，且必须经过时间与适当的条件产生(如果不考虑人工钻石而单纯考虑自然钻石)，供给非常的少，因此水供给大，而钻石供给少，故会产生这样的现象。这是运用我们前面学到的供需决定价格理论对悖论做出的解释。

凯恩斯经济学对此做出了另一角度的解释。经济学家约翰·梅纳德·凯恩斯认为物品的价格不光是由它的价值决定，还由边际价格决定，即在当前情况下再增加一单位该物品所花费的价格就是该物品的价格，边际价格的高或者低主要由消费者从增加的这一单位物品消费所获得的满足感决定。我们把消费者从增加一单位商品消费中得到的满足程度称为*边际效用*(Marginal Utility; MU)。价格取决于消费者从商品消费中获得的边际效用。

与边际效用有着紧密联系的另一概念是*总效用*(Total Utility; TU)，总效用指人们消费一定量某种商品所得到的满足程度的总和，也等于消费者消费一定数量商品的所有边际效用的加总。总效用与边际效用之间的数量变动关系可以用表3－6来说明。

☞**边际效用**
(Marginal Utility; MU)消费者消费某种商品，每追加一个消费单位所增加的总效用或增加的满足程度。

☞**总效用**
(Total Utility; TU)
消费者消费一定数量的某种商品所获得的总满足程度。

表3－6　消费某种商品总效用和边际效用数量表

消费量(*Q*)	总效用(*TU*)	边际效用(*MU*)
0	0	—
1	3	3
2	5	2
3	6	1

(续表)

消费量(Q)	总效用(TU)	边际效用(MU)
4	6	0
5	5	−1
6	3	−2

根据表 3－6 可以作出总效用与边际效用曲线图,如图 3－13 所示。

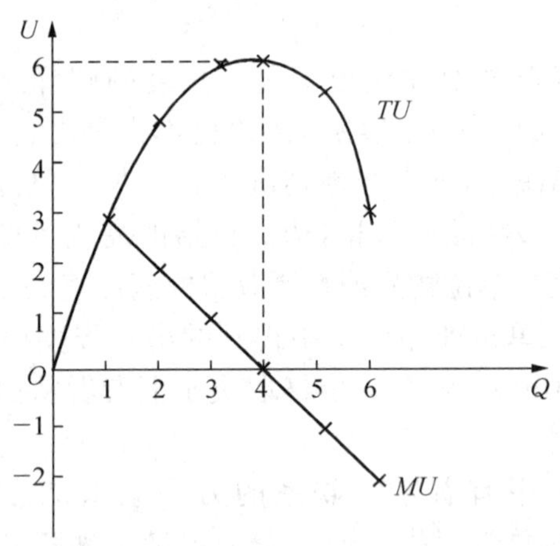

图 3－13 总效用与边际效用曲线图

边际效用递减规律(The Law of Diminishing Marginal Utility)在一定时间内,在其他商品的消费数量保持不变的条件下,随着消费者对某种商品消费量的增加,消费者从该商品连续增加的每一消费单位中所得到的效用增量即边际效用是递减的。

图 3－13 中,横轴代表物品消费量,纵轴代表总效用和边际效用。图中的 TU 为总效用曲线,MU 为边际效用曲线。由表 3－6 及图 3－13 都可以看出:如果边际效用大于 0,说明这一单位商品的消费带给消费者正的效用增量,此时,总效用递增;如果边际效用小于 0,说明这一单位商品消费带给消费者是不好的、甚至是厌恶的感觉,负的边际效用累加到总效用中,总效用递减;临界状态即边际效用等于 0 时,总效用最大。换句话说,在边际效用等于 0 之前,商品消费的增加可以增加总效用;而在边际效用等于 0 之后,商品消费的增加,则会使总效用减少。因为在这一点之后,边际效用为负。

随着消费商品数量不断增加,消费者从增加的一单位商品消费中得到的满足程度即边际效用会逐渐下降,这就是*边际效*

用递减规律（The Law of Diminishing Marginal Utility）。边际效用递减规律是经济学的基本规律之一，这个规律对我们理解消费者的消费行为非常重要。运用这一规律我们可以对水与钻石的价值悖论做出如下解释：水虽然很宝贵，没有水，我们无法生存，水给我们带来的总效用是巨大的，可是水在地球上很多，由于消费者在消费过程中边际效用递减，于是水的相对于数量的边际效用就很低，由它决定的水的边际价格也很低。而钻石刚好相反，由于我们购买的钻石极少，所以，它的边际效用就大。人们愿为边际效用高的钻石支付高价格，为边际效用低的水支付低价格是一种理性的行为。“物以稀为贵”的道理正在于“稀”的物品边际效用高。

四、基数效用论下的消费者均衡分析

1. 消费者均衡的含义

消费者均衡（Consumer's Equilibrium）是指消费者在收入既定和商品价格既定的情况下，选购一定数量的各种商品，得到最大的满足程度，即实现总效用最大，然后维持商品的购买数量组合不变，消费者就实现了均衡。消费者均衡是消费者行为理论的核心。

☞**消费者均衡（Consumer's Equilibrium）**指消费者在收入既定和商品价格既定的情况下，购买一定数量的各种商品，获得最大的满足程度，实现总效用最大化。

2. 消费者均衡实现的假设条件

（1）消费者的偏好既定。

这就是说，消费者对各种物品效用的评价是既定的，不会发生变动。比如一个消费者到商店去买盐、电池和点心，在去商店之前，对商品购买的排列顺序是盐、电池、点心，这一排列顺序到商店后也不会发生改变。

（2）消费者的收入既定。

因为收入有限，需要用货币购买的物品很多，但不可能全部都买，只能买自己认为最重要的几种。因为每一元货币的功能都是一样的，在购买各种商品时最后多花的每一元钱都应该为自己增加同样的满足程度，否则消费者就会放弃不符合这一条件的购买量组合，而选择自己认为更合适的购买量组合。

（3）物品的价格既定。

由于物品价格既定，消费者就要考虑如何把有限的收入分配于各种物品的购买与消费上，以获得最大的满足感。由于收入固定，物品价格相对不变，消费者用有限的收入能够购买的商品所带来的最大的满足程度也是可以计量的。

3. 消费者均衡的限制条件

基数效用论下消费者达到均衡的条件有两个：① 钱要花光；② 消费者用单位货币购买的各种商品的边际效用相等，即消费者所购买的各种商品的边际效用与它们的价格之比相等，都等于货币的边际效用。这个道理具体表现为两个公式

$$P_1 \times Q_1 + P_2 \times Q_2 + P_3 \times Q_3 \wedge P_n \times Q_n = M \quad (3.1)$$

$$\frac{MU_1}{P_1} = \frac{MU_2}{P_2} = \frac{MU_3}{P_3} \wedge \frac{MU_n}{P_n} = MU_m \quad (3.2)$$

知识链接

货币的边际效用

基数效用论者认为，货币的效用就是给其所有者带来的满足，它的大小也取决于货币持有者的满足程度，货币的边际效用也是递减的，即收入越高，持有货币数量越多，每增加一单位货币给货币持有者带来的满足程度越小。由于购买某种商品所支出的货币只占购买者持有货币量的微小部分，所以，当消费者购买的商品量发生少量变化时，货币的边际效用的变化非常微小，可以忽略不计。因此，在只有一种商品购买量发生变动的情况下，货币的边际效用被认为不变，是一个常数，公式(3.2)中记为 MUm。

(3.1)式是消费者实现消费均衡的收入约束条件，说明收入是既定的，购买商品的货币支出不能超过收入总额 M，也不能小于收入总额 M。超过收入的商品购买组合是无法实现的，而小于收入的购买组合达不到既定收入时的效用最大化。(3.2)式是消费者均衡实现的评价条件，这一条件可以用边际效用决定需求价格和边际效用递减规律来进行说明。为了分析的方便，我们假定消费者在市场上只购买两种商品 X 和 Y，由于收入和价格都是既定的，增加 X 的购买量就必须减少 Y 的购买量，购

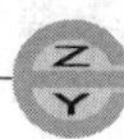

买量的变化，必然引起它们的边际效用的变化。这就是说，如果消费者发现多花一元钱在一种商品上取得的增加的效用(边际效用)不如多花一元钱在另一种商品取得的增加的效用大，他就会改变主意，把取得边际效用较小的那种商品上的花费转移到较大的边际效用的商品上。由于花费转移，原来取得边际效用较小的商品，现在可能变得具有较大的边际效用了，而原来取得边际效用较大的商品，现在可能变得具有较小的边际效用了。如果后者的边际效用小于前者，那么，就会再次发生花费转移的情形。这样，消费者根据边际效用的大小，自由地改变花费的方向。最后，必须达到一种最优的花费状态，他所花费的每一元钱都取得相等的边际效用，即商品的边际效用与价格之比相等，表示为：$MU_x/P_x - MU_y/P_y = MU_m$，此时总效用达到最大。

消费者均衡理论看似难懂，其实一个理性的消费者，他的消费行为已经遵循了消费者均衡的理论。比如你在现有的收入和储蓄下是买房还是买车，你会作出合理的选择。你走进超市，见到如此之多的琳琅满目的物品，你会选择你最需要的。你去买服装时肯定不会买回你已有的服装。所以说经济学是选择的经济学，而选择就是在你的资源(货币)有限的情况下，实现消费满足的最大化，使每 1 分钱都用在刀刃上，这时就实现了消费者均衡！

五、序数效用论下的消费者均衡分析

在生活中消费者要做出多种决策，前面我们运用基数效用理论分析了消费者均衡问题。对消费者购买决策的分析还可以利用序数效用理论。本节我们将运用序数效用论下的无差异曲线法分析消费者的消费决策。

1. 无差异曲线

(1) 什么是无差异曲线？

无差异曲线(Indifference Curve)也称等效用线，是用来表示两种商品的不同数量的组合给消费者带来的效用完全相同的一条曲线。假定现有 X 与 Y 两种商品的组合方式，如表 3-7 所示。各种组合方式能给消费者带来相同的效用，可以作出一条无差异曲线，如图 3-14 所示，无差异曲线一般用字母 I 表示。

☞**无差异曲线 (Indifference Curve)** 也称等效用曲线，是用来表示两种商品的不同数量的组合给消费者带来的效用完全相同的一条曲线。

表 3-7 两种商品消费数量组合示意表

组合方式	X 商品	Y 商品
A	5	30
B	10	18
C	15	13
D	20	10
E	25	8
F	30	7

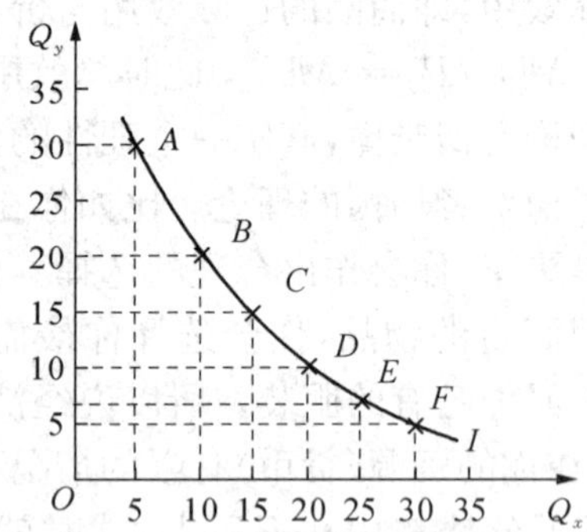

图 3-14 两种商品消费量组合无差异曲线图

(2) 无差异曲线的特征。

无差异曲线是一条从左上方向右下方倾斜的曲线,其斜率为负值。这就表明消费者为了获得同样的满足程度,增加一种商品的数量就必须减少另一种商品的数量,两种商品不可能同时增加或减少。

平面上有无数条无差异曲线,同一条无差异曲线代表相同的满足程度,不同的无差异曲线代表不同的满足程度,离原点越远的无差异曲线代表的满足程度越高,离原点越近的无差异代表的满足程度越低。在图 3-15 中 I_1、I_2、I_3代表三条不同的无差异曲线,$I_1 < I_2 < I_3$。

在同一平面图上,任意两条无差异曲线不能相交。如图 3-16 所示,M、E 在同一条无差异曲线 I_1上,代表相同的效用水平,M、N 在同一条无差异曲线 I_2上,M、N 代表相同的效用水

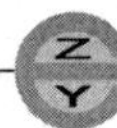

平，因此 N、E 两点的效用水平也应该是相同的。但是在 N 点，X、Y 两种商品的数量都要多于 E 点，所以，N 点 X 和 Y 的组合提供的效用水平大于 E 点 X 和 Y 的组合提供的效用水平，即 N、E 两点的效用水平不能相等。所以在同一平面图上任意两条无差异曲线不能相交。

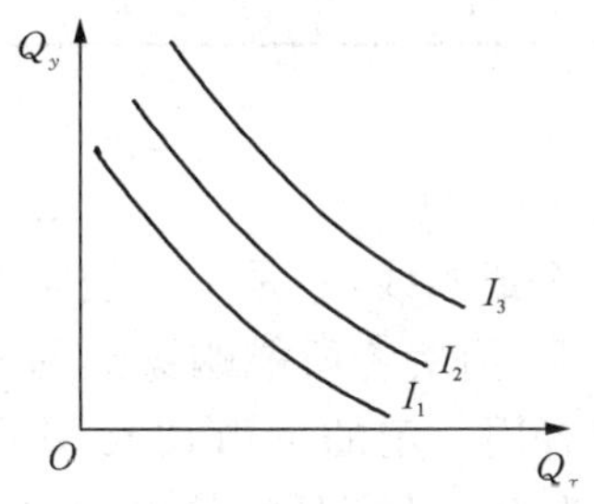

图 3-15 平面上的无差异曲线

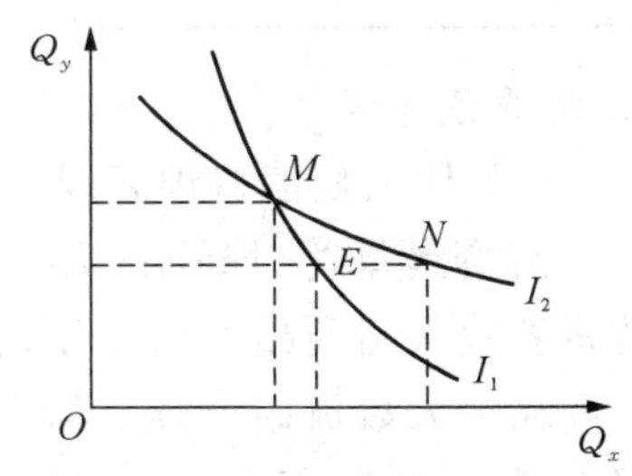

图 3-16 无差异曲线不相交

一般情况下无差异曲线是凸向原点的，这一点可以用商品的边际替代率来说明。*边际替代率*是消费者在消费两种商品保持效用不变时，减少一种商品的消费量与增加的另一种商品的消费量之比。用公式表示为

$$MRS_{xy} = \left|\frac{\Delta Y}{\Delta X}\right| = \frac{MU_x}{MU_y} \tag{3.3}$$

式(3.3)中，边际替代率正是无差异曲线的斜率。MU_x 是消费者消费 X 商品的边际效用，MU_y 是消费者消费 Y 商品的边际效用。因为消费者收入的限制，为保持效用水平不变，一种商品消费量增加时，另一种商品消费量必然减少，因此边际替代率为负值，且它的绝对值随着商品组合中 X 商品数量的增加而逐渐递减(X 对 Y 的替代性随着商品组合中 X 数量的增加而逐渐减弱)，这就决定了无差异曲线向右下方倾斜且凸向原点。依据上例中资料计算边际替代率，如表 3-8 所示。

☞ **边际替代率(Marginal Rate of Substitution)** 指消费者维持效用水平不变的前提下，增加一单位的某种商品的消费数量时所要放弃的另一种商品的消费数量。

表 3-8 两种商品边际替代率计算表

变动情况	ΔX	ΔY	MRS_{xy}
$B-A$	5	−12	2.4
$C-B$	5	−5	1

(续表)

变动情况	ΔX	ΔY	MRS_{xy}
$D-C$	5	−3	0.6
$E-D$	5	−2	0.4
$F-E$	5	−1	0.2

2. 消费预算线

(1) 什么是消费预算线?

☞**消费预算线(Budget Line)**又称等成本线,它是一条表明在消费者收入与商品价格既定的条件下,消费者所能购买到的两种商品最大数量组合线。

消费预算线(Budget Line)又称等成本线,它是一条表明在消费者收入与商品价格既定的条件下,消费者所能购买到的两种商品最大数量组合线。假定消费者用一定的货币收入 M 购买 X 和 Y 两种商品,X 商品的价格为 P_x,Y 商品的价格为 P_y,则消费者的预算线可以表示为

$$P_x \times X + P_y \times Y = M \tag{3.4}$$

(2) 消费预算线的绘制。

我们假设某个消费者所要购买的 X 和 Y 两种商品的价格分别为 20 元和 10 元,该消费者有 100 元货币用于购买这两种商品,我们可以列出该消费者可能购买的最大数量组合,见表3-9所示。

表 3-9 X 和 Y 两种商品购买数量组合表

数量组合	X 商品购买数量	Y 商品购买数量
A	0	10
B	1	8
C	2	6
D	3	4
E	4	2
F	5	0

我们可以根据表 3-9 中的资料绘出图 3-17。在图 3-17 所表示的消费预算线中,消费者若购买预算线以内的商品数量组合,货币未用完,比如图中的 G 点,就表示没有实现满足程度

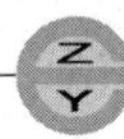

最大化；若购买预算线以外的商品数量组合，因货币收入不足而无法实现，比如图中的 H 点。消费者可能购买到的两种商品的最大数量组合是预算线上的各点坐标所表示的数量组合。

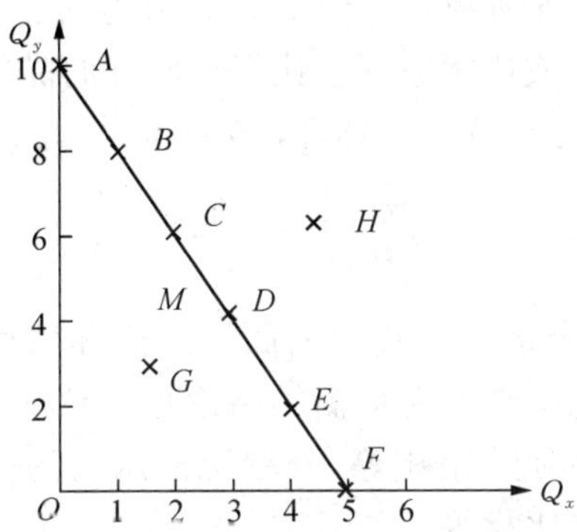

图 3-17　两种商品的消费预算线

3. 序数效用论下的消费者均衡

无差异曲线代表消费者对不同商品组合的主观态度，而消费预算线显示了消费者具有支付能力的商品消费客观条件，序数效用论者正是将两者放在一起，从而找到了消费者的最优选择，如图 3-18 所示。

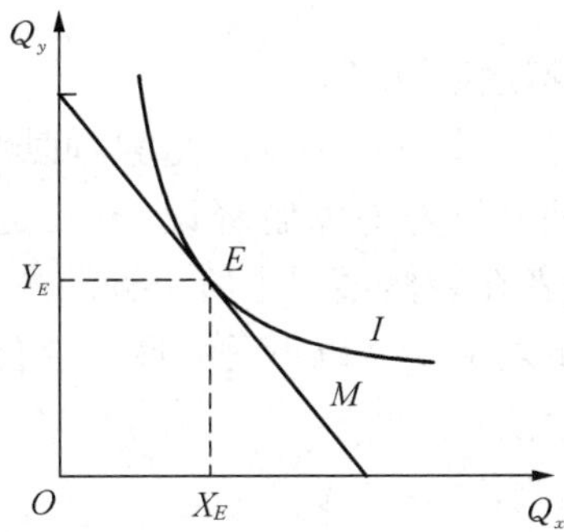

图 3-18　消费者均衡示意图

在图 3-18 中，消费预算线 M 与尽可能高位的无差异曲线 I 相切于点 E，切点 E 就是消费者均衡点，所对应的 X_E 和 Y_E 值就是在两种商品价格和消费者收入既定时，消费者实现效用最大化时的两种商品购买量。

从前面的分析中,我们知道,消费预算线的斜率是两种商品的价格比,无差异曲线的斜率是商品的边际替代率。消费预算线与无差异曲线相切,即两者斜率刚好相等。因此,可以得出结论:序数效用论下消费者达到最大效用的均衡条件是:两种商品的边际替代率或边际效用之比等于两种商品的价格之比,即:$MRS_{xy} = P_x/P_y = MU_x/MU_y$,调整得

$$\frac{MU_x}{P_x} = \frac{MU_y}{P_y} \tag{3.5}$$

很显然,这个结果同我们前面运用边际效用的分析方法得出的基数效用论下消费者均衡的结论是一致的。即:单位货币所购买商品的边际效用相等,或者说他购买的商品的边际效用与它们的价格之比相等。

即问即答:说明基数效用论与序数效用论分析消费者均衡问题的异同。

第三节　家装市场中的消费者陷阱

一、家装公司的"不透明"陷阱

业主在装修过后共同的感觉就是累,问题出在哪儿?一位专门从事家装监理的行业专家解释说,家装是一个典型的信息不对称行业,消费者在装修过程中所了解的内容,比起家装公司所掌握的内容是少之又少。以下是一些家装公司对消费者经常使用的"不透明"手法:

1. 报价中的"不透明"

手法一:笼统报价。经常遇到的就是一居室几万元、两居室几万元,一点儿依据都没有,消费者一旦上套,麻烦事不断。手法二:报价说明过于简单和含糊不清。比如在墙面处理报价项目中,只说每平方米多少钱,但选用材料、工艺做法都不说清楚。手法三:打折送礼、低价切入,用较低的价格迷惑并吸引用户签单,然后在施工过程中要求消费者追加工程款。手法四:

预算时有意将一些项目略去。手法五：分解价格报价。比如把安装和油漆的人工费也作为一项，让消费者重复交钱。

2. 装修材料上的“不透明”

手法一：以次充好。少数建材商在暖气、乳胶漆、瓷砖等大宗建材上，采取以次充好、缺斤少两等办法，来牟取不义之财。手法二：偷梁换柱。有些施工队将消费者购买的优质装饰材料，用假冒伪劣产品替换下来，然后偷卖或转移到别的工地使用。尤其是那些用于“隐蔽工程”的材料，如大芯板等最容易出现这种问题。手法三：基础装修部分的辅材造假。出于这部分材料相对比较专业，业主往往忽视，譬如防水涂料的选择、在铺设地砖过程中所用水泥的标号、涂料的配比等。

3. 工程量计算的“不透明”

这种不透明行为主要就是要多算施工面积，增加工程的造价，如目前家装公司流行的路面面积按照地面面积的3.5倍计算的方法，就是完全没有道理的一种计算方法，受损失的肯定是消费者；另外，按过去的惯例，门窗面积按50%计入涂刷面积，其实目前很多家庭都包门窗，门窗周边就不用再涂刷了，但有些装饰公司仍按照50%，甚至按100%计入墙壁涂刷面积。

4. 隐蔽工程的“不透明”

这是消费者最不易监控且家装公司最易使用的欺骗手段。举几个最常见的例子：在吊顶工程中对于木龙骨的处理上，由于是隐蔽工程，消费者根本看不到，于是就出现了龙骨所用木料差，龙骨间距太长太宽等问题；在防水一项中，防水涂料选择不合格、不进行24小时闭水实验、防水面积不够等问题，都对整个家装工程质量带来很严重的后果。

二、什么是信息不对称？

新古典微观经济学关于竞争市场模型的一个基本假定是*完全信息*(Complete Information)，即所有人都知道其他人的经济特征及各种有关生产的信息，而且，商品的价格唯一地浓缩了所有相关的信息，商品的质量被假定为同质，商品交易的过程被认为可以在瞬间完成，交易与履约过程被大大简化。显然，这种假定并不符合现实。现实生活中的市场都是信息不完全的市

☞**完全信息(Complete Information)**是指用来描述一种经济现象或博弈现象，即对于所有参与者来说都能够了解到其他市场参与者的一切信息。

场,例如,消费者并不完全清楚商品的质量,雇主也不一定清楚雇员的能力等等。

☞**信息不对称(Asymmetric Information)**是指不完全信息中的一种典型情况,指交易中交易一方比另一方掌握更多的经济信息。

信息不对称(Asymmetric Information)是不完全信息中的一种典型情况,它是指一些人比另外一些人具有更多的经济信息。例如,工人比雇主更清楚自己的生产能力和工作努力程度,厂商比消费者更了解自己产品的质量。信息不对称之所以存在,是因为获取信息需花费成本,而且行为主体获取充分信息的成本太大。

在非对称信息条件下,原有的市场均衡就可能导致低效率。信息经济学就是研究在不完全信息尤其是不对称信息条件下如何促进市场效率的经济学理论,主要涉及信号和逆向选择、合同与道德风险、机制设计、拍卖、声誉等专题。

三、如何克服家装市场的信息不对称?

前面提到家装市场由于信息不对称导致消费者和装修公司的纠纷不断。家装公司由于自己具备充分的专业知识,往往处于具备优势信息的一方,而消费者由于自身不具有家装市场的完全信息,并且也不了解家装的技术和规则,往往处于弱势一方。有人认为,解决家装市场的信息不对称,有赖于消费者知识的提高,但这种观点并不具有现实意义。事实是:消费者无论如何学习家装知识和市场规则,都无法改变消费者作为整体而言相对的信息不充分地位。解决家装市场的信息不对称,关键在于加强对家装行业的管理和监督。

政府可以从以下几个方面加强对家装行业的管理和监督:首先,可以制定详细的家装市场规程,严厉禁止装修公司利用家装市场存在的种种信息不对称来牟取不正当利润。其次,需要设立家装市场的专门监督机构,监督家装公司的行为,并负责对消费者的投诉进行核实和处罚。最后,需要建立家装公司的诚信档案,并定期向社会公布,从而建立诚信的市场环境。

☞**逆向选择(Adverse Selection)**由于交易双方信息不对称和市场价格下降产生的劣等商品驱逐优质品,进而出现市场交易和产品平均质量下降的现象。

四、旧车市场中的逆向选择与保险市场中的道德风险

1. 旧车市场中的逆向选择

逆向选择(Adverse Selection)是指在由于交易双方信息不对称和市场价格下降产生的劣等商品驱逐优质品,进而出现市

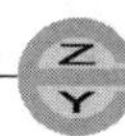

场交易和产品平均质量下降的现象。

在旧车市场上，有好车，也有坏车，由于买主不了解旧车的质量，所以所有卖主都说自己的车是好车。但对于买主而言，他们无法区分谁在说真话，谁在说假话，只能根据对整个市场的估计，决定支付的价格。在好车和坏车被顾客同等对待时，坏车在成本上具有优势，从而容易被卖出。当顾客发现所购产品并非如原先估计的那样好时，他们会进一步降低对旧车质量的平均估价，此时，可能将成本高的好车淘汰出市场。市场交易的结果使得优胜劣汰的原则被违背，也即好产品在竞争中失败，而次品则容易成交，这就是市场中的"逆向选择"。而且在旧车市场上，"逆向选择"伴随着旧车价格和质量不断下降，消费者的购买量也迅速下降，最终结果是导致市场萎缩甚至消失。

旧车市场中，由于买卖双方信息不对称导致了逆向选择，即消费者不知道具体哪辆车好，哪辆车坏。然而，质量好的二手车的所有者有一种激励，希望把好车的实情传递给潜在的购买者，也就是给购买者进行"信号显示"。通过市场信号显示来解决"逆向选择"问题是最基本的方法。

高质量车的车主可以向购买者提供质量保证，如果买者买到的车有质量问题，可以在一定时间内退货或得到补偿。通过这一信号显示，买主可以知道，有质量保证的是好车，无质量保证的是坏车。因为，如果坏车的车主也提供"质量保证"，他会为此付出昂贵的代价。因此，"质量保证"解决了旧车市场的逆向选择问题，出现了两个均衡价格，即好车价格和坏车价格。此外，在许多产品市场上，质量保证书、包退包换包修措施、品牌等，都可以有效消除逆向选择问题。

在另一些情况中，能够隐藏信息的是买主，而不是卖主。保险市场的逆向选择就是这种情况。在保险市场上，保险公司根据平均的意外发生概率确定保费，但不知道具体哪些个人意外事故发生的概率大或小。这样，在医疗保险中，那些知道自己身体状况不佳的人最有积极性购买保险；在财产保险中，那些知道自己财产易遭受损失的人最愿意购买保险。从而，保险客户的意外损失概率就会高于社会平均的概率，迫使保险公司提高保费。结果是将那些风险可能较小的好顾客逐出保险市场，出现逆向选择。

2. 保险市场中的道德风险

☞道德风险(**Moral Hazard**)指从事经济活动的人在最大限度地增进自身效用的同时做出不利于他人的行动。或者说是：当签约一方不完全承担风险后果时所采取的自身效用最大化的自私行为。道德风险也称道德危机。

道德风险(Moral Hazard)意指从事经济活动的人在最大限度地增进自身效用的同时做出不利于他人的行动。或者说是：当签约一方不完全承担风险后果时所采取的自身效用最大化的自私行为。道德风险也称道德危机。

在经济活动中,道德风险问题相当普遍。2001 年诺贝尔经济学奖获得者美国经济学家约瑟夫·斯蒂格利茨(Joseph E. Stiglitz)在研究保险市场时,发现了一个经典的例子：美国一所大学学生自行车被盗比率约为 10%,几个有经营头脑的学生发起了一个对自行车的保险,保费为保险标的 15%。按常理,这几个有经营头脑的学生应获得 5%左右的利润。但该保险运作一段时间后,这几个学生发现自行车被盗比率迅速提高到 15%以上。何以如此?这是因为自行车投保后学生们对自行车安全防范措施明显减少。在这个例子中,投保的学生由于不完全承担自行车被盗的风险后果,因而采取了对自行车安全防范的不作为行为。而这种不作为的行为,就是道德风险。

可以说,只要市场经济存在,道德风险就不可避免。上面提到的保险市场道德风险表现为投保者购买保险后可能降低自我防范意识,因为一旦发生事故,将由保险公司承担损失。而金融市场中道德风险表现为资金短缺者获得资金盈余者提供的资金后,违反合约从事高风险投资活动。股份公司中的道德风险亦称"委托—代理问题",所有权与控制权的分离可能使经理人员无视股东利益,按照自己的利益,利用自己的信息优势,为了自己的利益最大化而掩饰公司经营的真实状况。

道德风险是事后隐蔽行动引起的。为了解决道德风险问题,缺乏信息的一方需要在事前设计一些有效的制度,激励掌握私人信息的一方克服道德风险倾向。例如,为防止参加车辆保险的用车人不当心保管和使用车子的问题,保险公司可设计和实行一种由保险公司和车主共同承担事故损失的保险合同。再如,为了克服金融市场和股份公司中经理人员损害投资者利益的"内部人控制",需要设计和建立一种机制,使经理人员为自己的利益所作的努力正好也满足委托人(投资者)的利益和意志,这就是所谓的“激励相容”的机制。

即问即答：谈谈信息对消费者购买决策的影响。

第四节　学做理性消费者

从理论上来讲，个人消费的最优点是对于特定的消费者，一切消费品的边际效用都相等。不过在现实生活中，效用不过是个人的主观感受，它受个人偏好的影响，难以进行比较，也无法准确测度，如何让自己在日常消费决策时更加理性呢？

一、商家大促销，该不该拿出钱包？

“换季狂甩、全场3折、买一送一、买100送50、买100返100……”每当大小节日、季节替换的时候，各地各大商场便会推出这样的促销活动，引得大量的消费者奔赴商场奋力血拼。商场里人山人海、摩肩接踵，相信很多人都有亲身经历，然而商场促销打折背后的消费陷阱，未必人人能完全知晓。下面我们就来一一列举：

陷阱1. 虚假广告

商场促销活动的消费陷阱之一就是利用不真实、不准确的广告描述误导消费者，如对赠品的数量、规格、型号不予说明，以很小的字体或在不引人注意的位置注明赠送的附加条件等。比如一些商场在宣传中把“3折起”中的“起”字写得很小，消费者往往看成了“3折”，待消费者赶到商场抢购，结果发现商品基本上都是7折、8折，回头再去看那个广告牌，才发现原来还有个小小的“起”字。

陷阱2. 打折优惠

商场促销最常用的手段就是打折优惠。节日期间或季节更替的时候，各大商家纷纷进行打折促销，尤其是换季时期，商家更是打出“清仓狂甩、最低1折”这样的噱头，以致许多冲动型消费者贪图便宜而一口气买下很多用不着的商品。可是，天上哪有免费的午餐,羊毛还是出在羊身上。实际上,商家对商品进行打折之前,可能已先提高商品价格,再以“打折”、“降价”、“抽奖”等为诱饵,将消费者引入“消费陷阱”。比如,有消费者投诉称,按照7折之后的价格从超市买回一台标价1 500元的洗衣机,此后却发现其原标价只有1 250元。

陷阱3. 以次充好

除了在价格上做文章以外,一些不良商家甚至在商品上也有猫腻。据一位有过多年商场销售经验的业内人士介绍,商场里有很多品牌在旺季或者商场搞活动的时候经常断货,为了救急,就从一些批发市场进货,把自己的商标缝上去,以次充好,消费者吃了亏也不知道,还自以为占了大便宜。还有些无良商家在做活动的时候,把积压在仓库的旧货拿到商场上糊弄消费者,这样的陷阱也经常让人防不胜防。

陷阱4. 消费赠券

有一些商家为招徕顾客,采取消费满一定数额即获现金赠券或优惠券等促销手法,如“买100送50”、“买100返100”,但是当你到商场一看,商品价格标得也非常巧妙,“199、299、399……”,有时候顾客为了凑满100块,又不得不多消费一些。更有些赠券活动不说明使用条件,待消费者要求兑现优惠券时,却发现柜台上到处写着“本柜台恕不参加活动”,而能使用优惠券的商品往往是高价、高利润商品。其实,商家就是让这种活动不断刺激消费者的欲望,引诱人们掉进循环购物的“无底洞”。而且绝大多数商家的赠券使用期限都很短,赠券消费也不设找零,对购物带来很大不便。

陷阱5. 购货赠物

许多商场在做活动的时候,会通过赠送积压、过期甚至假冒伪劣商品为诱饵,引诱顾客前来消费。而一旦赠品出现质量问题就以“特价、处理商品不享受三包”、“赠品不享受三包”等借口拒绝承担责任。有些商家在有奖促销活动中,用残次品或劣质品充当奖品赠送给顾客,同时提出,“奖品是无偿赠送的,出现质量问题概不负责”。

陷阱6. 设解释权

无论是打折、降价还是返券、赠品,商家一般都附有“本店保留对此活动的最终解释权”字样。如“庆佳节，内衣买一送一”，实际上是买一件内衣送一条内裤等。当消费者提出质疑时，店家总是振振有词，商店有最终解释权。

商家大促销，该不该拿出自己的钱包？大家还真要擦亮眼睛，保持理性。

二、买广告还是买产品？

1. 谁为巨额的广告买单？

打开电视，摊开报纸，点击网络，形形色色、各式各样的广告迎面扑来，让你眼花缭乱、目不暇接。据统计，中国的广告业年收入1980年仅为1 000万元，而到了2007年已超过1 000亿元。是什么支撑着1 000多个亿的广告市场，又是谁在为这1 000多个亿的巨额消费买单？

中央电视台3·15报道的打假大案：埃及王妃容颜不老的秘诀——金丝置入法。把犹如头发丝细般的金丝置入女人的脸部，以达到永葆青春。在没被打假以前，国内的报纸、杂志、电视轰炸式地宣传。当时置入一根金丝的价格是12 000元，可被曝光以后大家才了解到，它的出厂价格仅为9元钱，其中还包括厂家自身的利润。从厂家的9元到市场的12 000元，它的原因何在？

我们经常在报纸上看到药品、减肥保健品、美容护肤品、食品、手机、汽车等商品整版篇幅的广告。要知道一整版广告一天的价格就是几万元，这些广告一做就是几个月。这钱又是从哪儿出？

——从商品的销售价格上出。所有巨额的广告支出最终都由我们消费者买单。可以说，广告消费就像一个巨大的黑洞，吞噬着广大消费者的利益，搜刮着人们辛辛苦苦赚来的血汗钱，防不胜防。

诚然，广告作为人们了解商品的一种媒介，它可以使人们足不出户了解商品的特性、功用等，极大地方便了消费者的选择。只是作为理性的消费者，选择时千万不要单纯地被广告忽悠。有这么一句经典的广告词：买药，不看广告看疗效！借用此广告语：买东西，不看广告要性价！

2. 聪明消费,性价比才是关键

所谓性价比,全称是性能价格比,是一个性能与价格之间的比例关系,具体公式:性价比=性能/价格。聪明的消费者购买时,都会选择性价比高的产品。

举例说明:一位消费者选购 MP3。A 型号,性能优越,价格昂贵;B 型号性能略差,由于牌子比 A 型更有名气,所以和 A 型号在同等价位上。那么,A 型号就比 B 型号的 MP3 的性价比高。如果现在有 C 型号 MP3 价格比 A、B 两种型号都低得多,性能只是略差,那么我们说 C 型号的性价比最高。我们花同样的价钱,买 C 型号 MP3 是最划算的。

在购买过程中,商家强调某个产品与某某产品比较,价格优势如何,这时,你要小心,说不定这个大馅饼对你来说是个陷阱;还有,当产品价格变化时,不但要注意产品价格变化,还要注意产品性能的变化,要搞清楚为什么会变化,变化的主要原因在哪里,是工艺改进、促销、清货还是其他什么原因,不要只被低廉的价格所迷惑。记住,性价比才是关键。

由于性价比是一个比例关系,它存在其适用范围和特殊性,不能一概而论。而且,性价比应该建立在消费者对产品性能要求的基础上,也就是说,先满足性能要求,再谈价格是否合适。对性价比的合理运用会让我们买到价廉物美的商品,让我们成为聪明的消费者。

三、谨记理性消费的“5W 原则”

这里给出理性消费的“5W 原则”,请大家谨记!

1. Why(为什么要买)

任何家庭的消费都有三部曲:第一是生活必需品消费,如吃穿;第二是维持家庭生存的消费,如房租、水电费等;第三是供给家庭成员发展和时尚领域的消费,如教育投资、文化娱乐消费等。这三种消费对每个家庭而言都是合情合理的,但具体开支就要分清轻重缓急。一般说来,家庭的月收入首先要保证生活开支,而后才能考虑发展消费与享受消费。杜绝攀比跟风要贯彻始终,否则,势必使消费结构偏离健康态势,导致捉襟见肘。把血汗钱掏出口袋之前默念“十万个为什么”,绝对利大于弊。

2. What(买什么)

买什么当然不是根据广告，而是根据实际需要来决定。合理的家庭消费结构还必须根据收入情况来确定，总的原则是：量入为出，略有结余。从生存需求来看，柴米油盐等属于非买不可的物品；从享受需求来看，美味可口的高档食品、做工考究的精美服饰要与自己的经济实力挂钩；从发展需求来看，音响是否环绕立体声、彩电是否纯平大荧屏等，就不属于必需之列了。

3. When(什么时间去买)

未雨绸缪，这个道理同样适用于家庭消费。等到自己急需的时候再去购买，即使被狠宰一刀也不敢吭声。另外，任何商品都有它的生命周期，商品的款式和质量都在不断地提高和改善，因此，生活中的消费应当注意节奏的把握，尽量避免在过时消费品上花钱。不急用的物品，也不要“赶热闹”盲目消费，不妨把闲散的钱存入银行以应急，等到市场饱和时再购买，就能一元钱当两元钱花，大大提高家庭消费的经济效益。

4. Where(到什么地方去买)

货比三家永远不会吃亏，当然，这不是说要你踏破铁鞋寻觅全市最低价。有的东西稍微动点脑筋便能猜到：土特产品在原产地购买，不仅价格低廉，而且货真价实；进口货舶来品在沿海地区购买，往往比内地花费要少。当然，如果只是一般的消费品，超市里都有，价格差异也不会大，就不必大动脑筋了；更简单的就是品牌专卖店，绝对的全国统一价。

5. Who(什么人去买)

有人把女性称为“消费的动物”，此话不无道理。一项全国性的网上调查显示，不管女性的社会地位如何，在家庭消费上，她们可谓绝对的当家作主。根据这项调查，女性除了自身的消费外，父母、子女、丈夫等家人的生活需求也大多由她们来安排满足。女性在购物时，首先考虑的是实用因素，其次为价格和品牌。但如此“一刀切”似乎也不尽合理，具体情况还需具体分析，买食品、服装和床上用品等，做妻子的往往比丈夫精明；而购买家电、家具等耐用消费品则做丈夫的比妻子内行。

正所谓“大富由天，小富由俭”，只要懂得精打细算，做个理性的消费者，就不愁做不好家庭消费这本明细账，小日子也同样可以过得有滋有味哦!

即问即答:在日常消费中你是否有不理性的行为?你觉得应如何消费以实现效用最大化?举例说明。

阅读材料

1."看得见的手"如何影响市场?

价格是调节经济的"看不见的手"。在大多数自由的市场中,由于价格机制的作用,产品过剩和短缺都只是暂时的,任何一种产品随着价格的调整,供给与需求都将达到平衡,有限的社会资源在各部门和各生产者之间实现合理配置。但由于价格调节是市场上自发进行的,不可避免地存在一定的盲目性。比如,某些生活必需品严重短缺,导致其价格上涨到很高,低收入者无法维持最基本的生活,必然影响到社会稳定;再比如,农产品过剩时,价格会大幅下降,将会抑制农业生产,打击农民的积极性,影响农业长期稳定。为了尽量避免或减轻这些问题,各国普遍采取价格控制政策,运用"看得见的手"干预价格,改善市场结果。当然价格控制并非尽善尽美,甚至有时可能会伤害它想要帮助的人。

1. 对农产品的支持价格政策

支持价格是政府为了扶植某一行业的生产而规定的该行业产品的最低价格。支持价格一定高于均衡价格。以农产品支持价格为例,可以通过图 3-19 作简要说明。

在图 3-19 中,农产品的供求所决定的均衡价格是 P_E,均衡数量是 Q_E。为了扶植和稳定农业,政府采取支持价格政策,支持价格为 P_1,高于均衡价格 P_E。这时,对应价格 P_1,农产品市场的需求量为 Q_1,供给量为 Q_2,农产品供给过剩。各国政府通常会采用缓冲库存或稳定基金等方法解决过剩的农产品供给,但这会增加政府的财政支出。

农产品的支持价格政策有利于农业的发展:第一,稳定了

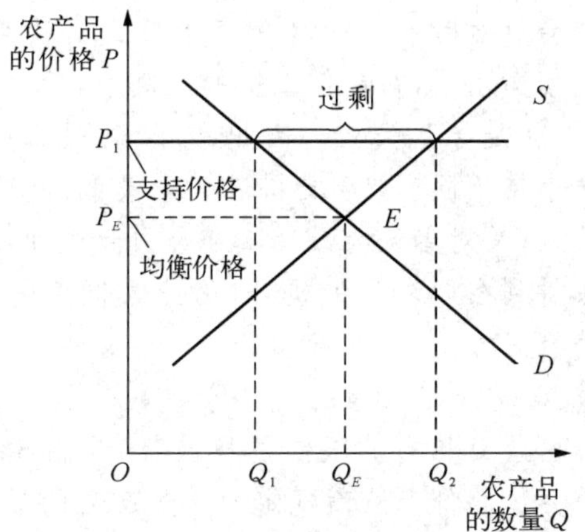

图 3-19 实施支持价格政策的农产品市场

农业生产，减缓了价格过低对农业的冲击；第二，通过对不同农产品制定的不同支持价格，可以调整农业结构，使之适应市场需求的变动；第三，扩大农业投资，促进了农业现代化的发展和劳动生产率的提高。支持价格的副作用主要是会使财政支出增加，让政府背上沉重的包袱。

2. 最低工资

最低工资规定了任何一个企业要支付的最低劳动力价格。下面考察劳动力市场。如图 3-20 所示，在劳动力市场中，工人决定劳动供给，而企业决定劳动需求，如果政府不干预，则工资调整会使得劳动的供求趋于平衡。

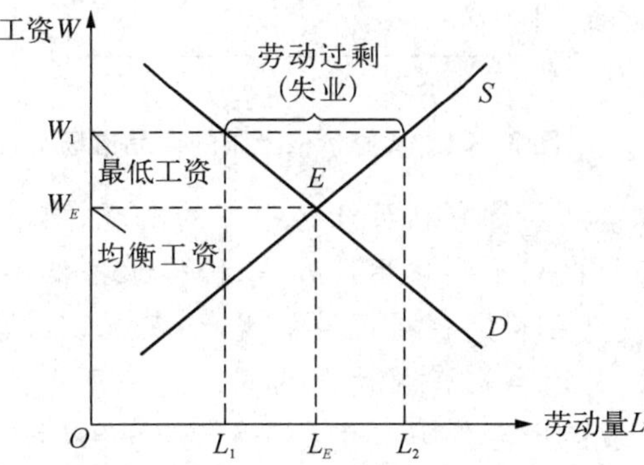

图 3-20 有限制性最低工资的劳动力市场

政府往往会针对劳动力市场制定最低工资政策,最低工资通常高于市场均衡水平,在最低工资的限制下,劳动供给量会大于需求量,结果就是导致失业。因此,对于最低工资这项政策,不同的经济学家持不同观点:支持者认为最低工资政策增加了贫穷工人的收入;反对者认为最低工资会引起失业,并使一些非熟练工人无法得到在职培训的机会,因此最低工资政策不是解决贫穷问题的最好方法。

3. 限制价格政策

和支持价格政策相对的限制价格政策,是指政府为了限制某些生活必需品的物价上涨而规定的这些产品的最高价格。限制价格一定低于均衡价格。政府这样做的目的,主要是为了稳定经济生活。比如稳定生活必需品的价格来保护消费者的利益,这样有利于安定民心。为了让限制价格政策发挥最大成效,政府常常需要采用配额与票证等辅助手段。图 3－21 表示政府实行价格上限的市场结果。

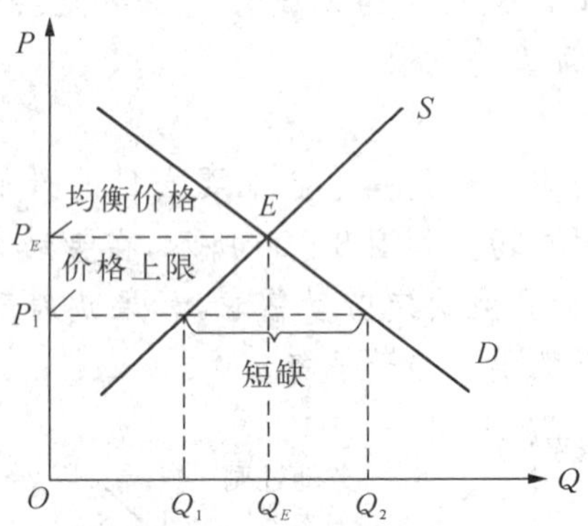

图 3－21 实施价格上限的商品市场

限制价格的实行有利于社会平等的实现,有利于社会的安定。但其实行也有不利作用:第一,价格水平低不利于刺激生产,从而会使产品长期存在短缺的现象;第二,价格水平低不利于抑制需求,从而会在资源缺乏的同时造成严重的浪费;第三,限制价格造成的产品供需失衡也是社会风气败坏、官员腐败等不良风气的经济根源之一。

资料来源:根据一系列相关资料整理。

2. 讨价还价的秘密——消费者剩余

我在海口时很想买一部电子辞典,逛了数码商城之后,相中了一款“名人310”。逛了几家后发现这一款商品的价格都在600元以上,而且打折的余地很小。我虽然很喜欢这部电子辞典,但由于价格不够理想,所以还不能下决心购买它。

到上海学习期间,离我住的地方不远处也有一家数码城,有一天下午我逛街时就进去了,在电子辞书的专售柜台果然有“名人310”在出售,标价580,比海口便宜一点,看了机器之后我便开始了讨价还价,售货员是一个二十出头的姑娘,人虽然很热情活泼,但价格却咬得很死。我坚持的底线是530元,当我最后报出来后,小姑娘的态度有了一定的变化,她说:“这个价格实在太低了,我得请示一下。”她打电话不知跟谁说了几句之后就对我说:“好了,就做给你吧!”

小姑娘态度的突然转变反使我产生了一丝犹豫。因为一是我还没有货比三家,二是根据买东西的经验,小姑娘有故弄玄虚之嫌,就像有些卖主嘴里说着“您再添点吧,这价钱实在太低了,没法卖!”,但手里已经在给你整理东西的时候,他已经向你发出了想卖的信号一样,都是想让顾客感到自己得到了很大便宜的一种姿态而已。但我不会上当。正在不想买的当头,商场看门的大爷不耐烦地嚷嚷道:“早就下班了,要关门啦!”我正好顺水推舟地说:“唉,时间来不及了,明天再说吧!”却见柜台里的小姑娘面露遗憾之色,嘴里还说着:“不要紧的,我马上给你开票,很快的!”但我已溜之大吉。

第二天一大早,我坐公交车到比较远的地方多看了几家数码商城,发现价格和昨天那家都相差无几,还有个别商场的价格赶上了海口的水平。最后我来到了一家叫“大润发”的规模很大的超市。一进超市,首先看到了一条很醒目的提示标语:“如果您在周边地区购买了比我处更便宜的同类商品,请持有关证明,大润发无条件为您补差!”看到这条承诺,我心里一下子轻松了,看来可能不虚此行。

找到了数码柜台,果然看到了“名人310”。更使我惊喜的是,上面赫然标价378元!这是我从来没有见过的低价,而且是在一家有信誉的大超市。物美价廉,我还犹豫什么?立马决定买下。当售货员拿出机器后,我发现这不是我喜欢的颜色,而且再没有别的颜色了。我问售货员:“下午还会有别的颜色吗?”她说不清楚,因为下午不是她的班。我只好遗憾地回去了。中午休息后,我突然萌生了再去一趟“大润发”的念头。到了“大润发”后,我发现柜台换了一位小伙子,我问他:“名人 310 有没有淡绿色的?”“有啊!”果然他拿出了我最喜欢的那一款。这回大功告成,我终于如愿以偿。那天我很快乐,因为通过购买“名人 310”,我得到了(530－378)＝152 元的消费者剩余。

资料来源:李仁君,《消费者剩余与买东西的乐趣》,《海南日报》2004 年 8 月 25 日。

知识链接

消费者剩余(Consumer Surplus)是指消费者为获得一种商品所愿意支付的价格与他为该商品实际支付的价格之间的差额。“消费者剩余”这一概念由英国经济学家阿尔弗雷德·马歇尔首先提出。马歇尔在他的《经济学原理》一书中是这样来表示消费者剩余的:如图 3－22所示,以横轴 OQ 代表商品数量,纵轴 OP 代表商品价格,D 代表需求曲线,消费者以价格 P_E 购买了 Q_E 单位商品,则消费者购买商品所获得的消费者剩余为阴影三角形的面积。

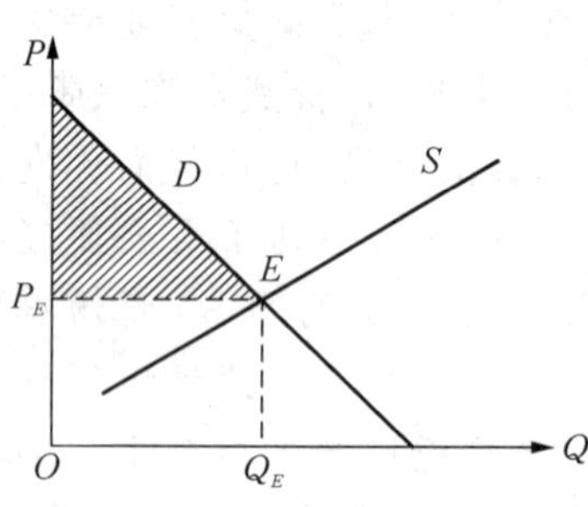

图 3－22　消费者剩余示意图

传统的消费者行为理论认为,消费者剩余根源于递减的边际效用,由于消费品对先前各单位都要比最后的一单位做出更高的效用评判,消费者从先前的每一单位商品消费中都享受到了效用剩余。因此,消费者剩余衡量的是消费者从某一物品的购买中所得到的超过他们所为之支付的那部分额外效用。

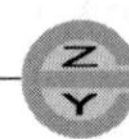

复习思考题

一、单项选择题

1. 一般情况下，猪肉价格大幅度上升，则牛肉价格将（　　）。

A. 下降　　B. 保持不变

C. 上升　　D. 不确定

2. 一般情况下，飞机票价上调，火车的客运量将（　　）。

A. 增加　　B. 减少

C. 不变　　D. 不确定

3. 一般情况下，汽车的价格大幅度上涨，汽油的销售量将（　　）。

A. 增加　　B. 减少

C. 不变　　D. 不确定

4. （　　）会导致面包需求量的变动。

A. 面粉价格上涨　　B. 面包价格下降

C. 居民收入下降　　D. 小麦全面丰收

5. 均衡价格随着（　　）。

A. 需求和供给的增加而上升

B. 需求和供给的减少而上升

C. 需求的减少和供给的增加而上升

D. 需求的增加和供给的减少而上升

6. 政府为了扶持农业，对农产品规定了高于其均衡价格的支持价格。政府为了维持支持价格，应该采取的相应措施是（　　）。

A. 增加对农产品的税收

B. 实行农产品配给制

C. 收购多余的农产品

D. 对农产品生产者予以补贴

7. 政府把价格限制在均衡水平以下可能导致（　　）。

A. 黑市交易

B. 大量积压

C. 买者按低价买到了希望购买的商品

D. A 和 C

8. 当某消费者对商品 X 的消费达到饱和点时,则 X 的边际效用为(　　)。

A. 正值

B. 负值

C. 零

D. 不确定,需视具体情况而定

9. 若消费者张某只准备买两种商品 X 和 Y,X 的价格为 10,Y 的价格为 2,若张某买了 7 个单位 X 和 3 个单位 Y,所获得的边际效用分别为: $MU_x=30$ 个单位,$MU_y=20$ 个单位。则(　　)。

A. 张某获得了最大效用

B. 张某应该增加 X 的购买,减少 Y 的购买

C. 张某应该增加 Y 的购买,减少 X 的购买

D. 张某要想获得最大效用,需要借钱

10. 同一条无差异曲线上的不同点表示(　　)。

A. 效用水平相同,但所消费的两种商品的组合比例不同

B. 效用水平相同,所消费的两种商品的组合比例也相同

C. 效用水平不同,所消费的两种商品的组合比例也不同

D. 效用水平不同,但所消费的两种商品的组合比例相同

11. 消费预算线反映了(　　)。

A. 消费者的收入约束

B. 消费者的偏好

C. 消费者人数

D. 货币的购买力

12. 无差异曲线在消费者均衡点上的斜率(　　)。

A. 大于消费预算线的斜率

B. 等于消费预算线的斜率

C. 小于消费预算线的斜率

D. 以上三种情况都有可能

13. 信息不对称将导致(　　)。

A. 消费者无法识别好的产品或服务

B. 劣质产品对优质产品有负的外部影响

C. 一块臭肉坏了一锅汤

D. 上述说法都对

14. 消费者剩余是消费者的(　　)。

A. 实际所得

B. 主观感受

C. 没有购买的部分

D. 消费者剩余部分

二、应用分析题

1. 考察家用旅行车市场，运用供求图分析下列事件对家用旅行车的价格和数量的影响：

(1) 人们决定多生孩子；

(2) 钢铁工人罢工致使钢材价格上涨；

(3) 运动性多功能车价格上升；

(4) 股市崩溃减少了人们的财产。

2. 运用供求图说明下列事件对运动衫市场的影响：

(1) 飓风损害了该地区的棉花作物；

(2) 皮夹克的价格下降；

(3) 所有大学都要求穿合适的服装做早操；

(4) 发明了新的织布机。

3. 如果你有一辆需要四个轮子才能开动的车，只有三个轮子，那么当你有第四个轮子时，这第四个轮子的边际效用似乎超过了第三个轮子。这是不是违反边际效用递减规律？

4. 请画出以下两种情况的无差异曲线，并说明其形状特征：

(1) 可口可乐和百事可乐；

(2) 眼镜片和眼镜架。

5. 信息不对称会给市场交易双方带来什么问题？你能解释保险市场上逆向选择与道德风险的区别吗？

三、计算题

1. 假设某大学里篮球赛票价是由市场力量决定的，现在，需求与供给表如下：

价格(元)	需求量(张)	供给量(张)
4	10 000	8 000
8	8 000	8 000
12	6 000	8 000
16	4 000	8 000
20	2 000	8 000

(1) 画出需求曲线和供给曲线。这条供给曲线有什么不寻常之处？为什么会是这样？

(2) 篮球票的均衡价格和均衡数量是多少？

(3) 下一年度该学校计划增加 5 000 名学生,增加的学生有以下的需求表：

价格(元)	需求量(张)
4	4 000
8	3 000
12	2 000
16	1 000
20	0

现在把原来的需求表与新生的需求表加在一起计算整个大学的新需求表。新的均衡价格和均衡数量是多少？

2. 根据下表计算：

面包的消费量	总效用	边际效用
1	20	20
2	30	
3		5

(1) 消费第二个面包时的边际效用是多少？

(2) 消费三个面包的总效用是多少？

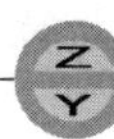

3. 假设你是一名大学生，即将参加三门功课的期终考试，你能够用来复习功课的时间只有 6 小时。又设每门功课占用的复习时间和相应会有的成绩如下表所示：

小时数	0	1	2	3	4	5	6
经济学分数	40	54	65	75	83	88	90
数学分数	40	52	62	70	77	83	88
统计学分数	70	80	88	90	91	92	93

问：为使三门功课的成绩总分最高，你应怎么分配复习时间？说明理由。

4. 假设某消费者的均衡如下图所示。其中，横轴 OX_1 和纵轴 OX_2 分别表示商品 1 和商品 2 的购买数量，线段 AB 为消费者的预算线，曲线 I 为消费者的无差异曲线，E 点为均衡点。已知商品 1 的价格 $P_1=2$ 元。

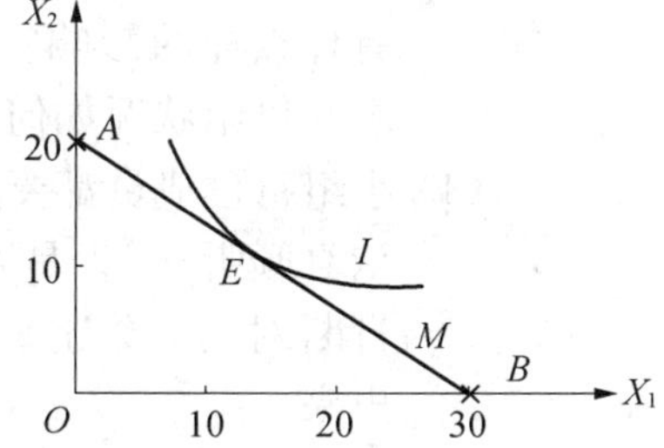

求：

(1) 消费者的收入；

(2) 求商品 2 的价格 P_2；

(3) 写出预算线方程；

(4) 求预算线的斜率；

(5) 求 E 点的 MRS_{12} 值。

实训项目

一、实训目标

1. 运用供求规律解释市场价格的波动与均衡；
2. 运用正确的程序和方法分析企业的市场价格决策；
3. 消费者偏好与效用及消费心理分析；
4. 感知逆向选择对市场的危害。

二、实训项目与要求

1. 辩论赛——火车票该不该涨价？（★辅助素材）

项目要求：

(1) 阅读背景材料“黄牛存在的理由”。

(2) 学生分成偶数组，两两对弈，双方各自持有不同观点，进行讨论和资料准备。

(3) 教师主持辩论赛，并选出获胜者，进行点评。借此让学生充分讨论需求和供给对价格的影响。

2. 市场调查——实训基地企业或某个社会实际消费品的市场供需

项目要求：

(1) 分组，每个小组有专门负责人，各自选择某一种消费品。

(2) 分组进行市场供求状况调查，根据调查结果，组长认真组织讨论，讨论要尽量围绕问题进行，避免跑题或走题。

(3) 讨论市场上消费品的销售是否符合供求法则？有没有例外情况？例外情况的原因是什么？2007 年 6 月全国猪肉价格上涨，此时对老百姓的猪肉消费量有什么样的影响？同时，食用油价格也在上涨，需求和供给状况如何？两者有无区别？

(4) 小组每位成员都要发言，在某人发言时，其他成员要认真倾听，不管是否同意某人的观点，都不要随意打断对方，要让每一位成员把自己的观点表述出来。

(5) 组长要指派专人进行记录，记录员要认真记录小组成员的发言。待小组成员都发表意见后，小组再来讨论、归纳本组主要观点。

(6) 选派小组代表进行班内汇报，教师对各小组讨论结果进行归纳和点评。

3. 趣味游戏竞赛——钻石与水的价值之谜

项目要求：

(1) 每个同学拿到一张“××××学院课业任务纸”。

(2) 在 2 分钟之内，写出自来水的一切可能的用途，看谁能够在有限的时间内写得更多，选出优胜者。

(3) 在 2 分钟之内，写出钻石的一切可能的用途，看谁能够在有限的时间内写得更多，选出优胜者。

(4) 讨论：水与钻石谁更有用？为什么钻石的价格比水高得多？

(5) 再进行一次游戏，“假设你只有一杯水”，在上一个游戏中写出的水的用途中选择一个，说出你选择的原因。

(6) 分成小组交换意见，讨论消费者效用理论。

4. 实地考察——二手车市场实地考察

项目要求：

(1) 分组对二手车市场进行调查。

(2) 小组讨论二手车市场出现失灵的原因。

(3) 小组派代表陈述主要观点。

(4) 教师对各小组讨论结果进行归纳和点评。

学习领域四

管理经济学

——投入、产出、成本与收益

从“三季稻不如两季稻”总结企业生产中客观存在的边际产量递减规律，从“小的是美好的”还是“大的是美好的”回答中引出对企业适度规模的思考，从“言利必有义”谈企业利润最大化的经营目标，针对大学生自主创业提出中肯的建议，认知投入、产出、成本与收益，掌握管理经济学初步。

学习目标

- 了解企业类型及其经营目标；
- 掌握边际产量递减规律及其在生产中的应用；
- 理解规模经济与规模不经济；
- 了解企业利润最大化经营目标及其实现。

关键词汇索引

企业　生产　生产要素　生产函数　边际产量递减规律　规模报酬　规模经济　规模不经济　会计成本　经济成本　总收益　利润最大化

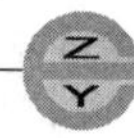

第一节　三季稻不如两季稻

——边际产量递减规律

一、企业及其类型划分

和消费者相对应，企业在市场上扮演的是产品和服务供给者的角色，经济学假定所有的企业都是理性的经济人，即企业从事生产的目的就是追求利润最大化。

企业（Firm）按不同的标准可以划分为不同类型：

① 按投资人的出资方式和责任形式分为：个人独资企业、合伙企业、公司制企业。

② 按投资者的不同分为：内资企业、外商投资企业和港、澳、台商投资企业。

③ 按所有制结构可分为：全民所有制企业、集体所有制企业和私营企业。

需要注意的是，公司（Company）是依照公司法设立的以盈利为目的的企业法人。企业的概念大于公司。

☞**企业（Firm）**是指从事生产、流通、服务等经济活动，以生产或服务满足社会需要，实行自主经营、独立核算、依法设立的一种营利性的经济组织。

二、生产与生产要素

在市场经济中，企业从要素市场上购买生产要素（劳动力、机器、原材料等），经过生产过程，产出产品或劳务，在产品市场上出售，供消费者消费或供其他生产者再加工，以赚取利润。所以，*生产*（Production）就是企业对各种生产要素进行组合以制成产品的行为，是把投入转化为产出的过程。

生产中投入的各种资源统称为*生产要素*（Production Factor），即劳动、资本、土地与企业家才能。劳动（Labor）是指劳动者所提供的服务，可以分为体力劳动和脑力劳动。资本（Capital）是指生产中所使用的资金。它包括两种形式：有形的物质资本和无形的人力资本。前者指在生产中使用的厂房、机器、设备、原料等资本品；后者是指劳动者的身体、文化、技术状态以及信誉、商标、专利等。在生产理论中指的主要是前一种物质资本。土地（Land）是指生产中所使用的各种自然资源，是在自然界所存在的，如土地、水、自然状态的矿藏、森林等。企业家

☞**生产（Production）**企业对各种生产要素进行组合以制成产品的行为，是把投入转化为产出的过程。

☞**生产要素（Production Factor）**生产中投入的各种资源，即劳动、资本、土地与企业家才能。

才能(Entrepreneurship)是指企业家对整个生产过程的组织与管理工作,包括经营能力、组织能力、管理能力、创新能力。企业家根据市场预测,有效地配置上述生产要素从事生产经营,以追求最大利润。经济学家特别强调企业家才能,认为把劳动、土地、资本组织起来,使之演出有声有色生产经营话剧的正是企业家才能。

三、生产函数

1. 定义

☞生产函数 (Production Function) 是指在技术水平不变的情况下,反映一定时期内生产要素的数量与某种组合和它所能生产出来的最大产品的产量之间依存关系的函数。

生产函数(Production Function)是指在技术水平不变的情况下,反映一定时期内生产要素的数量与某种组合和它所能生产出来的最大产品产量之间依存关系的函数。它反映企业生产过程中投入和产出之间的技术数量关系。

2. 公式

以 Q 代表产品总产量,L、K、N、E 等分别代表投入到生产过程中的劳动、资本、土地、企业家才能等生产要素的数量,则生产函数可表示为

$$Q = f(L, K, N, E, \cdots)$$

为了简化分析,只考虑劳动(L)和资本(K)两种要素投入,将生产函数简化为

$$Q = f(L, K)$$

上式表明,在一定时期一定技术水平下,一定数量的劳动 L 与资本 K 的组合所能产出的最大的产品产量 Q。

为了分析投入的生产要素与产量之间的关系,可以假定厂商处于生产的短期,仅使用劳动与资本两种投入,且资本的投入量保持不变(因为资本形成通常需要一定的时间间隔)。此时厂商的短期生产函数可表示为

$$Q = f(L, \overline{K})$$

上式中,$\overline{K}$ 表示资本量不变,产品产量只取决于劳动量 L。因此,生产函数也可以记为

$$Q = f(L)$$

根据上式，我们就可以在假定资本量不变的情况下，分析劳动量投入的增加对产量的影响，以及劳动量投入多少最合理。

3. 总产量、平均产量和边际产量

经济学中，产量的概念是指实物量，而不是指产值。经济学常使用的产量概念有以下三个：

总产量（Total Production；TP），是指在资本投入量既定条件下由可变要素劳动投入所生产的产量总和。表达式为

$$TP = f(L)$$

总产量（Total Production；TP） 指投入一定量的劳动所得到的产出量总和。

平均产量（Average Production；AP），是指平均每个单位劳动所生产的产量。表达式为

$$AP = \frac{TP}{L}$$

平均产量（Average Production；AP） 指平均每单位劳动带来的产出量。

边际产量（Marginal Production；MP），是指每增加或减少一单位劳动投入量所增加的产量。表达式为

$$MP = \frac{\Delta TP}{\Delta L}$$

边际产量（Marginal Production；MP） 指增加或减少一单位劳动所带来的产出量的变化。

图 4－1 中，以劳动量 OL 为横轴，产量 TP、AP、MP 为纵轴，总产量曲线 TP、平均产量曲线 AP 和边际产量曲线 MP 之间的关系有以下几个特点：

① 在其他生产要素不变的情况下，随着一种生产要素的增加，总产量曲线、平均产量曲线和边际产量曲线都是先上升而后下降。

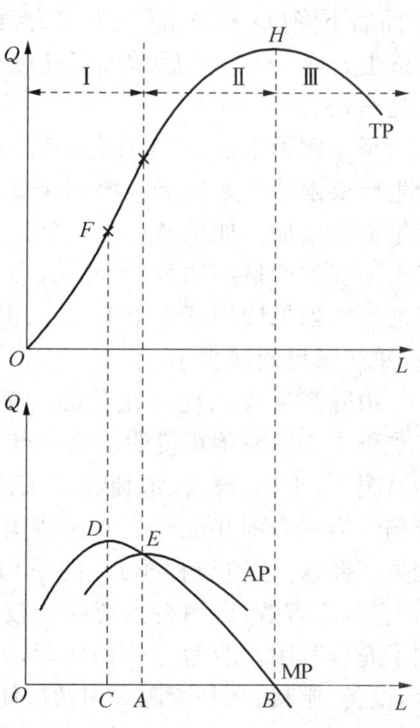

图 4－1　TP、AP、MP 的相互关系

② 边际产量曲线与

平均产量曲线相交于平均产量曲线的最高点 E。在相交前,边际产量大于平均产量($MP>AP$),平均产量是递增的;在相交后,边际产量小于平均产量($MP<AP$),平均产量是递减的;在交点 E,边际产量等于平均产量($MP=AP$),平均产量达到最大。

③ 当边际产量为零时(B 点),总产量达到最大,之后,当边际产量为负数时,总产量会绝对减少。

四、边际产量递减规律实例

边际产量递减规律(The Law of Diminishing Marginal Production)又称边际报酬递减规律,是指在技术水平不变的条件下,当把一种可变的生产要素投入到一种或几种不变的生产要素中时,最初这种生产要素的增加会使产量增加,但当它的增加超过一定限度时,所带来的产量增加量是递减的,最终还会使总产量绝对减少。

边际产量递减规律(The Law of Diminishing Marginal Production)又称边际报酬递减规律,是指在技术水平不变的条件下,当把一种可变的生产要素投入到一种或几种不变的生产要素中时,最初这种生产要素的增加会使产量增加,但当它的增加超过一定限度时,所带来的产量增加量是递减的,最终还会使总产量绝对减少。表现在图 4-1 中,MP 曲线是先上升($O\to D$)而后下降($D\to B$),直至为零为负;TP 曲线的变化特征是先加速上升($O\to F$),然后增加但速度变慢($F\to H$),最后下降(H 点之后)。

举个例子来说,一个面包坊有两个烤炉且固定不变,作为可变生产要素的工人从 1 人增加到 2 人时,面包的边际产量和总产量都会增加。如果增加到 3 个工人,1 个工人打杂,尽管这个工人增加的产量不如第 2 个工人(边际产量递减),但总产量仍增加了。如果增加第 4 个工人,面包坊内拥挤,工人之间发生矛盾,总产量反而减少了。

边际产量递减规律在各部门都存在,但在农业中最突出。三季稻不如两季稻正说明了这一点。在农业仍为传统生产技术的情况下,土地、设备、水利资源、肥料等都是固定生产要素。两季稻改为三季稻并没有改变这些固定生产要素,只是增加了可变生产要素(劳动与种子)。两季稻是农民长期生产经验的总结,它行之有效,说明在传统农业技术下,固定生产要素已经得到了充分利用。改为三季稻之后,因土地过度利用引起肥力下降,设备、肥料、水利资源等由两次使用改为三次使用,每次使用的数量不足。这样,三季稻时的总产量就低于两季稻了。四川

省把三季稻改为两季稻之后，全省粮食产量反而增加了。江苏省邗江县 1980 年的试验结果表明，两季稻每亩总产量达 2 014 斤，而三季稻只有 1 510 斤。更不用说两季稻还节省了生产成本。群众总结的经验是“三三见九，不如二五一十”。这就是对边际产量递减规律的形象说明。

1958 年大跃进年代也是一个大批资产阶级的时代。与大跃进并行的是经济学界对边际报酬递减规律的口诛笔伐。否定规律不等于规律不存在，违背规律则要受到规律的惩罚。1958 年这样风调雨顺的年份农业产量减少，以及以后引起的 20 世纪最严重的大饥荒，正是边际产量递减规律的惩罚。经过共和国这一段历史的人，肯定会对这个规律有更深刻的认识。改革开始之后对西方经济学的重新认识正是从给边际产量递减规律的“翻案”开始的。

当然，如同一切规律一样，边际产量递减规律的作用也是有条件的。只有在生产技术没有发生重大变化和固定生产要素不变的情况下才正确。在长期中，如果生产技术进步或固定生产要素增加(或者说一切生产要素都是可变的)，边际产量递减规律也就不起作用了，代之而起的是其他经济规律。所以，我们也不能把边际产量递减规律绝对化。

五、短期生产中可变要素投入的合理区间

根据劳动投入量与总产量、平均产量和边际产量之间的关系，图 4－1 可分为三个区域：

Ⅰ区域是劳动量从零增加到 A 的阶段，此为第一阶段。这时平均产量呈上升趋势，并且边际产量大于平均产量，这说明在此阶段，相对于不变的资本量而言，劳动量投入不足，所以劳动量的增加不仅可以使资本得到充分利用，而且还使产量递增。由此看来，劳动投入量最少要增加到 A 点为止，否则资本无法得到充分利用。因此理性的厂商不会把劳动的投入确定在这一区域。

Ⅱ区域是劳动量从 A 增加到 B 这一阶段，这时平均产量开始下降，边际产量小于平均产量且递减，但仍大于零，所以总产量仍增加，但是以递减的比率增加。当劳动投入量增加到 B 点时，边际产量为零，总产量达到最大。

Ⅲ区域是劳动增加到B点以后,这一阶段劳动的边际产量为负值,即继续增加劳动投入不但不会增加产量,反而会使总产量绝对减少,因此厂商也不会把劳动的投入确定在这一区域内。

从以上分析可以看出,理性的生产者不会选择第一阶段和第三阶段进行生产,必然选择在第二阶段组织生产,即只有Ⅱ区域才是可变要素劳动的合理投入区域。但在这一区域中,劳动投入量增加到哪一点所达到的产量能实现利润最大化,还必须结合成本与产品价格来进行分析。

即问即答:根据生产三阶段理论,理性的厂商到底应该选择在哪一区域进行生产?为什么?

第二节　“小的是美好的”还是“大的是美好的”

一、“人多力量大”与“三个和尚没水喝”——规模报酬

“人多力量大”、“船大好冲浪”、“众人拾柴火焰高”,这些耳熟能详的口号都在说明一个道理:只有形成规模,才能发挥强大力量。从经济学上讲,这涉及一个组织的规模问题。用专业术语描述,就是*规模报酬*(Return to Scale)问题。它是指在其他条件保持不变的情况下,企业内部各种生产要素按相同比例变化时所带来的产量变化。“人多力量大”固然是事实,但“两个和尚抬水喝,三个和尚没水喝”的现象也存在。企业规模大了,未必经济效率也更高。企业规模报酬变化可以分为规模报酬递增、规模报酬不变和规模报酬递减三种情况,我们举例加以说明。

规模报酬(Return to Scale) 指在其他条件保持不变的情况下,企业内部各种生产要素按相同比例变化时所带来的产量变化。

假设某大型啤酒生产企业月产10万吨啤酒,耗用资本100个单位,耗用劳动50个单位。现在企业扩大生产规模,使用200个单位的资本和100个单位的劳动(生产规模扩大1倍)。由此带来的收益变化可能有如下三种情形:

(1) 产量大于20万吨,产量增加比例大于生产要素增加比例,称为规模报酬递增;

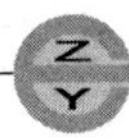

(2) 产量等于 20 万吨，产量增加比例等于生产要素增加比例，称为规模报酬不变；

(3) 产量小于 20 万吨，产量增加比例小于生产要素增加比例，称为规模报酬递减。

我们可以用图 4-2 表示规模报酬的三种不同情况。图中横轴是资本和劳动这两种生产要素的投入量，纵轴是产品的产量。则曲线 Oa 表示规模报酬递增，Ob 表示规模报酬不变，Oc 表示规模报酬递减。

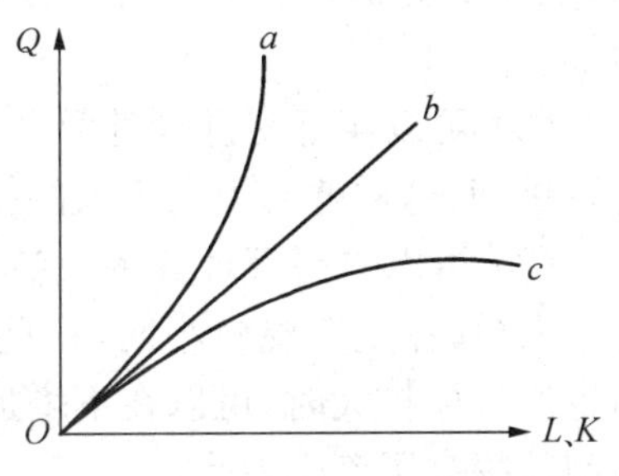

图 4-2 规模报酬递增、不变与递减

二、规模经济与规模不经济

长期生产中，随着生产规模的变化，企业规模报酬也在发生变化，引发这种变化的原因是什么呢？答案是规模经济与规模不经济。

1. 船大好冲浪——规模经济

19 世纪末，英国经济学家阿尔弗雷德·马歇尔提出了这样一个理论：工业革命带来高效大型机器设备的广泛应用，必然导致企业规模扩大，企业生产规模的扩大，有利于企业使用更先进的技术，实行更精细的分工、协作和专业化生产；也有利于企业产品零部件的标准化、通用化，生产经营的联合化和多样化，大量销售、大量采购和对产品进行综合利用等各种积极因素的充分发挥，从而产生规模效应，这就是所谓的*规模经济*(Economies of Scale)。规模经济分为外在经济和内在经济两种。

☞**规模经济 (Economies of Scale)** 指企业由于扩大生产规模而使经济效益得到提高。

外在经济是指整个行业生产规模扩大和产量增加后，给个别企业带来产量和收益的增加。引起外在经济的原因是：个别企业可以从整个行业的扩大中得到更加方便的交通辅助设施、更多的信息与更好的人才，从而使产量与收益增加。

内在经济是指企业在生产规模扩大时，由自身所引起的产量和收益的增加。引起内在经济的原因主要有：

(1) 可以使用更加先进的机器设备。机器设备这类生产要素有其不可分割性。当生产规模小时,无法购置先进的大型设备,即使购买了也无法充分发挥效用。只有在大规模生产中,大型的先进设备才能充分发挥其作用,使产量更大幅度地增加。

(2) 可以实行专业化生产。在大规模的生产中,专业分工可以更细,这样就会提高工人的技术水平,提高生产效率。

(3) 可以提高管理效率。各种规模的生产都需配备必要的管理人员,在生产规模小时,这些管理人员无法得到充分利用,而生产规模扩大时,可以在不增加管理人员的情况下增加生产,从而就提高了管理效率。

(4) 可以对副产品进行综合利用。在小规模生产中,许多副产品往往被作为废品处理,而在大规模生产中,就可以对这些副产品进行再加工,做到"变废为宝"。

(5) 在生产要素的购买与产品的销售方面也会更加有利。大规模生产所需各种生产要素多,产品也多,这样,企业就会在生产要素与产品销售市场上具有垄断地位,从而可以压低生产要素收购价格或提高产品销售价格,获利更大。

2. 并非越大越好——规模不经济

但是,生产规模也不是越大越好。企业规模扩大以后,对外与市场的协调成本越来越高,内部运行机制的协调难度越来越大,加上管理与指挥系统的复杂化,信息的上传下达速度减慢,使管理效率大大降低,边际收益下降,甚至会变成负值,出现*规模不经济*(Diseconomies of Scale)现象。规模不经济分为外在不经济和内在不经济两种。

☞**规模不经济(Diseconomies of Scale)**指企业生产扩张到一定规模以后,继续扩大生产规模,会导致经济效益下降。

一个行业的生产规模过大也会使个别企业的产量与收益减少,这种情况称为外在不经济。引起外在不经济的原因是:一个行业过大会使各个企业之间竞争更加激烈,各个企业为了争夺生产要素与产品销售市场,必须付出更高的代价。此外,整个行业的扩大,也会使环境污染问题更加严重,交通紧张,个别企业要为此承担更高的代价。

内在不经济是指一个企业由于本身生产规模过大而引起产量或收益减少。引起内在不经济的原因主要是:

(1) 管理效率的降低。生产规模过大也会使管理机构由于庞大而不灵活,管理上也会出现各种漏洞,从而使产量和收益减少。

(2) 生产要素价格与销售费用增加。生产要素的提供并不是无限的,生产规模过大必然大幅度增加对生产要素的需求,而使生产要素的价格上升。同时,生产规模过大,产品大量增加,也增加了销售的困难,需要增设更多的销售机构与人员,增加了销售费用。

报纸的发行是规模问题的一个很好的例证。一般情况下,省级以上有点影响的报纸的发行量都比较理想,报纸的发行量越大,单份报纸的所摊费用就越少。但发行量也不能无限制地大,也有一个规模问题。因为报纸的主要收入靠广告,一期报纸的广告收入是固定的,超过了一定的规模,就会出现单份报纸成本、发行和管理费用增多的现象,就会出现规模不经济。

三、"小的"还是"大的"——企业的适度规模

由以上分析来看,一个企业和一个行业的生产规模不能过小,也不能过大,即要实现适度规模。对一个企业来说,就是长期中劳动和资本两种要素的增加应该适度。生产规模的扩大应该正好使规模报酬递增,当达到最大这一状态时就不再增加生产要素,并使这一生产规模维持下去。对于不同行业的企业来说,适度规模的大小是不同的,并没有一个统一的标准。在确定适度规模时应该考虑到的因素主要有:

1. 行业的技术特点

一般来说,需要的投资量大、所用的设备复杂且先进的行业,适度规模也就大。例如冶金、机械、汽车制造、造船、化工等重工业厂商,生产规模越大经济效益越高。相反,需要投资少、所用的设备比较简单的行业,适度规模也小。例如服装、服务这类行业,生产规模小能更加灵活地适应市场需求的变动,对生产更有利,所以适度规模也更小。

2. 市场条件

一般来说,生产市场需求量大,而且产品标准化程度高的企

业，适度规模也应该大，这也是重工业行业适度规模大的原因。相反，生产市场需求小，而且产品标准化程度低的适度规模也应该小，所以，服装行业的适度规模就要小一些。

3. 其他因素

当然，在确定适度规模时要考虑的因素还有很多。例如，在确定某一采矿企业的规模时，还要考虑矿藏量的大小。其他诸如交通条件、能源供给、原料供给、政府政策等，都是在确定适度规模时必须考虑到的。而且，各国各地由于经济发展水平、资源、市场等条件的差异，即使同一行业，规模经济的大小也并不完全相同。一些重要行业，国际有通行的规模经济标准。例如，钢铁为年产 600 万吨钢，彩色显像管为年产量 200 万套，电冰箱厂双班能力为年产 50—80 万台，当然，我国不一定套用这些标准。但我国不少企业远远没有达到规模经济的程度，如冰箱厂年产仅 5.96 万台。即使不套用国际标准，我国的冰箱厂年产双班能力也应在 40 万台。

应该注意的是，随着技术进步，规模经济的标准也在变化。例如，在 20 世纪 50 年代，汽车厂的规模经济为年产 30 万辆，但到 2007 年这一规模经济已达年产 200 万辆。重工业行业中普遍存在这种规模经济的生产规模不断扩大的趋势。这是因为这些行业的设备日益大型化、复杂化和自动化，投资越来越多，从而只有在产量达到相当大数量时，才能实现规模经济。此外，规模经济也并不一定都采取集中的方式，在生产连续性强的工业中，集中是扩大规模的主要途径，但在商业中，实现规模经济并不是要盖越来越大的商场，而是进行连锁经营。连锁经营是由一个配送中心对一个城市、一个地区，甚至一个国家的众多连锁商店进行统一管理、储运和调配，从而节约流通成本，提高效益。所以，连锁经营是商业规模经营的主要形式，这也正是二战后连锁经营发展迅速，成为主要商业经营形式的原因。

? 即问即答：企业到底是“小的是美好的”还是“大的是美好的”？

第三节　言利必有义

——企业的经营目标

一、企业的经营目标——利润最大化

经济学家把包括企业家在内的所有人都作为理性的经济人，即他们行为的目标是为了实现个人利益的最大化。个人作为居民提供生产要素是为了收入最大化，作为消费者购买物品与劳务是为了效用最大化，作为企业家从事经营活动是为了实现利润最大化。

在我们民族的传统文化中，“利”是受到排斥的，“唯利是图”是一个贬义词。长期以来，我们也习惯于把个人利益与社会利益对立起来。好像“利己”必定“损人”。有些企业家喜欢以“儒商”自居。如果“儒商”的含义是有文化的企业家，企业家以此为追求是有意义的。如果“儒商”的含义是儒家的“言义不言利”，那就或者是言不由衷，或者是给自己定错了位。经济学家强调个人的利己，实际上是认为个人利益与社会利益是一致的。企业追求利润最大化的过程也就是为社会作出贡献，增进社会利益的过程。

今天，“唯利是图”不应是一个贬义词，“利润挂帅”也不是什么修正主义。企业追求“利”，“义”也就在其中。中国所需要的正是大胆言利、敢作敢为的企业家。

二、会计师与经济学家眼中不一样的成本与利润

成本与利润在经济学家和会计师眼中是不一样的。*会计成本*（Accounting Cost）是指企业在生产经营中实际支出的货币成本，也就是企业记录在会计账面上的客观的和有形的支出，通常也称为显性成本（Explicit Cost）。销售收入减去会计成本就是会计利润。*经济成本*（Economics Cost）是企业使用的所有资源的机会成本。经济成本不仅包括会计账面体现的显性成本，也包括会计账面没有体现的厂商使用自有要素的机会成本，即隐性成本（Implicit Cost）。

正如本书学习领域一第五节中某机关处长老王下海经商得

☞**会计成本**
（Accounting Cost）
又称显性成本，是指企业在生产经营中实际支出的货币成本，也就是企业记录在会计账面上的客观的和有形的支出。

☞**经济成本**
（Economics Cost）
是企业使用的所有资源的机会成本。包括会计成本，也包括会计账面没有体现的厂商使用自有要素的机会成本，即隐性成本。

失的案例中,老王下海赚得的8万元付出了9万元的机会成本,即隐形成本。当作出一个决策时,不仅要考虑得到什么,还要考虑为此而放弃了什么。如果所放弃的大于所得到的(即机会成本大于获利),那么,即使从会计报表来看是获利的,但从经济学的角度看就有亏损了。

机会成本的概念为我们做出决策提供了一种很好的指导,可以帮助我们把资源用于获利最大的用途。再回到企业的经营目标——利润。由于经济学家和会计师用不同方法衡量企业的成本,他们也会用不同的方法衡量利润。利润等于总收益减去成本,这里的*总收益*(Total Revenue;TR)指企业销售一定量产品所获得的总销售收入。会计师衡量企业的会计利润,即企业的总收益只减企业的显性成本。经济学家衡量企业的经济利润,即企业总收益减生产所销售物品与劳务的所有机会成本,两者眼中不一样的成本与利润概念见图4-3。只有考虑到机会成本的经济利润最大化才是真正的利润最大化。

☞**总收益**
(Total Revenue; TR)
企业销售一定量产品所获得的总销售收入,用产品的单价乘以销售量来计算。

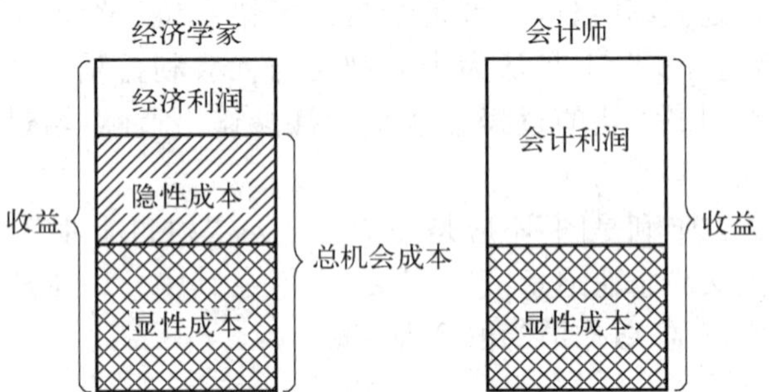

图4-3　成本与利润图

三、门庭冷落的餐馆与保龄球馆为什么不停业?

你是否曾经走进一家餐馆吃午饭,却发现里面几乎没有顾客?你不禁要问为什么餐馆还要开门呢?因为看起来几个顾客的收入不可能弥补餐馆的经营成本。夏季度假区的保龄球馆经营者也面临着类似的决策。由于不同的季节收入变动很大,企业必须决定什么时候开门,什么时候停业。下面我们就运用简单的成本与收益理论分析这个经济问题。

我们知道,经济学在分析企业活动时区分长期与短期:长

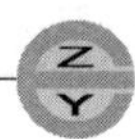

期就是可以根据产量调整一切生产要素的时期，短期是只能调整部分生产要素的时期。具体来说，短期中生产设备、管理人员这些生产要素不能随产量变动而调整，称为固定要素；原料、工人这些生产要素能随产量变动而调整，称为可变要素。用于固定要素的支出称为*固定成本*（Fixed Cost; FC），固定成本不受业务量增减变动的影响，用于可变要素的支出称为*可变成本*（Variable Cost; VC），可变成本随产出水平变化而变化，两者之和称为*总成本*（Total Cost; TC）。如果把这些成本分摊到每一单位产品上则分别称为短期平均固定成本、短期平均可变成本和短期平均成本（或称短期平均总成本）。门庭冷落的餐馆和保龄球馆停业与否的奥秘正在于这些短期成本。

☞**固定成本**
(Fixed Cost; FC)
指用于购买固定要素的支出，固定成本不受业务量增减变动的影响。

☞**可变成本**
(Variable Cost; VC)
指用于购买可变要素的支出，可变成本随产出水平变化而变化。

☞**总成本**
(Total Cost; TC)
指固定成本与可变成本之和。

餐馆经营的固定成本有租金、厨房设备、桌子、盘子、餐具等，我们知道，这些支出不论餐馆是开门营业还是关门大吉都要产生。而可变成本主要包括增加的食物价格和额外的侍者工资，这部分成本只有餐馆开门营业才会发生。那么，只要在午餐时，从顾客就餐得到的收入多于可变成本的部分，即可以弥补一部分固定成本，餐馆就还要坚持营业，因为，餐馆选择停业的话，将损失所有的固定成本，两害取轻，餐馆会选择继续经营；当餐馆营业从顾客就餐得到的收入少到不能弥补餐馆的可变成本时，餐馆老板一定会关门大吉。

保龄球馆也存在同样的情况。短期中保龄球的设备、折旧费用、管理人员工资的支出都属于固定成本，而维持保龄馆的支出、服务员的工资都属于可变成本。短期中无论是否营业固定成本都不可变，即使没有一个人光顾，这些费用仍要支出。如果短期中停业，固定成本没法减少，所减少的只是可变成本。因此，只要继续营业的收入能弥补可变成本就不必停业。因为收入大于可变成本，经营尽管有亏损，但还能弥补部分固定成本损失，经营下去当然有利。只有在收入低于可变成本时，企业才停业。

经济学家把收入等于可变成本的一点称为停止营业点。在停止营业点时是否营业无所谓，高于这一点则一定要通过营业来补偿部分固定成本，只有低于这一点，收入甚至小于可变成本才必须停业。你看到门庭冷落的餐馆和保龄球场馆在营业时就一定要想到,它们营业的收入一定大于可变成本,或至少等于可变成本。"虽然很高的固定成本是企业亏损的原因,但永远不会是企业停业的原因。"你现在可以理解这一说法了吗?

当然,上述分析只适用于短期遇到一定困难的企业。我们看到的那些仍然营业但门庭冷落的餐馆与保龄球馆就是遇到了短期困难。那些长期无希望的企业,例如过多过滥的游乐场还是早早关闭为好,想想当初投资失误的原因,再不犯类似错误,才是唯一出路。

四、企业实现利润最大化的理论原则和有效途径

1. 企业实现利润最大化的理论生产原则

☞**利润最大化(Maximum of Economics Profits)** 即企业总收益减去总成本后的经济利润达到最大。企业利润最大化的理论原则是产量的边际收益等于边际成本。

企业从事生产或出售商品不仅要求获取利润,而且要求获取最大利润,企业*利润最大化*(Maximum of Economics Profits)的生产原则就是产量的边际收益等于边际成本。学习领域一讲到过这两个概念:边际收益(Marginal Revenue; MR)是最后增加一单位销售量所增加的收益,边际成本(Marginal Cost; MC)是最后增加一单位产量所增加的成本。如果最后增加一单位产量的边际收益大于边际成本,就意味着增加产量可以增加总利润,于是企业会继续增加产量,以实现最大利润之目标。如果最后增加一单位产量的边际收益小于边际成本,那就意味着增加产量不仅不能增加利润,反而会发生亏损,这时企业为了实现最大利润目标,就不会增加产量而会减少产量。只有在边际收益等于边际成本时,企业的总利润才能达到最大值。所以 $MR=MC$ 为利润最大化的条件,这一条件适用于所有类型的市场。

2. 企业寻找利润增长点的三种途径

(1) 从利润的来源上寻找。利润=收益-成本。通常的情况下,企业通过营销手段扩大收益、通过管理手段降低成本以实现利润的增长,问题是:这种"分而治之"的想法在理论上虽然成立,但是在实践中变得越来越难。问题的根源在于这两者之间不再是孤立的和静止的,而是相互作用和转化的。认识到这个根本上的原因就会明白为什么单纯从营销和管理的独立层面

解决不了企业的利润增长，而是需要思考与回答诸如“谁给我们钱、他们能够给我们多少和多久、我们需要多少成本掏出他们的钱”等之类的问题，因为这是关于利润来源的真正思考。比如，一个对提高中年男性肾功能有作用的保健品，虽然使用者是中年男性，但是真正掏钱购买的大多是他们的太太和送礼的人，而不是吃的人；而太太相比送礼的人又是能够愿意重复掏钱、掏得久的人，同时进一步的分析还会发现，在这些掏钱的太太中，从事经商的商务男士的专职太太们掏钱的成本最低。由此，一个针对中年男性保健品的盈利点设计就找到了。在此基础之上，再进行营销和管理上的设计，如传播内容、形式、渠道、市场开发计划、管理手段等等，这个产品的盈利模式就形成了，企业的利润增长点自然也就形成了。这里需要特别说明的是，如果仅仅从营销或者内部管理的独立思考中很可能也可以找到所谓的产品卖点之类的东西，但是一定找不到这样的从利润出发的模式化经营方案，这也是为什么在脑白金之后，在将近 10 年多的时间里，保健品行业没有一个企业或者产品真正出其右者的真实原因所在。

(2) 从利润的生成过程中寻找。很多人非常习惯也非常擅长从利润差价中寻找利润的增长点，对利润的生成过程却想得不多，办法也很少。所谓的利润生成过程是指“利润最大化的交易时间、地点和可复制程度”。例如，一个原来在超市中卖了很久的朗姆酒，销量和市场份额都不错，但是由于竞争者的不断加入，产品利润持续下降。企业经过仔细分析利润的生成过程之后，发现这种酒在酒吧和 KTV 等娱乐场所交易的价格更高，于是设计了一个与产品相匹配的玩具，只随产品一起供应，结果产品销量和利润持续同步增长；再比如，一个服装企业定位于高端人群，它既不设专卖店，也不做广告，而是只针对写字楼里的老板进行个人定制服务，结果在上海一个地方每年的利润就有将近一千万元，这种盈利模式不是从广告、营销，更不是从产品销售角度思考能够得来的。这样的例子很多，尤其是在产品同化、销售同化的时代，着眼于利润的生成过程往往会得到意想不到的收益。

(3) 从利润的产出形式上寻找。在美国西海岸曾经有一个连续多年蝉联越野车销售冠军的汽车销售商,不但销售的数量是同行的冠军,而且利润也是第一。刚开始的时候,卖越野车靠规模、新产品、促销等手段可以维持销量,但利润得不到保障,因为大家在利润的来源和生成过程上大同小异,于是这家企业的老板开始在利润的产出形式上做文章,经过研究他做出这样的调整:新车厂价销售,不要任何利润,但车辆改装独家签约承揽。因为他发现开越野车的人在买新车的时候不愿意多花一块钱,可是改装自己的车却愿意不断地大把大把地掏钱。实际上,很多时候利润的多少不仅仅是由差价决定的,利润的产出形式变得越来越重要,能否发现这种产出形式上的细分差别往往决定了一个产品或者一个企业的盈利能力。

即问即答:请针对自己比较了解的某个行业或企业,列举其实现利润最大化的有效途径。

第四节 和迈克尔一起创业

一、迈克尔的暑期创业计划——进军房屋粉刷业

房屋粉刷业只在夏季出现,因为那时白天又长又热,高中和大学的学生正好放暑假,可以胜任这个要求不高的工作。为了赚点零花钱,迈克尔打算在上完经济学入门课程之后,利用夏天的时间开设粉刷公司。

开设公司肯定涉及一笔数目不小的开支。迈克尔需要购买一辆二手汽车作运输之用,当然也少不了其他许多物资,例如刷子、油漆以及方便顾客联络用的电话线路和应答装置,制作广告和宣传单,雇人四处散发,还要印刷名片和估价单据等等。不过,因为他将在户外从事粉刷工作,他不需要另外寻找办公地点,可以省下一笔租金。表 4－1 列出了粉刷公司的固定成本。

表 4-1　粉刷公司的固定成本

固定成本	金额(美元)
二手汽车	5 000
刷子和油漆	2 000
广告和宣传单	1 200
名片和估价单据	500
电话线路和应答装置	300
总　　额	9 000

迈克尔雄心勃勃地开始工作了。他给潜在顾客打电话，上门估计粉刷房屋可能需要多少钱，然后提出一个价格看对方是否接受。当然，他面对许多竞争对手，除非他可以提出具有竞争力的价格，否则他就做不成生意。

作为雇主，迈克尔同时必须留意劳动力市场的价格情况。他发现目前的劳动力价格是每小时 10 美元，而在现实世界里他还需要考虑添加刷子和油漆的成本。为简化起见，我们假设他在开工之前已经买好足够的刷子和油漆。于是他的公司的可变成本就与他所雇佣的劳动力有关。

可变成本不能忽略粉刷一幢房子所需要的时间。如果你雇佣到最好的人手，派给他们最简单的工作，工作当然可以迅速完成；反过来，如果你只雇佣到没有多少经验的生手，派给他们最复杂的工作，工作进度自然放慢。表 4-2 显示了粉刷公司的可变成本。

表 4-2　粉刷公司的可变成本

粉刷房屋数(幢)	雇佣的劳动力小时数	工资支出(美元)
5	100	1 000
10	300	3 000
15	600	6 000
20	1 000	10 000
25	1 500	15 000
30	2 100	21 000

由此迈克尔可以计算出公司的各项成本,如表 4 - 3 所示。其中,总成本等于固定成本与可变成本之和,它是粉刷一定数量房屋所需的成本总额。从统计角度分析总成本的构成,还有平均成本和边际成本概念。在这里,平均成本是平均粉刷一幢房屋所需的成本额,等于总成本/粉刷房屋数。而边际成本是指每增加一幢房屋的粉刷所增加的成本。

表 4 - 3 粉刷公司成本

粉刷房屋数(幢)	可变成本(美元)	总成本(美元)	平均成本(美元)	每幢房屋边际成本(美元)
0	0	9 000	——	——
5	1 000	10 000	2 000	2 000
10	3 000	12 000	1 200	400
15	6 000	15 000	1 000	600
20	10 000	19 000	950	800
25	15 000	24 000	960	1 000
30	21 000	30 000	1 000	1 200

最困难的是如何计算粉刷一幢房屋需要多少时间。确实,谁能预计工人的熟练程度以及粉刷一幢常见房屋可能花费的时间呢?迈克尔当然可以从经验中学习。不过,如果他在计算当中犯了一个严重错误,那么这个夏天结束后他可能出现亏本。

根据前面的成本分析,迈克尔认为,如果市场情况允许他为粉刷一幢常见房屋开价 1 000 美元或以上,那么他就会在粉刷至少 25 幢房屋之后开始盈利。大致而言,这就是他的夏季计划:每幢房屋收取 1 000 美元,一共粉刷 25 幢,最后盈利 1 000 美元。

确切地说,这只是他的想法。在上述表格中迈克尔并没有考虑到他的时间的机会成本。他粉刷房屋的报酬其实没有每小时 10 美元那么多,因为他在粉刷房屋之外还要忙于接洽生意、雇佣和组织工人、接听顾客电话、处理顾客投诉。

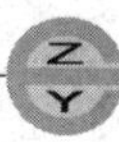

假设现在还有另外一份餐厅侍者的工作摆在迈克尔面前，就是在暑假工作8个星期，每星期40小时，工资是每小时5美元(含小费)，那么他在这个夏天就能赚取1 600美元，而且没有什么压力或风险。如果把这个机会成本计算在迈克尔开设公司的固定成本里，他显然一定亏本。如此分析，迈克尔应该放弃自己的创业计划，选择在餐厅做一个暑期的服务生。

果真如此吗？

二、对大学生自主创业的几点忠告

迈克尔进军房屋粉刷业的创业计划也许不能带给他丰厚的收益，但其“初生牛犊不怕虎”的创业精神值得所有当代大学生发扬光大。在高校扩招之后，越来越多的大学生走出校门，大学生创业在逐渐被社会所承认和接受的同时，也肩负起提高大学生就业率和稳定社会的历史使命。大学生创业成为大学生就业之外的一个社会新问题。

一般来说，创业需要经过四个阶段：第一为酝酿阶段，第二为筹划阶段，第三为准备阶段，第四才是开张营业。在酝酿阶段，创业者要从宏观角度来考虑问题，如自己为什么创业、自己是否适合创业、采用什么形式创业、自己具备了哪些条件、具体做什么项目、自己还需要从哪些方面去收集信息等。当创业者对这些宏观性的问题有了基本的把握之后，再进入创业的第二个阶段，即筹划阶段。在筹划阶段，创业者考虑的角度要从宏观转向微观，即对自己所选择的具体项目进行分析。在这个阶段要做的第一件事就是做创业计划。在这个创业计划里，要想清楚如何销售、如何采购、盈利前景、需要多少流动资金、如何筹集启动资金等。根据这些情况，写一个项目的可行性报告。如果创业者自己也觉得“项目可行性报告”可行，那就进入创业的第三阶段，即准备阶段，开始实际操作，如给公司起名，选择办公地点、签订租房合同、装修办公室、与进货商和代理商谈合作、制定促销战略、聘用员工等，最后去办理工商执照等手续，进入创业的第四阶段，开张营业。

在把创业梦变成现实的整个过程中，有以下七个关键点，当是对大学生自主创业的几点忠告吧！

1. 必不可少的创业计划书

创业不是仅凭热情和梦想就能支撑起来的,因此在创业前期制定一份完整的、可执行的创业计划书应该是每位创业者必做的功课。通过调查和资料参考,要规划出项目的短期及长期经营模式,以及预估出能否赚钱、赚多少钱、何时赚钱、如何赚钱以及所需条件等。当然,以上分析必须建立在现实、有效的市场调查基础上,不能凭空想象、主观判断。根据计划书的分析,再制定出创业目标并将目标分解成各阶段的分目标,同时制定出详细的工作步骤。

2. 周密的资金运作计划是保证"有粮吃"的重要步骤

在项目刚启动时,一定要做好 3 个月以上或到预测盈利期之前的资金准备。但启动项目后遇到不可避免的变化,则需适时调整资金运作计划。如果能懂得一些必要的财务知识,计划好收入和支出,始终使资金处于流动中而不出现"断链现象",那么在项目的初期就能为未来发展打好基础。

3. 不断强化创业能力与知识

俗话说"不打无准备之战",创业者要想成功,必须扎扎实实地做好充分准备和知识的不断积累。除了合理的资金分配,创业者还必须懂得营销之道,比如如何进货,如何打开产品的销路,消费者对产品的需求,都要进行充分的调查研究。获取的这些知识渠道可以是其他成功者的经验,也可以是书本理论知识。同时还要学会和各类人士打交道,如工商、税务、质检、银行等,这些部门都与企业的生存和发展息息相关,要善于同他们交朋友,建立和谐的人脉关系。

4. 为自己营造一个好的氛围

由于缺少社会经验和商业经验,大学生创业总是显得"心有余而力不足"。不如给自己营造一个小的商业氛围,比如加入行业协会,就可以借此了解行业信息,学会借助各种资源结识行业伙伴,建立广泛合作,提升自己的行业能力。千方百计给自己营造一个好的商业氛围,这对创业者的起步十分重要。

5. 学会从"走"到"跑"

在创业的初期,受资金的限制,或许很多事都需要创业者本人亲自去做,不要认为这是"跌份"或因此叫苦不迭,因为不管任何一个企业，从“走”到“跑”都是要经历一个过程的，只有明确目标并不断行动，才能最终实现目标。同时在做事的过程中，要分清主次轻重，抓住关键，重要的事情先做。每天解决一件关键的事情，比做十件次要的事情会更有效。当企业立了足，并有了资金后，就应该建立一个团队。创业者应从自己亲力亲为，转变为发挥团队中每一个人的作用，把合适的工作交给合适的人去做。一旦形成了一个高效稳定的团队，企业就会跨上一个台阶，进入一个相对稳定的发展阶段。

6．盈利是做企业最终的目标

做企业的最终目的就是盈利，无论你的点子有多少，不能为企业盈利就不具备商业价值。因此无论是制定可行性报告、工作计划还是活动方案，都应该明确如何去盈利。企业的盈利来源于找准你的用户，了解你最终的使用客户是谁，他们有什么需求和想法，并尽量使之得到满足。

7．在失败中学会成长

从创业成功案例中不难发现，创业者往往都有“见了南墙挖洞也要过去”的信心。从小就知道“失败是成功之母”这个真理的大学生创业者，又有多少人真正体会到其中的力量呢？如果创业失败了，你又应该怎样面对失败？充分的准备和不断学习能够在很大程度上减少失败的概率。与此同时调整方案，换个方式和方法继续前进，永远不要停止前进的脚步。经历过一个“死而复生”的过程，就能在未来的发展中脚步更加坚定。永远要记住一点：信心是企业迈向成功的阶梯。

> 即问即答：假如你有一个暑期创业计划，你将如何开展工作？请撰写一份详尽的创业计划书。

友情提示

更多大学生创业信息可参考全国大学生创业大赛官方网站 http：//www. monilab. com/

阅读材料

不谋而合的消费者均衡与生产者均衡

在经济学中,均衡指的是这样一种状态:各个经济决策者(消费者、生产者等)所做出的决策正好相容,并且在外界条件不变的情况下,每个人都不愿意再调整自己的决策,从而不改变其经济行为。所谓均衡分析方法,就是假定外界诸因素(自变量)是已知的和固定不变的,然后再研究因变量达到均衡时应具备的条件。在均衡状态下,当事人的决策对个人来说,已使私人利益极大化,或已达到最优。消费者均衡与生产者均衡就是因此规则而研究出来的,它们采用的分析思路与方法可谓不谋而合。因为学习领域三中对于消费者均衡已经做过介绍,这里重点补充说明生产者均衡的分析。

☞**生产者均衡(producer equilibrium)**指厂商谋求利润最大化或成本最小化而达到的最优状态。

生产者均衡(producer equilibrium)指厂商谋求利润最大化或成本最小化而达到的最优状态。但是受制于其他条件或其他利益主体,主要是提供要素的厂商、市场价格等方面的约束,各种要素交织在一起,使生产者达到最优状态。与消费者均衡的分析类似,生产者均衡的分析也要用到两条线,它们分别是等产量线和等成本线。

一、等产量线

在长期中,生产函数中的各种生产要素都是可变的,所以同一数量的产出往往可以由各种要素的多种不同组合来得到。生产函数的这一特征可以用等产量线来描述。

☞**等产量线(oquant curve)**是一条由用技术上有效的方法生产一定产量的劳动和资本要素可能组合点所组成的曲线。

假定某一种商品的生产需要投入劳动 L 和资本 K 两种要素,两种要素都是可变的,并且两者之间可以相互替代,那么*等产量线*(oquant curve)就是一条由用技术上有效的方法生产一定产量的劳动和资本要素可能组合点所组成的曲线。如生产100个单位的产量,既可以用2个单位劳动和4个单位资本,又可以用6个单位劳动和1个单位资本。使用资本多、使用劳动少的叫资本密集型生产,反之则称为劳动密集型生产。等产量

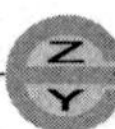

线图示见图 4－4，与无差异曲线的特性相类似，等产量线的特征包括：(1) 处在较高位置上即离原点较远的等产量线总是代表较大的产出；(2) 同一等产量线图上的任意两条等产量线是不相交的；(3) 等产量线凸向原点并向右下方倾斜，其斜率为负。(劳动对资本的边际技术替代率就是等产量线斜率的绝对值，即 $MRTS_{LK}=\left|\frac{\Delta K}{\Delta L}\right|$，$MRTS_{LK}$ 的递减决定了等产量线凸向原点。)

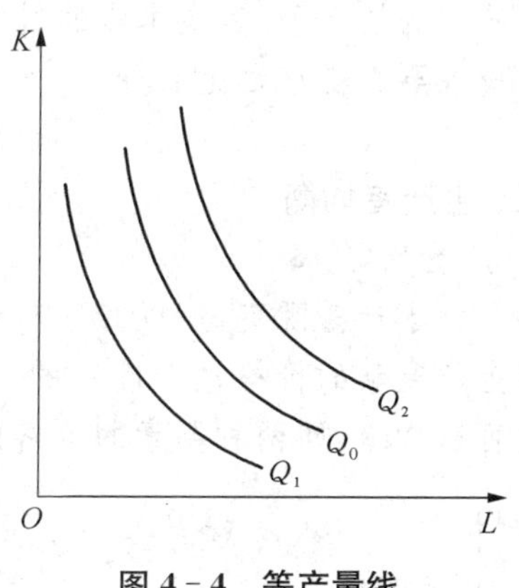

图 4－4　等产量线

二、等成本线

等成本线(isocost line)是在既定的成本和既定的要素价格条件下生产者可以购买的两种要素的各种不同的最大数量组合的轨迹。与等产量线类似，等成本线上的每一点也表示劳动与资本的一种组合。

等成本线(isocost line)是在既定的成本和既定的要素价格条件下生产者可以购买的两种要素的各种不同的最大数量组合的轨迹。

同样假定生产要素为劳动 L 和资本 K 两种，劳动的价格为工资 w，资本的价格为利率 r。假定厂商的总成本为 C，其成本构成就是：$C=w\times L+r\times K$，其中 $w\times L$ 是劳动的成本，$r\times K$ 是资本的成本，对应这个函数的曲线就是等成本线，如图 4－5 所示。

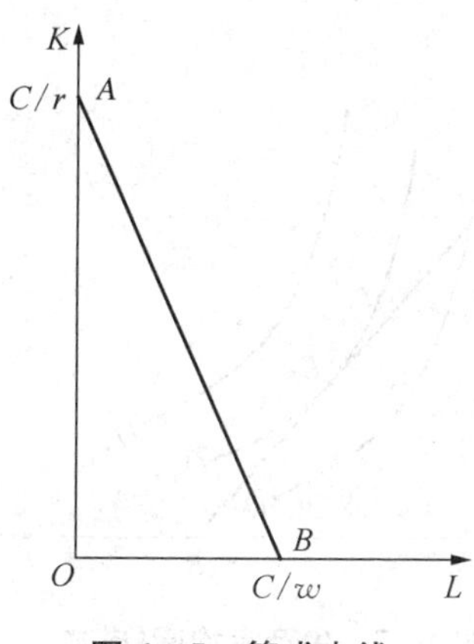

图 4－5　等成本线

等成本线向右下方倾斜，斜率为负。这表明要增加某种要素的投入量而保持总成本不变就必须相应的减少另一种要素的投入量。将等成本线方程 $C=w\times L+r\times K$ 变形为 $K=C/r-(w/r)\times L$，可以看出，在要素价格给定的情况下,等成本线的斜率是一个常数,其绝对值即为两种投入要素价格之比 w/r。

三、生产者均衡

1. 产量既定

由于产量既定,所以某一产量下的等产量线就是已知的,假设生产要素的价格也是确定的,那么等成本线的斜率的绝对值也可以知道,即两种要素的价格比,如图 4-6 所示。

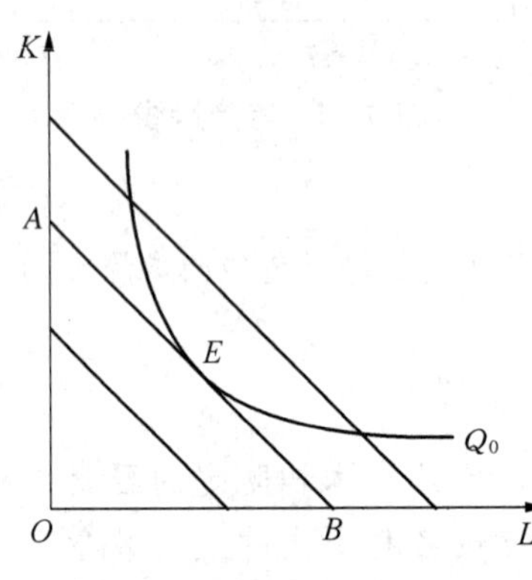

图 4-6 生产者均衡(产量既定,成本最低)

在众多的等成本线中必有一条,而且也只有一条等成本线与既定的等产量线相切。在等成本线 AB 上除切点外的其他任何一点代表的要素所费成本,同切点所代表的要素成本虽然相同,但不能生产出所要求的既定产量;等成本线 AB 左侧的等成本线虽然代表的成本支出比较少,但生产不出要求的既定产量;等成本线右侧的有些要素组合虽然可以生产出要求的既定产量,但相应的成本也随之增加,因此,只有在等产量线与等成本线相切的切点 E 是符合条件的要素投入组合。

2. 成本既定

假设厂商愿意花费的成本既定,而且生产要素的价格确定,从而等成本线 AB 是确定的,需要寻求能够使产量达到最大化的生产要素投入组合。如图 4-7 所示:

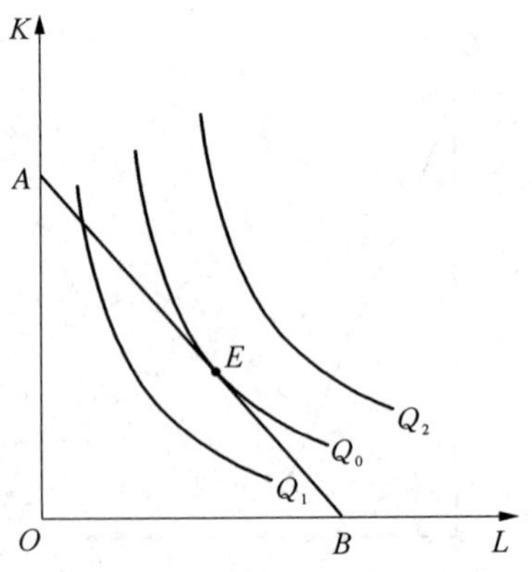

图 4-7 生产者均衡(成本既定,产量最大)

现有技术条件下的等产量线有很多,但为了使一定成

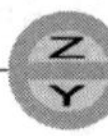

本下的总产量达到最大，只有等产量线与既定等成本线相切的切点 E 处是符合要求的要素投入组合。因为等产量线 Q_2 所代表的产量虽然大于等产量 Q_0，但所需要的总成本也比较大，也就是说，现有的成本支出难以购买到那么多生产所需要的投入要素；至于等产量线 Q_1 与既定的等成本线有交点，且交点处代表的成本也没有增加，但其产量小于 Q_0，也就是说，用既定成本购买到的生产要素组合不能使产量达到最大。因此，同前述一样，成本既定条件下的要素最优投入组合在等产量线与等成本线的切点 E 处。

3. **不谋而合的结论**

生产要素的最优搭配为等产量线与等成本线相切时的搭配，意味着等产量线与等成本线相切时的点的斜率等于等成本线的斜率。

$$\frac{\Delta K}{\Delta L}=-\frac{\omega}{\gamma}=-\frac{MP_L}{MP_K}$$

$$MRTS_{LK}=\frac{MP_L}{MP_K}=\frac{\omega}{\gamma}\text{ 即 }\frac{MP_L}{\omega}=\frac{MP_K}{\gamma}$$

生产者均衡的条件可以概括为：生产者用单位货币购买的各种生产要素的边际产量相等，即所购买的各种生产要素的边际产量与它们的价格之比相等。在市场经济体制中，消费者依据效用最大化的原则购买商品，生产者依据利润最大化的原则生产商品并销售。在市场供给和需求之间，根据价格的自然变动，引导资源有效的配置。

资料来源：根据一系列相关资料整理。

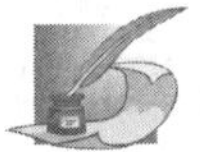

复习思考题

一、单项选择题

1. 在微观经济分析中，厂商被假定为是合乎理性的经济人，厂商提供产品的目的在于追求（　　）。

A. 最满意的利润　　B. 最优的成本

C. 最大的利润　　D. 最大效益

2. 微观经济学的生产理论认为短期和长期的划分是以（　　）。

A. 生产者能否变动全部要素投入的数量作为标准

B. 生产厂商的规模大小而定

C. 厂商生产产品的周期长短而定

D. 固定资产的多少而定

3. 当其他生产要素不变,只有一种可变生产要素增加时( )。

A. 总产量会一直增加

B. 总产量会一直减少

C. 总产量先增加而后减少

D. 总产量先减少而后增加

4. 对一种可变生产要素的生产函数来说,边际产量表现出的先上升而最终下降的规律,这一规律被称为( )。

A. 边际报酬递减规律

B. 边际效用递减规律

C. 边际资本—产量递减规律

D. 边际劳动—产量递减规律

5. 当劳动的边际产量为负值时,生产处于( )。

A. 劳动投入的Ⅰ阶段 B. 资本投入的Ⅲ阶段

C. 劳动投入的Ⅱ阶段 D. 上述都不是

6. 规模报酬递减是在( )情况下发生的。

A. 按比例连续增加各种生产要素

B. 不按比例连续增加各种生产要素

C. 连续地投入某种生产要素而保持其他生产要素不变

D. 上述都正确

7. 某企业主每年从企业的总收入中取出一部分作为自己管理企业的报酬,这部分资金属于( )。

A. 显成本 B. 会计成本

C. 经济利润 D. 正常利润

8. 企业外购生产要素支付的成本属于( )。

A. 显成本 B. 隐成本

C. 机会成本 D. 沉没成本

9. 假如某厂商的收益只能弥补他付出的可变成本,这表明该厂商( )。

A. 应该继续生产

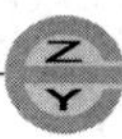

B. 应该停产，如果继续生产亏损更大，停止生产则无亏损

C. 无论生产与否都要遭受同样的亏损

D. 以上说法都不对

10. 企业确定利润最大化的产量时应该按照(　　)。

A. 边际收益等于平均收益原则

B. 边际收益等于边际成本原则

C. 经济利润等于零原则

D. 会计利润等于零原则

二、应用分析题

1. 作图分析短期内一种可变生产函数合理投入的实现过程?

2. 某企业打算投资以扩大生产，其可供选择的筹资方案有两个：一是利用利率为10%的银行贷款，二是利用企业利润。该企业的经理认为应选择后者，理由是不用支付利息因而成本比较低。你认为他的理由有道理吗?

3. 你空出旺市居所的底楼，开了一家小面馆。一家三口辛苦了一个月，算算账，税后净赚了人民币8千元，你感到很高兴，似乎勤劳致富的路就在眼前。而有人却说你这是吃力不讨好，做的是亏本生意。你同意他的说法吗?

三、计算题

1. 假定某汽车公司经办到风景点A地的旅游业务，往返10天，由汽车公司为旅客提供交通、住宿和伙食。往返一次所需成本数据如下表所示：

固定成本	
折　　旧	1 200
职工工资(包括司机)	2 400
其　　他	400
往返一次全部固定成本	4 000
变动成本	
每个旅客的住宿伙食费	475
每个旅客的其他变动费用	25
每个旅客的全部变动成本	500

(1) 如果向每个旅客收费 600 元,至少有多少旅客才能保本?如果收费 700 元,至少有多少旅客才能保本?

(2) 如果公司往返一次的目标利润为 1 000 元,定价 600 元,至少要有多少旅客才能实现这个利润?如定价 700 元,至少要有多少旅客?

(3) 如收费 600 元/人,汽车往返一次的利润是多少?如果收费 700 元/人,往返一次的利润是多少?(设汽车满载且载客人数为 50 人)

2. 已知某企业的短期成本函数 $TC=Q^3-6Q^2+17Q+66$,求可变成本 VC、不变成本 FC、平均成本 AC、平均固定成本 AFC、平均可变成本 AVC 和边际成本 MC,计算最小的平均可变成本数值。

3. 冬季为兴阳湖风景区的淡季。拥有 110 个房间的红枫酒店,入住率常低于 10%。2007 年春节,一家旅行社找到酒店营销部王经理,提出按 30 元一个标准间的价格包 50 个房间,时间为 7 天。王经理找财务科粗略算了账,提出每个房间的最低成本近 51 元,要求对方将价格提高到 51 元。但对方坚持原价不变。结果这笔业务没有谈成。事后王经理觉得还是应该同意,但又说不清楚理由。你认为王经理是否应该接受这笔业务?说明理由。

附:财务科报出的每间客房每天最基本的成本支出:

贷款利息:16.4 元

折旧费:17.39 元

员工工资:6 元

客人免费早餐:6 元

水电费:5 元

合计:50.79 元

4. 某铁矿石公司是一家大型的铁矿石生产基地,在短期内主要采掘设备和地面选矿设备不变,企业的管理者根据近年来每天生产的铁矿石产量 Q(千吨)和每天上岗人数 L(千人)回归出短期的生产函数 $Q=4.073L-0.829L^2$,目前公司以每千吨 19 万元的价格出售铁矿石,每个工人每天的工资为 70 元,请帮助企业的管理者确定每天上岗的最佳人数。

四、案例分析题

浙江企业特别是温州企业以“小型”、“民营”、“低成本”和“劳动密集”而著称。这些特点在过去是优点，在今后还是优点。经验都一再证明，“小”不一定弱(正像“大”不一定强一样)。而且，从企业竞争的逻辑来说，能够长成大企业的小企业终究是少数。浙江企业已经度过初创期。企业从小到大的成长过程，就是通过竞争不断培育自身竞争力的过程。中国经济已经进入一个以住宅、汽车、电子通讯、城市基础设施建设等行业为龙头，带动钢铁、机械、建材、石化、能源等行业快速增长的阶段。在这些行业中，多数具有较强的规模经济要求，也就是说，投资就要上大项目。最大的挑战在于，企业从无到有不易，从小到大更难。如果说第一阶段成功概率是百分之五十，第二阶段的成功概率可能不到百分之一。

阅读材料后回答问题：

(1) 结合规模报酬理论谈谈你对企业“小”不一定弱、“大”不一定强的理解。

(2) 根据适度规模理论，结合日常经验，给出服装业、钢铁业与饮食业企业规模从大到小的排序，并简要说明理由。

实训项目

一、实训目标

1. 理解专业化与规模经济的含义；
2. 理解各类成本的含义，准确把握利润最大化的企业经营目标；
3. 了解企业关键策略的制定与实施。

二、实训项目与要求

1. 案例分析——阅读案例“从当当网看新规模经济”(★辅助素材)

   项目要求：

   (1) 归纳和总结案例中对规模经济与新规模经济的论述和观点。

   (2) 分小组讨论不同行业(企业)的规模经济。

(3) 撰写一篇“×××行业(企业)规模经济之我见”的小论文(不少于1 000字)。

2. 实训基地企业采访——价格低于工厂成本的订单该不该接?

项目要求:

(1) 按照分工的小组,带着问题到实训基地企业采访,了解企业的价格构成以及成本核算。

(2) 小组讨论“价格低于工厂成本的订单什么情况下该接?什么情况下不该接?”

(3) 小组给出分析的结果,并说明对“利润最大化”的理解。

(4) 教师对各小组讨论结果进行归纳和点评。

3. 模拟商战——企业运营竞争沙盘模拟训练(★辅助素材)

项目要求:

(1) 分组,每组运营一家企业,分工如下:总裁CEO、财务总监CFO、营销总监CSO和运营总监COO。

(2) 小组通过直观的企业沙盘来模拟企业实际运营,进行为期6—8年的模拟决策。

(3) 模拟结束后,以企业运营沙盘模拟软件计算最终得分,评出模拟商战的优胜组。

(4) 选派优胜组代表进行班内汇报,教师对模拟竞争过程和结果进行点评。

学习领域五

营销经济学

——抓住市场扩大效益

企业销售产品实现利润离不开市场。本学习领域通过对几个典型行业的分析介绍完全竞争、完全垄断、垄断竞争、寡头垄断四种市场类型，重点把握不同市场中企业竞争策略的制定，如何抓住市场扩大效益是企业市场竞争永恒不变的主题。

学习目标

- 了解市场与行业；
- 掌握四种类型的市场结构及其特点；
- 把握企业在特定市场类型中策略的制定；
- 了解需求价格弹性及其在营销定价中的应用。

关键词汇索引

市场　完全竞争市场　完全垄断市场　价格歧视　垄断竞争市场　寡头垄断市场　博弈论　占优策略　纳什均衡　需求价格弹性

第一节 完全竞争市场

——经济学的理想实验

一、认识市场

在研究不同类型市场的企业竞争策略之前先要了解两个最基本的概念：市场和行业。

☞市场(Market)是指从事某一特定的商品买卖的交易场所或接触点。市场可以是一个有形的买卖商品的场所，也可以是一个利用现代化通信工具进行商品交易的接触点。

市场(Market)是指从事某一特定商品买卖的交易场所或接触点。市场可以是一个有形的买卖商品的场所，譬如大米市场、服装市场等；也可以是一个利用现代化通信工具进行商品交易的接触点，如网上股票市场、期货市场。

☞行业(Industry)是指为同一产品或类似产品市场生产和提供产品的厂商集合。

与市场这一概念密切联系的是行业这一概念。*行业*(Industry)又称部门，是指为同一产品或类似产品市场生产和提供产品的厂商集合。如食品加工业、纺织业、机械制造业等。

市场竞争程度的强弱是经济学划分市场类型的标准。影响市场竞争程度的具体因素主要有以下四个：第一，市场上厂商的数目；第二，厂商之间各自提供的产品的差别程度；第三，单个厂商对市场价格控制的程度；第四，厂商进入或退出一个行业的难易程度。根据以上四个因素，经济学中的市场被划分为四种类型，它们是完全竞争市场、垄断竞争市场、寡头垄断市场和完全垄断市场。这四种类型市场的特点可以用表 5-1 来说明。

表 5-1 各类市场结构的特征说明表

	完全竞争市场	垄断竞争市场	寡头垄断市场	完全垄断市场
生产者的数量	非常多	较多	少数几个	一个
产品差别程度	完全无差别	有差别，但较小	有差别或同质	唯一产品，无替代品
对价格控制程度	企业接受市场价格，不能制定自己的价格	企业有一些定价能力，但不是很大的定价自由	企业制定自己的价格，但对竞争对手的反应十分关注	企业根据需求有很大的制定价格的自由，但会受到管制
进退市场的难易	自由，无障碍	比较容易	比较难	很困难，几乎不可能

（续表）

	完全竞争市场	垄断竞争市场	寡头垄断市场	完全垄断市场
典型行业举例	小麦、玉米等农产品	牙膏、肥皂、日用杂货等	汽车、钢铁、石油等	公用事业如电力、自来水、烟草专卖等
经济效率	效率最高	效率较高	效率较低	效率最低（自然垄断除外）

二、大型养鸡场为什么赔钱？

你听说过美国500强企业中有养鸡公司吗？或者说，你听到过什么有名的养鸡场吗？为了实现“市长保证菜篮子”的诺言，许多大城市都由政府投资修建了大型养鸡场，结果这些大型养鸡场反而竞争不过农民养鸡专业户或老太太，往往赔钱者众多，这是为什么呢？

1. 鸡蛋市场的特点

（1）市场上有无数的买者和卖者。

由于市场上有许许多多的商品需求者和供给者。他们中每一个人的购买份额或销售份额，相对于整个市场的总购买量或总销售量来说是微不足道的，好比是一桶水中的一滴水。他们中的任何一个人买与不买，或卖与不卖，都不会对整个商品市场的价格水平产生任何影响。所以，在这种情况下，每一个消费者或每一个厂商都是市场价格的被动接受者，没有一个买者和卖者可以影响市场价格。即使是一个大型养鸡场，在市场上占的份额也微不足道，难以通过产量来控制市场价格。用经济学术语说，每家企业都是价格接受者，只能接受整个市场供求决定的价格。

（2）同一行业中的每一个厂商生产的产品是完全无差别的。

完全无差别的商品，在这里不仅指商品之间的质量完全一样，还包括在销售条件、商标、包装等方面是完全相同的。因此，对消费者来说，购买哪一家厂商的商品都是一样的。如果有一个厂商提价，他的商品就会完全卖不出去。当然，单个厂商也没有必要降价。因为在一般情况下，单个厂商总是可以按照既定的市场价格实现属于自己的那一份相对来说是很小的销售份额。鸡蛋是无差别产品，企业也不能以产品差别形成垄断力量。大型养鸡场的鸡蛋与老太太的鸡蛋没有什么不同，消费者也不会为大型养鸡场的蛋多付钱。

(3) 厂商进入或退出一个行业是完全自由的。

厂商进出一个行业不存在任何障碍,所有的资源都可以在各行业之间自由流动。这样,各行业的厂商规模和厂商数量在长期内是可以任意变动的。但是在短期内,厂商规模和厂商数量仍然是不可变的。由于鸡蛋市场自由进入与退出,任何一个农民都可以自由养鸡或不养鸡。

(4) 市场中每一个买者和卖者都掌握与自己的经济决策有关的全部信息。

完全竞争市场上的每一个消费者或厂商都可以根据自己所掌握的完全的市场信息,确定自己的最优购买量或最优生产量,从而获得最大的经济利益。而且,这样也排除了由于市场信息不畅通而可能产生的一个市场同时存在几种价格的情况。

☞**完全竞争市场(Perfect Competitive Market)**又称纯粹竞争市场,是指竞争充分而不受任何阻碍和干扰的市场结构。

上述这些特点决定了鸡蛋市场是一个*完全竞争市场*(Perfect Competitive Market),即没有任何垄断因素,竞争充分且不受任何阻碍和干扰的市场结构。

2. 大型养鸡场为什么赔钱?

在完全竞争条件下,由于商品同质,消费者和生产者有充分信息,市场上又有许许多多企业生产该产品,因此,价格是由市场供求关系自发决定的,企业不存在价格决策问题,任何一个企业只能是市场价格的被动接受者。按市场价格,企业想卖多少就能卖多少,但只要稍高于市场价格,就一点也卖不出去。从长期看,由于在完全竞争条件下,企业进入或退出这个行业相对很容易,因而,随着新企业的进入和老企业的退出,以及企业规模的调整,企业的经营利润(或经营亏损)会趋于消失。

在鸡蛋这样的完全竞争市场上,短期中如果供大于求,整个市场价格低,养鸡可能亏本。如果供小于求,整个市场价格高,养鸡可以赚钱。但在长期中,养鸡企业(包括农民和大型养鸡场)则要对供求作出反应:决定产量多少和进入还是退出。假设由于人们受胆固醇不利于健康这种宣传的影响而减少鸡蛋的消费,价格下降,这时养鸡企业就要做出减少产量或退出养鸡业的决策。假设由于发生鸡瘟,供给减少,价格上升,原有养鸡企业就会扩大规模,其他人也会进入该行业。在长期中通过供求的这种调节，鸡蛋市场实现了均衡，市场需求得到满足，生产者也感到满意。这时，各养鸡企业实现成本（包括机会成本在内的经济成本）与收益相等，经营利润为零。

在北京鸡蛋市场上，大型养鸡场的不利之处正在于压低成本和适应市场的调节能力远远不如农民养鸡者。鸡蛋市场上需要的是“造小船成本低”和“船小好掉头”。庞然大物的大型养鸡场反而失去了规模经济的好处。而且，即使将来农民养鸡也现代化了，也仍然是农民养鸡业的进步，难以有大型企业的地位。这是由行业生产技术特点决定的，这类企业本来就应该是“小的是美好的”。

三、完全竞争市场——经济学的理想实验

通过鸡蛋市场，我们更加形象地理解了完全竞争市场的特征——实际上，大多数农产品市场基本上都和完全竞争市场相似。

那么，这里产生了一个问题：在完全竞争市场或者近似的市场中，因为同质同价，卖方究竟怎样才能赚取更多的利润呢？的确，在完全竞争市场里，卖方完全受到市场支配，竞争激烈，在产品几乎完全相同的情况下，卖者就不得不在降低成本上下足功夫（比如降低运费，减少商业开支等）。除此，卖者可以进行价格之外的其他竞争，比如提供更加热情周到的服务，把鸡蛋装进盒子便于顾客提携、给鸡蛋贴上商标等非价格竞争策略，以吸引更多的顾客。

经济学家认为，市场结构的竞争程度越高，经济效率就越高；反之，垄断程度越高，经济效率越低。所以，完全竞争市场是经济效率最高的一种市场结构。在完全竞争条件下，只要企业追求最大利润，长期内不仅能使企业生产效率达到最高，而且资源的配置也是最优的。这正是市场机制这只“看不见的手”作用的结果。当然，完全竞争市场也有其缺点：首先，产品无差别，这样，消费者的多种需求无法得到满足。其次，完全竞争市场上生产者的规模都很小，这样，他们就没有能力去实现重大的科学技术突破，从而不利于技术发展。

严格地说，完全竞争市场是经济学的一个理想实验，在现实中并不存在。但是，有了这一理想化的模型，它就像一把尺子、一面镜子，可以很好地加深我们对不完全竞争市场的理解。

即问即答：为什么电视中极少看到大米或者面粉这一类农产品的广告？试运用营销经济学的知识解释这一现象。

第二节 完全垄断市场中企业的价格歧视策略

一、评北京歌华有线随意涨价

1. 事件回放

2003年6月30日，北京歌华有线电视网络股份有限公司(以下简称“歌华有线”)宣布自7月1日起，有线收视费由原来的12元上涨到18元，增幅高达50%。此举引起了媒体和社会各界普遍关注，对其没有经过价格听证就随意涨价表示强烈不满。歌华有线用户有220万户，每户每月多收6元，一年多收1.584亿元。这新增的1.584亿元主业收入扣除上缴国家税收以外，基本上都是公司的净利润。每一个用户在装歌华有线时都不会忘记，住楼房的用户交300元初装费；住平房的用户交320元初装费，如果按最少300元计算，歌华有线已经从220万用户的口袋中最少收走了6.6亿元。每月再交12元的收视费已经不算少了，为什么还要上涨50%？

歌华有线说了提高收费的理由：“北京地区每户每月12元的有线电视收看维护费标准是在以微波方式传送的情况下制定的，已远远不能满足当前有线电视光缆网络的日常维护管理、缆线入地建设和技术升级改造等方面的支出需求，如继续执行现行收费标准将难以维持北京有线电视网络的正常运营和稳定发展。”歌华有线涨价还有一个所谓充分的理由是设备改造。固定资产的投入怎么能让消费者来承担呢？北京市物价局根据今年初歌华有线的涨价申请，核算了他们的运营成本，同意涨价。至于为什么没开价格听证会，物价局则说有线电视价格不在听证目录之列。

一台29寸的彩电在不到10年间，从7 000—8 000元跌到了不到2 000元。这样惊人的降幅并没有断送中国的彩电业，反而使之成为世界上首屈一指的、最强大的彩电业。为什么彩电、冰箱、微波炉、计算机等产品价格越来越低、质量越来越好、品种越来越丰富。而歌华有线怎么就能如此反其道而行之，说涨就涨，而且如此霸气？

2. 歌华有线为何如此霸气？

原因很简单：都是垄断惹的祸！*完全垄断市场*（Complete Monopoly Market）也叫纯粹垄断市场，它是指一种产品的生产和销售完全由一家厂商所控制的市场结构。如果一个厂商能够控制或影响整个市场的供给，那么它就构成了垄断。完全垄断具有以下特征：

☞**完全垄断市场（Complete Monopoly Market）**也叫纯粹垄断市场，一般简称垄断市场，是指一种产品的生产和销售完全由一家厂商所控制的市场结构。

（1）独家经营。

在完全垄断市场上，只有一个厂商。该厂商的产量就是整个行业的产量或供给量。歌华有线最大的特征是北京市政府批准的唯一一家负责建设、管理和经营北京市有线广播电视网络的公司，是典型的垄断企业。

（2）产品不能替代。

完全垄断厂商提供的产品没有相近的替代品。有线电视行业具有比电信更加垄断的特点，目前有线电视用户没有任何可以选择的余地：唯一的网络接入商、唯一的服务内容。北京用户只有选择歌华有线电视网络，而且只能选择歌华提供的唯一一种服务。

（3）厂商独自决定价格。

由于完全垄断厂商控制着整个行业的生产和产品供给，所以垄断者可以通过调整产量来直接影响市场供求关系，从而达到控制或决定市场价格的目的，因此我们说，完全垄断厂商是价格的决定者。歌华有线具有极高的垄断性，市场的需求就是该公司所面临的需求。在完全垄断的市场上，企业根据利润最大化的原则来确定其价格并能获取高额的垄断利润，人们没有别的电视服务选择。

（4）实现差别定价或价格歧视。

完全垄断者为了最大限度地攫取利润，往往根据销售条件的不同，在不同地区或针对不同的收入阶层，实行不同的销售价格，即价格歧视。

(5) 要素不能自由流动。

由于受行业壁垒的阻碍或限制,新厂商很难或不可能进入完全垄断行业。正因为如此,完全垄断者可以长期保持其垄断地位。当产品市场上只有一个卖主,并且市场上不存在相同或相近的替代品,且行业壁垒极高的时候,企业就有"想怎么样就怎么样"的自由。歌华有线当然可以理直气壮:在北京这个有着1 350万人口的城市,只有我一家有线电视网运营商——我不上天堂,谁上天堂?

二、完全垄断是如何形成的?

1. 政府准入

单个厂商可能因为享受政府给予的某种特权而垄断某个市场。这种由政府创造出来的垄断通常是与公共福利、财政收入关系密切的产业,比如公用事业方面的邮政、铁路、供电、供水及公共交通等市场的垄断。

2. 技术封锁

就是政府授予某个厂商或个人独自使用自己创造发明的生产某产品的技术或享受相应经济利益的权利。如果一个厂商拥有某项产品或生产某项产品的基本加工工艺技术的发明专利权,就会受到法律的保护,其他厂商则不得生产该项产品或使用该项工艺技术。这种技术垄断往往导致产品市场的垄断。例如,美国可口可乐公司、中国的老字号制药公司都是由于长期保持某种产品的秘密配方而垄断这些产品的供给。

3. 关键资源由一家厂商拥有

某些行业生产的产品需要一种特殊的生产资源,而厂商对这种生产资源的独占排除了经济中其他厂商生产同种产品的可能性。例如,加拿大国际制镍公司由于控制了世界镍矿的90%,所以能够长期保持制镍业的完全垄断地位。

4. 规模经济

有些行业具有这样的特点:生产的规模效益需要在一个很大的产量范围和相应巨大的资本投入水平上才能得到充分的体现,以至于只有在整个行业的供给都由一个厂商来完成时才有可能达到这样的生产规模。在这类产品的生产过程中,行业内

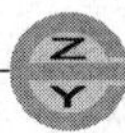

总会有某个厂商凭借其雄厚的实力最先达到这一生产规模，从而垄断了整个行业的生产和销售，这也称作是自然垄断。自然垄断往往会出现在资本密集型的行业上，如钢铁、化工等重工业，也包括其他一些领域，比如电话、电力、天然气、自来水以及铁路、公路、邮政等公共事业上。

在现实中，大多数垄断都要受到政府或政府机构的某种方式的调节。

三、垄断市场中企业的价格歧视策略

1. 价格歧视的含义与条件

(1) 含义：在完全垄断市场上厂商可以运用价格歧视来获得利润。所谓*价格歧视*(Price Discrimination)，实质上是一种价格差异，通常指商品或服务的提供者在向不同的接受者提供相同等级、相同质量的商品或服务时，在接受者之间实行不同的销售价格或收费标准。

☞**价格歧视(Price Discrimination)**通常指商品或服务的提供者在向不同的接受者提供相同等级、相同质量的商品或服务时，在接受者之间实行不同的销售价格或收费标准。

(2) 垄断厂商实施价格歧视必须满足的条件：① 市场必须是可以细分的，而且各个市场部分须表现出不同的需求程度。② 以较低价格购买某种产品的顾客，没有可能以较高价格把这种产品倒卖给别人。③ 竞争者没有可能在企业以较高价格销售产品的市场上以低价竞销。④ 差别定价采取的形式不违法，且幅度不会引起顾客的反感。

2. 三类价格歧视及典型实例

价格歧视按照程度分为三类：一级价格歧视、二级价格歧视和三级价格歧视：

(1) 一级价格歧视与口渴难耐的买水故事。*一级价格歧视*(First-degree Price Discrimination)又称作完全价格歧视，即假定垄断者知道每一个消费者对任何数量的产品所要支付的最大货币量，并以此决定其价格，所确定的价格正好等于消费者对产品的需求价格，因而获得每个消费者的全部消费剩余。这是一种极端的情况，现实中很少发生，因为垄断者无法确切地了解每个消费者在一定消费数量下的支付意愿。但下面这个口渴难耐的买水故事在一定程度上可以看作是一级价格歧视的一个实例。

☞**一级价格歧视(First-degree Price Discrimination)**指垄断企业向每个顾客索取他们愿意为产品支付的最高价格。

气象部门提供的资料显示，2007 年夏天是半个多世纪来最

热的夏天。这年暑假,华东师范大学的两位大学生从上海出发,骑自行车去杭州旅游。气温近 40℃的中午,两位大学生进了马路边农民搭的一个凉棚中稍作休息。由于随身携带的少量饮用水已经喝光,一个多小时没喝水的大学生见到凉棚中有白开水卖,兴奋异常。农民是将白开水装在一种不大的玻璃杯中出售的,看到两位大学生口渴难耐的样子,农民对每杯水的开价是 5 元。大学生大呼太贵,但由于实在太渴,经讨价还价,还是以每杯水 4.5 元成交。一杯水显然不解渴,大学生提出每人再买一杯,讨价还价的结果是每杯 4 元成交。大学生要每人再买第 3 杯,农民开始坚持每杯仍是 4 元。但大学生说,第 3 杯还卖这个价的话,我们就不买了,就继续上路,有已经喝下的两杯水垫底,我们骑上几十分钟,前面肯定有商店或城镇可以买到水。在大学生的"威胁"下,农民最后以每杯 3.5 元的价格出售了第 3 杯水。与平时超市里的水比起来,凉棚中的 3 杯水都太贵,但两位大学生却都是心满意足地离开凉棚的。图 5-1 表明,农民在一级价格歧视下获取了绝大部分消费者剩余,大学生的消费者剩余已经只剩下图中斜线阴影部分了。如果价格和需求都是连续函数,则大学生的消费者剩余将被农民全部榨光。

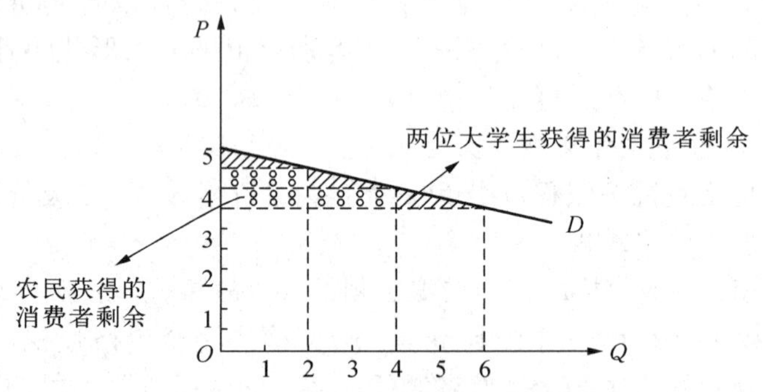

图 5-1 垄断厂商攫取消费者剩余

☞二级价格歧视 (Second-degree Price Discrimination) 指垄断企业通过对相同商品或劳务消费的不同数量和区段来对消费者进行分类,然后按照类别差别定价。

实行完全价格歧视是垄断者利润最大化行为。这是因为,如果完全垄断厂商非常了解每个消费者在任何数量下愿意和能够支付的最高价格,就可以按消费者的需求曲线对每一数量产品逐个制定差别价格,将该消费者的消费者剩余全部榨光。

(2) 二级价格歧视与电信运营商的峰值定价法。*二级价格*

歧视(Second-degree Price Discrimination)即垄断厂商了解消费者的需求曲线,把这种需求曲线分为不同段,根据不同购买量来确定不同价格,垄断者获得一部分而不是全部的消费者剩余。企业实行二级价格歧视通常是把产品分成几组,按组制定差别价格。在二级价格歧视下,消费者随着购买量的不同,其所支付的价格也不同。一般来说,购买量越大,支付的平均价格越低。

峰值定价方法是电信运营企业基于电信产品消费时间的不同而采用的二级价格歧视策略。消费者对通话的需求具有时段性,这种需求依消费者的作息习惯而变化,白天需求多,深夜需求少。峰值时段消费者的需求强劲,运营商的边际成本也较大,资费水平也相应提高。在实践中,峰值定价方法被广泛应用。如我国固定电话的资费标准规定,每天凌晨 0: 00 到 7: 00,长途电话费按白天资费的半价收取。在美国,电信公司更是将天分成白天、傍晚、深夜三个区段分别定价。峰值定价方法不仅是运营商追求额外消费者剩余的手段,也是其弥补成本的要求,有利于电信运营企业充分利用网络资源,提高设备利用率,降低运营成本。采用这种定价方法,不但电信运营企业可以赚到比采用单一定价策略更多的利润,而且消费者也会从中受益。

(3) 三级价格歧视与民航机票的定价思路。*三级价格歧视*(Third-degree Price Discrimination)是指垄断厂商对不同市场的不同消费者实行不同的价格,在实行高价格的市场上获得超额利润。

☞**三级价格歧视(Third-degree Price Discrimination)** 指垄断企业对不同市场的不同消费者实行差别定价。

近些年来,中国民航总局已经放弃了机票"禁折令"。允许各航空公司以向乘客提供折扣机票的方式参与市场竞争。如何通过提高民航公司的业务水平,利用价格调剂余缺,既能让更多的人乘坐飞机,又能提高航空公司的收入呢?

国外民航业常用的一种定价方法是价格歧视,即对不同的乘客收取不同的票价。例如,有的民航公司对两城市间的往返机票收取两种价格:全价与折扣价。对周六在所到达城市住一晚的乘客收取折扣价,对周六不在所到达城市住的乘客收全价。民航公司实行价格歧视的一个重要条件是把乘客区分为不同的集团,区别哪些乘客是不计较票价的,他们不论票价高低都会坐飞机,对他们可以收取高票价。哪些乘客只有在票价低的条件下才会坐飞机旅行,对他们只能收取低价。实行价格歧视的关键是要能用一种客观标准区分这两类乘客。美国的民航公司用的方法就是周六是否在所到达城市住一个晚上。通常公务出差者由于是公费支出,他们只考虑时间的合适性,很少考虑价格变动,因此他们不愿为省几个钱而放弃周末与家人的团聚。航空公司对他们收取高票价,乘客不会减少(需求缺乏弹性),来自这部分乘客的收入也不会减少。而私人乘客乘飞机是去玩,对他们来说时间是否合适不重要,他们更看重买折扣机票能节省自己的费用支出。航空公司对他们收取低票价,由于需求富有弹性,乘客增加的百分比大于机票降价的百分比,来自这部分乘客的收益增加,这样,总收益增加了。而且,灵活性的票价也起到了优化资源配置的作用,公务乘客和私人乘客在选择上各得其所,航班乘客过多或过少的现象因此而消失。

航空公司实行三级价格歧视的形式还有很多。例如,美洲航空公司 1992 年将纽约至伦敦的经济舱分为高低不同的五种价格,最高票价无任何限制,最低票价则有必须提前购买、适用于周末、不退票等限制。这两者之间又有不同的价格限制条件。这种方法把乘客区分为不同的收入集团,高收入者购买方便的高价票,低收入者也可买低价票到伦敦一游。

我国民航业在机票定价方式上一直陷入削价竞争和用行政手段限制降价的怪圈。走出这一怪圈需要另辟蹊径,在民航机票定价方式上不妨借鉴国外行之有效的价格歧视做法。市场经济需要灵活的头脑和灵活的经营方式,经济学是使你的头脑更加灵活的学问。

即问即答:你能再举出两个价格歧视的例子吗?在每种情况下,解释为什么垄断者选择遵循这种策略。

第三节　如何在垄断竞争市场中寻求优势

完全竞争市场与完全垄断市场都是属于市场结构中极端的

市场类型，但在现实经济中，大多数行业的市场结构都属于兼有竞争与垄断因素的不完全竞争市场类型，如美容美发业、餐饮业、加油站、服装店和药店等。这些行业中，每个厂商都尽力使自己的产品与其他厂商的有所不同，于是每个厂商都拥有一些垄断力量，但这种力量通常是很小的，其他厂商的产品与之非常相似，产品间的可替代性导致厂商间激烈的竞争，这些行业的市场结构都可视为垄断竞争类型。

一、垄断竞争市场的定义与特点

垄断竞争市场（Monopolistic Competition Market）是一种既有垄断因素又有竞争因素，既不是完全垄断又不是完全竞争的市场结构，是处于完全竞争与完全垄断之间，更接近于前者的一种市场结构。市场中有许多厂商，他们生产和销售的是同种产品，但这些产品又存在一定的差别。在这里，产品差别不仅指同一种产品在质量、构造、外观、销售服务条件等方面的差别，还包括商标、广告方面的差别和以消费者的想象为基础的虚构的差别。例如，虽然在两家不同饭馆出售的同一种菜肴（如清蒸鱼）在实质上没有差别，然而，在消费者的心理上却认为一家饭馆的清蒸鱼比另一家鲜美。这时，即存在着虚构的产品差别。

☞**垄断竞争市场（Monopolistic Competition Market）**
指既有垄断因素又有竞争因素，是处于完全竞争与完全垄断之间，更接近于前者的一种市场结构。

在完全竞争市场和完全垄断市场条件下，行业的含义是很明确的，它是指生产同一种无差别的产品的厂商的总和。而在垄断竞争市场，产品差别这一重要特点使得上述意义上的行业不存在。为此，在垄断竞争理论中，把市场上大量生产非常接近的同种产品的厂商总和称作生产集团。

垄断竞争市场的特点包括：

1. 厂商和消费者数目较多

在同一产品集团内存在数目众多的厂商，每个厂商的产品在整个市场上占的比例都很小，单个厂商无力对整个产品集团的市场产生影响。另一方面，由于同一产品集团内厂商数量较多，以致单个厂商都期望自身的行为不为其对手所注意，故采取的行动也不会引起其对手的报复。这样，所有厂商都将采取相同（或类似）的行动，其最终结果是：长期中垄断竞争厂商都将获得最大限度的正常利润，单个厂商的经济利润为零。

2. 同类性能产品之间有差别

各厂商生产有差别的同种产品,这些产品彼此之间是非常接近的替代品。一方面,由于市场上的每种产品之间存在着差别,或者说,由于每种带有自身特点的产品都是唯一的,因此,每个厂商对自己的产品的价格都具有一定的垄断力量,从而使得市场中带有垄断的因素。一般说来,产品的差别越大,厂商的垄断程度也就越高。另一方面,由于有差别的产品相互之间又是很相似的替代品,或者说,每一种产品都会遇到大量其他相似产品的竞争,因此,市场中又具有竞争的因素。如此,便构成了垄断因素和竞争因素并存的垄断竞争市场。

3. 厂商进退市场较容易

由于产品集团中的厂商规模较小,其所需要的资金和技术不足以构成新企业进入的障碍,因而,新厂商为了追逐利润可以较容易进入该产品集团。反之,当产品集团内原有厂商受损失时,也容易退出。

二、垄断竞争市场中企业的差异化竞争策略

在垄断竞争市场上,厂商生产的产品或多或少存在相互替代的关系,厂商之间竞争激烈。如果采取价格竞争,则最终将导致厂商的经济利润消失,因此大部分垄断竞争厂商都不会轻易变动价格,转而采取差异化的策略,希望通过差异化来刺激产品的需求。厂商的差异竞争一般通过产品、服务和品牌三个方面来体现。正如美国著名营销大师迈克尔·波特(Michael E. Porter)教授说的那样:精明的人靠低成本领先,聪明的人则实行差异化!

1. 产品差异策略

所谓产品差异化,是指同一产业内不同企业的同类产品在质量、性能、式样、销售服务、信息提供和消费者偏好等方面存在差异,导致产品间替代关系不完全性的状况,或者说是特定企业的产品具有独特的可以与同行业其他企业相区别的特点。

比如宝洁公司的海飞丝洗发水,宣称成分中含有活性ZPT颗粒,可有效去除头屑,力士的“小麦蛋白”洗发水则是试图通过

原料成分来加强产品的价值感;普通的牙膏一般是白色的,然而高露洁有一种三重功效的牙膏,膏体由三种颜色构成,给消费者以直观的感受:白色在洁白我的牙齿,绿色在清新我的口气,蓝色在清除口腔细菌。

产品差异化可减少顾客对市场价格的敏感度。对于差异化的产品来讲,因为消费者具有强烈的偏好,所以该类产品的价格需求弹性较小,消费者对价格的反应不敏感,即使企业稍微提高价格,其市场需求的下降幅度也很小。

2. 服务差异策略

在中国,通过服务差异化这一策略而赢得竞争力的企业中最具说服力的莫过于海尔集团。清华大学管理学院赵平教授对海尔服务差异化作了详细、精辟的阐释。海尔集团提出了自己的"星级服务标准",即:一个结果:交付完美的服务;两个理念:带走顾客的烦恼,留下海尔的真诚;三个指标:服务投诉率、服务遗漏率、服务不满意率小于十万分之一;四个要求:顾客所提到的所有问题都必须在数据库里记录下来、顾客提出的所有问题都必须处理、所有处理的结果都必须复查、所有处理的结果都必须通知到公司的所有相关部门。同时,海尔还把这些标准一一贯彻下去。在海尔成功的背后,我们可以看到所谓的服务差异化,就是在服务上建立自己的优势。

3. 品牌差异策略

在几种差异化策略中,品牌形象差异化是差异化的重心所在。首先,由于建立产品差异化需要有一些硬性的条件,比如强大的科研投入、强大的产品研发的支撑及强大的经济基础等做后盾,大多数商家对提高产品的质量或性能望而却步,使得大多数产品同质化的程度会越来越高,产品的同质化竞争加剧。同时,随着现代科技的高速发展以及网络时代的来临,产品从技术、功能、工艺、价格、促销、服务等多方面来讲,同质化是必然的结果,制造企业如何制造差异是对企业生存能力的挑战。而品牌形象差异化是以知识为基础建立的,这就决定了它可以比有赖于科技的产品差异化更具有个性化。

由于现实的消费市场存在着信息不对称现象,品牌形象差异化可以最大限度地降低"信息不对称"程度,赢得消费者的信赖,最终增强品牌的竞争力。很多国际品牌正是充分地利用了品牌形象差异化而消除了消费者方面的信息缺失,比如一提到"耐克",大家就会想到它不同于其他运动鞋的各种信息,如它的优良品质、独特款式等,总之它就是"品牌"的代言词。

> 即问即答:试描述垄断竞争的三个特点。垄断竞争哪些方面像垄断?哪些方面更接近完全竞争?

第四节 垄断市场中寡头之间的竞争与串谋

2008年中国电信业第三次大规模重组已尘埃落定。中国联通的CDMA网与GSM网被拆分,前者并入中国电信,组建为新电信,后者吸纳中国网通成立新联通,铁通则并入中国移动成为其全资子公司,中国卫通则剥离基础电信业务后并入航天科技集团。重组后中国电信业进入了"三国演义"时代,如图5-2所示。虽然中国电信业历经了数次拆分和重组,但终究也无法摆脱其寡头垄断的根本属性。

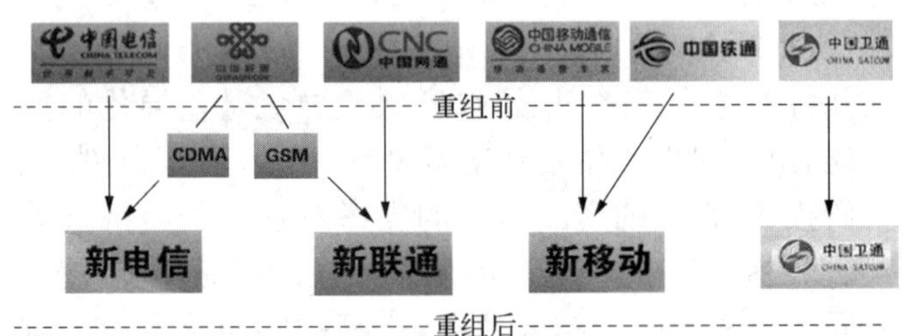

图5-2 2008年中国电信业重组方案图示

寡头垄断市场(Oligopoly Market)是指一种商品的生产和销售由少数几家大厂商所控制的市场结构。

一、寡头垄断市场概述

寡头垄断又称寡头、寡占,意指为数不多的销售者。*寡头垄断市场*(Oligopoly Market)是一种同时包含垄断因素和竞争因素,更接近于完全垄断的市场结构。在寡头垄断市场上只有少数几家厂商供给该行业全部或大部分产品,每个厂家的产量占市场总量的相当大份额，对市场价格和产量有举足轻重的影响。寡头垄断市场同垄断竞争市场一样，都是中间形态的市场，而侧重偏向于完全垄断。寡头垄断市场在经济中占有十分重要的地位。在我国，电信行业、钢铁行业、汽车制造，甚至彩电、电脑、空调等家电业都属于寡头垄断。

1. 成因

(1) 企业的规模经济性，某些产品的生产必须在相当大的生产规模上才能达到最好的经济效益；(2) 行业中少数几家企业对生产所需的基本原材料的控制；(3) 政府的扶植和支持；(4) 掌握某种专利等。

2. 特点

(1) 行业内企业屈指可数；(2) 产品差别可有可无；(3) 企业间利害关系直接，相互关系密切，相互依存；(4) 进入该行业壁垒极大。

相互依存是寡头垄断市场最显著的特征。由于厂商数目少而且占据市场份额大，不管怎样，一个厂商的行为都会影响对手的行为，影响整个市场。所以，每个寡头在决定自己的策略时，都非常重视对手对自己这一策略的态度和反应。

3. 类型

(1) 根据厂商的行动方式，可以分为有协议行为的寡头垄断市场和无协议行为的寡头垄断市场。有协议行为的寡头垄断市场上厂商间相互合作，通过协调生产与定价活动来限制市场产出并抬高市场价格，以增加集体利润和个体利润；无协议行为的寡头垄断市场上厂商独立行动，自主决定其产品价格和产量，通过彼此之间的激烈竞争来获取最大的个体利润。在寡头市场条件下，厂商之间的共谋行为方式是一种普遍的现象。但是，寡头厂商之间的合作协议往往是脆弱的，出于利益的考虑，串谋的每一方往往会私下违背协议，独自采取对自己更有利的行为，中国彩电巨头的数次结成价格同盟但又都以土崩瓦解收场便是明证。

(2) 根据市场上产品是否存在差异性，可以分为纯粹寡头垄断市场和差别寡头垄断市场。纯粹寡头垄断市场是指各寡头生产的产品是同质的，也即寡头厂商提供的产品之间的替代性较强。如生产原材料和半制成品行业多属于这种类型,这类产品一般都有国家标准,顾客只要按型号与规格订货就行,不必考虑是哪家的产品,他们关心的只是产品的价格。差别寡头垄断市场是指寡头厂商生产的产品基本性能相同,但存在差异性。如生产汽车、计算机、电视等制成品和消费品的行业,多属于这种类型的寡头垄断。造成产品差别的因素有很多,诸如不同的设计、商标、包装、信贷条件和服务态度等。这时顾客不仅关心产品的价格,也十分关心产品商标或生产厂家。

(3) 根据构成寡头垄断市场的厂商数目来分:一个行业可能只由两家厂商组成,即为双寡头市场;市场由三家厂商组成,即为三寡头市场;或由多家厂商所组成,即为多寡头市场。

二、寡头行为的博弈分析

寡头厂商之间存在较强的相互依存关系,厂商决策的结果不仅依赖于其决策本身,还取决于竞争对手的反应。下面两个博弈论经典案例将有利于大家进一步拓展寡头厂商相互依存的策略研究。

☞博弈论 (Game Theory) 博弈论是两人或多人在平等的对局中各自利用对方的策略变换自己的对抗策略,达到取胜目标的理论。博弈论是研究互动决策的理论。

☞支付矩阵 (Payoff Matrix) 也称报酬矩阵,指列出所有局中人的多种不同策略组合以及对应支付(或报酬)的矩阵。

博弈论(Game Theory)是指两人或多人在平等的对局中各自利用对方的策略变换自己的对抗策略,达到取胜目标的理论。表示一个博弈至少需要三个要素:参与者或局中人;局中人可以选择的行动或策略;他们在不同的策略组合下将得到的报酬或支付。每一个参与者的报酬都是所有参与者各自所选择策略的共同作用的结果。描述和分析博弈的一个常用工具是*支付矩阵*(Payoff Matrix)(也称报酬矩阵)。我们用博弈论中经典的“囚徒的两难困境”和“性别之战”来说明。

1. “囚徒的两难困境”——占优策略

警方逮捕甲、乙两名嫌疑犯,但没有足够证据指控两人入罪。于是警方分开囚禁嫌疑犯,并向这两个嫌疑犯交代量刑的原则:如果一方坦白,另一方不坦白,则坦白者从轻处理,立即释放,不坦白者从重处理,判刑 8 年;如果两人坦白,则每人都判刑 5 年。当然,如果两人都不坦白,则警方会由于证据不足,只能对每人各判刑 1 年。表 5－2 给出了这个博弈问题的

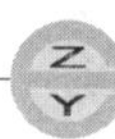

支付矩阵。

表 5-2 囚徒的两难困境

囚徒困境		嫌犯乙	
		坦白	不坦白
嫌犯甲	坦 白	−5,−5	0,−8
	不坦白	−8,0	−1,−1

从表 5-2 可以看出,如果甲、乙双方都选择不坦白,则对他们来说是最佳的结果,两人都只得−1 年,总共−2 年;如果甲、乙两者有一方选择坦白,而另一方选择不坦白,则选择坦白一方得 0 年,而选择不坦白一方得−8 年;如果甲、乙双方都选择坦白,则对他们来说是最差的结果,两人都得−5 年,总共−10 年。那么,甲、乙双方博弈的最终结局是什么呢?

我们通过在支付矩阵图中画横线的方法来解决这一问题。先看甲的策略选择:当乙采取坦白策略时,甲会选择坦白策略(因为−5>−8),得报酬−5,我们在这一报酬下画一横线。当乙采取不坦白策略时,甲还是会选择坦白策略(因为 0>−1),得报酬 0,在这一报酬下画一横线。同理来看乙的策略选择:甲选择坦白或不坦白策略时,乙都会选择坦白策略,我们分别在相应的乙的报酬−5 和报酬 0 下各画一横线。最后,矩形图中唯一的两个数字都被画上横线的那一格报酬组合(−5、−5)所对应的(坦白、坦白)的策略组合就是该博弈问题均衡策略,此时,由于甲、乙双方选择的都是自己的*占优策略*(Dominant Stategy)即坦白,任何一方都不想偏离,我们称这种状态为博弈均衡。

☞**占优策略**
(Dominant Stategy)
指无论其他参与者采取什么策略,某参与者的唯一的最优策略。

在一个博弈中,只要每一个参与者都具有占优策略,那么,该博弈就一定存在占优策略均衡。但是,在有的博弈中,参与者并不存在占优策略,仍可达到博弈均衡。以一个经典博弈案例“性别之战”来说明。

2. “性别之战”——纳什均衡

一对情侣准备在周末晚上一起出去,男的喜欢听音乐会,但女的比较喜欢看电影。当然,两个人都不喜欢分开活动。不同的选择给他们带来的满足如表 5-3 所示。

表 5-3 性别之战

性别之战		女	
		音乐会	电影
男	音乐会	2,1	0,0
	电影	0,0	1,2

从上述支付矩阵中可以看到,分开将使他们两人得不到任何满足,只要在一起,不管是看电影还是听音乐会,两人都会得到一定的满足。但音乐会将使男的得到更大满足,看电影则使女的得到更大满足。

在这样一个博弈中,男的和女的都没有占优策略。实际上,他们的最优策略依赖于对方的选择。一旦对方选定了某一项活动,另一方选择同样的活动就是最好的策略。从这个意义上讲,两种策略组合(音乐会,音乐会)和(电影,电影)都能达到了一种均衡状态,这就是所谓*纳什均衡*(Nash Equilibrium)。纳什均衡指如果其他参与者不改变策略,任何一个参与者都不会改变自己的策略的状态。

☞**纳什均衡(Nash Equilibrium)**指如果其他参与者不改变策略,任何一个参与者都不会改变自己的策略的状态。

三、寡头垄断市场中企业的策略选择

寡头垄断市场中的厂商如何对待竞争者呢?一般寡头厂商有两种选择:即串谋或者竞争。一方面,寡头厂商的相互依赖性使得他们有可能串谋,以获得最大的行业利润。另一方面,寡头厂商又有同他们的同行相互竞争的倾向,目的是争得更大份额的企业利润,但价格战和广告又都会使得寡头厂商的利润下降。串谋与竞争对于寡头厂商而言是相互矛盾的。

1. 竞争条件下企业的选择

竞争条件下寡头企业的决策过程可以运用下面两个博弈实例来说明。

假定某地区啤酒市场有太子和雨滴两个寡头厂商,每个厂

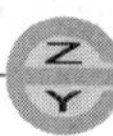

商都有两个可选择的策略，这两个策略都是合作与不合作。其支付矩阵如表 5 - 4 所示。

表 5 - 4　“啤酒”寡头的占优策略均衡

“啤酒”寡头困境		雨滴	
		不合作	合作
太子	不合作	6,6	14,4
	合作	4,14	12,12

从表 5 - 4 中两个寡头的博弈可以看出：首先，(合作、合作)的策略组合要优于(不合作、不合作)的策略组合。这表明太子、雨滴两个寡头厂商相互勾结起来，达成合作协议，共同谋求总报酬最大化(总报酬为 24，每人得 12)，就可以避免由于双方都采取不合作策略和相互竞争所造成的两败俱伤的局面(总报酬仅为 12，每人仅得 6)。实际上，在寡头市场上，厂商之间经常会达成协议，串谋成立卡特尔组织，共谋组织的整体利益最大化，且每个成员也均得到一定的好处。然而，另一方面，在(合作、合作)策略组合的前提下，如果有一方坚持合作策略，而另一方偷偷地采取不合作策略，则对于偷偷采取不合作策略的参与者来说，(合作、不合作)或(不合作、合作)的策略组合，要优于(合作、合作)的策略组合(因为 14>12)。这意味着在寡头市场上厂商们在达成合作协议后，每一个寡头都有强烈的利己动机去偷偷地背离协议，以获得自身的更大的利益。由于每一个达成协议的参与者都会这样想和这样行为，最后结局将是(合作、合作)的策略组合让位于(不合作、不合作)的策略组合，即只有(不合作、不合作)策略才是均衡的。这正是前面讲到的“囚徒的困境”。正因为如此，寡头们之间所达成的卡特尔协定往往是不稳定的。而且，在不少地方，卡特尔组织是非法的，它不可能利用法律手段来制约和惩罚违约成员，这就更加深了卡特尔组织的不稳定性。

在市场竞争中，也存在着与“性别之战”类似的情况。公共技术标准的争夺就是一个典型的例子。20 世纪 90 年代初，日本厂商在高清晰度电视的发展方面居于领先地位。高清晰度电视技术将极大地改善电视图像的质量,并将成为未来的互动式电视传播方式的基础。但高清晰度电视的发展面临一个重大的战略问题,即如何确定世界范围的技术标准?日本厂商已经有了他们的标准,而欧洲厂商也在开发他们自己的技术标准。假定这两类厂商的技术标准的策略选择使他们得到如表 5-5 所示的支付矩阵。

表 5-5 高清晰度电视技术标准的争夺

技术标准之战		欧洲厂商	
		日本标准	欧洲标准
日本厂商	日本标准	120,60	40,30
	欧洲标准	10,5	70,100

由表 5-5 可见,对日本厂商来说,如果日本厂商和欧洲厂商都采用日本标准,他们将获得最大报酬;类似地,对欧洲厂商来说,他们的最大报酬要求双方都采用欧洲标准。由此可见,协调对双方都非常重要,如果他们各自采用自己的标准,他们的得益都将远远低于采用同一标准的情况。

在这一博弈中,我们也可以找到两个纳什均衡点,即(日本标准,日本标准)和(欧洲标准,欧洲标准)。也就是说,一旦一方选定了某种标准,另一方的最好策略就是采用与对方同样的技术标准。但问题是,双方对于采用何种技术标准的意见是完全对立的。或许我们会期望,两个纳什均衡中总有一个会成为最终的结局,但实际情况是:日本与欧洲至今并未达成有关高清晰度电视技术标准的协议,他们仍在各自发展自己的技术标准。

卡特尔(Cartel) 由一系列生产类似产品的独立企业所构成的组织,它的成员通过正式协议,共同确定产品的价格、产量和分割市场份额等方面的垄断组织。

2. 串谋条件下企业的选择

寡头垄断市场中的企业数量很少,厂商之间如果能认识到相互间的依赖性,那么,寡头市场就会产生公开或秘密协议,并形成某种形式的联合组织。因为厂商间的协议,可以增加利润,减少不确定性,更强有力地阻碍新企业加入。

(1) 公开的组织——*卡特尔*(Cartel)。卡特尔是指市场上的厂商通过正式协议,共同确定产品的价格、产量及分割市场。卡特尔是最早出现的这类组织之一。在欧洲的许多国家里，卡特尔是被普遍接受并得到法律准许的。在美国，则不管是卡特尔或厂商间的秘密协议的联合，大多被 1890 年制定的谢尔曼法认为是非法的。然而，这并不意味着这类协定就不存在了。

(2) 暗中的默契——价格领导。暗中的默契的主要方式是价格领导制，即由产业中某一厂商制定和变动价格，其他厂商跟着定价和变价。根据价格领导厂商的具体情况，可以分为以下三种价格领导类型：

① 支配型价格领袖。领先确定价格的厂商在市场中占据支配地位，它在市场上占有份额最大，因此对价格的决定起着举足轻重的作用。它根据自己利润最大化的原则确定产品价格及其变动，其余规模较小的寡头则根据这种价格来确定自己的价格以及产量。

② 效率型价格领袖。领先确定价格的厂商是本市场中成本最低，从而效率最高的厂商。它对价格的确定也使其他厂商不得不随之变动。

③ 晴雨表型价格领袖。这种厂商在拿捏市场行情变化或其他信息方面明显优于其他厂商。该厂商价格的变动实际上是首先传递了某种信息，因此，它的价格在该市场中具有晴雨表的作用，其他厂商会参照这家厂商的价格变动而变动自己的价格。

> 即问即答：你能从电信、移动、联通三家运营商的校园博弈中归纳寡头垄断市场的特征并评价这种市场结构的经济效率吗？

第五节　定价策略

——经济学与心理学的游戏

一、需求价格弹性与总收益

定价策略是企业营销策略组合的重要构成，企业定价直接关系到企业的收益，关系到企业的生存和发展。但在现实中有时价格的调整不但不能带来收益的提高,反而导致其进一步下降。这里就要考虑企业产品的需求价格弹性,即消费者的需求量对价格的反应程度。

1. 需求价格弹性

☞需求价格弹性(**Price Elasticity of Demand**)又称需求弹性或价格弹性,它是指一种商品的需求量对其价格变动的反应程度。需求价格弹性系数等于需求量变动的百分比除以价格变动的百分比。

需求价格弹性(Price Elasticity of Demand)又称需求弹性或价格弹性,它是指一种商品的需求量变动对其价格变动的反应程度。用需求量变动的百分比除以价格变动的百分比计算需求价格弹性系数 E_d 来度量。表示为公式(5.1):

$$E_d = \frac{\frac{\Delta Q}{Q}}{\frac{\Delta P}{P}} = \left| \frac{\Delta Q}{\Delta P} \times \frac{P}{Q} \right| \tag{5.1}$$

式(5.1)中,ΔQ 和 ΔP 分别表示需求量和价格的变动量,P 和 Q 分别表示价格和需求量的基量,E_d 代表需求价格弹性系数。例如,某型号电视机的价格下调 20%,需求量增加了 30%,则电视机的需求价格弹性为 1.5。需求弹性系数的数值在绝大多数情况下都是负值,因为大多数商品的需求量和价格两个变量是呈反方向变化的。在实际运用时,为了方便起见,一般都取正值,在公式前加一个负号或取绝对值。

2. 需求价格弹性与总收益

在不同的需求价格弹性下,提价多少或者降价多少会带来企业总收益的增加还是减少是决策者最为关注的问题。

(1) 当 $E_d=1$ 时,需求对价格为单位弹性,即价格变化的百分比与需求量变化的百分比相等,$\Delta Q/Q = \Delta P/P$,价格下降对于企业的产品销售额几乎没有影响,企业这个时候可以考虑采用产品、分销和促销等其他的营销策略来促进产品销售量的增加,进而带动销售额的增加、总收益的增加。

(2) 当 $0<EP<1$ 时,需求对价格缺乏弹性,即需求量变化的幅度小于价格变化的幅度。价格下降,虽然使需求量增加了,但增加得很少,企业的总收益(即销售额)会下降;反之,如果提高价格,虽然需求量会降低,但降低幅度同样小于价格提高的幅度,企业的总收益会增加。

(3) 当 $1<EP<\infty$时,需求对价格是富有弹性的,即需求量

变化的幅度大于价格变化的幅度。价格下降，不仅带动了需求量的大幅增加，也带动了总收益的增加；反之，如果进行提价，将会使得销售量减少，进而降低总收益。

可见，总收益的变化受需求价格弹性的影响和制约，企业要根据不同的产品需求价格弹性进行降价或者提价，以增加企业的总收益。

3. 影响需求价格弹性大小的因素

一般认为，生活必需品的需求是缺乏价格弹性的，而价格较高的消费品需求是富有价格弹性的。具体来说，影响产品需求价格弹性大小的因素主要有以下几个：

（1）商品的可替代性。

一般来说，一种商品的可替代品越多，相近程度越高，则该商品的需求价格弹性往往就越大；相反，该商品的需求价格弹性往往就越小。例如，苹果的替代品较多，如梨、柑橘等其他水果，这样，苹果的需求价格弹性就比较大。又如，对于食盐来说，没有替代品，所以，食盐价格的变化引起的需求量的变化几乎为零，它的需求价格弹性是极小的。

对一种商品所下的定义越明确、越狭窄，这种商品的相近替代品往往就越多，其需求价格弹性也就越大。譬如，和路雪牌香草冰淇淋的需求要比香草冰淇淋的需求更有弹性，香草冰淇淋的需求又比冰淇淋的需求更有弹性，而冰淇淋的需求价格弹性比冷饮的需求价格弹性又要大得多。

（2）商品用途的广泛性。

一般来说，一种商品的用途越是广泛，它的需求价格弹性就可能越大；相反，用途越是狭窄，它的需求价格弹性就可能越小。这是因为，如果一种商品具有多种用途，当它的价格较高时，消费者只购买较少的数量用于最重要的用途上。当它的价格逐步下降时，消费者的购买量就会逐渐增加，将商品越来越多地用于其他的各种用途上。

（3）商品对消费者生活的重要程度。

一般来说，必需品的需求价格弹性较小，非必需品的需求价格弹性较大。例如，当看病的价格上升时，尽管人们会比平常看病的次数少一些，但不会大幅度地改变他们看病的次数。同理，

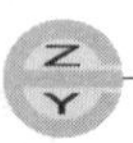

面粉、大米这些生活必需品的需求量并不会因为价格的变动而有太大的改变。与此相反，当游艇价格上升时，游艇需求量会大幅度减少，原因是大多数人把看病作为必需品，而把游艇作为消费品。

(4) 该商品的消费支出在消费者预算总支出中所占的比重。

消费者在某种商品上的消费支出在预算总支出中所占的比重越大，该商品的需求价格弹性可能越大；反之，则越小。例如，报纸、火柴、铅笔、肥皂等商品的需求价格弹性就比较小。因为消费者每月在这些商品上的支出是很小的，他们往往对这类商品价格的变化不敏感。

(5) 所考察的消费者调整需求量的时间。

一般来说，考察的时间越长，需求价格弹性就可能越大。因为，当消费者决定减少或停止对某种价格上升的商品的购买之前，他一般需要花费时间去寻找和了解该商品的替代品。例如，当汽油价格上升时，在开始的几个月内，汽油的需求量仅会有轻微的下降，但随着时间的推移，人们开始购买更节能的汽车、采取更廉价的交通方式如公共交通或搬到离他们的工作地址更近的地方居住，所以，在长期内，汽油的需求量会大幅度下降。

二、薄利多销与谷贱伤农

俗话说“薄利多销”，我们可以用刚刚学过的需求价格弹性来解释。“薄利多销”中的“薄利”就是降价，降价就能“多销”，“多销”就能增加总收益。那么，是不是所有的商品都能通过降价的方式增加总收益呢？不是！只有需求价格弹性大于1的商品才能通过“薄利多销”的方式增加总收益，而需求缺乏弹性的商品如果降价反而会使总收益减少。因为对于需求富有弹性的商品来说，当该商品的价格下降时，需求量(从而销售量)增加的幅度大于价格下降的幅度，所以总收益增加。由此我们也可以看出研究需求价格弹性的意义，厂商在做出价格决策时要充分考虑产品的需求价格弹性，以免事与愿违。

“谷贱伤农”出自《汉书》。《汉书·食货志(上)》有“籴甚贵，伤民；甚贱，伤农。民伤则离散，农伤则国贫。”如今，“谷贱伤

农”已经成为经济学的一个经典命题，又叫作“丰收悖论”，意思是说粮食丰收后，粮价下跌，出现增产不增收的局面，使农民利益受损。农业的好消息却成为农民的坏消息！农民粮食收割后到底能卖多少钱取决于两个因素：产量和粮价，农民卖粮收入是两者的乘积。但这两个变量并不是独立的，而是相互关联的，其关联性由一条向右下倾斜的粮食需求线来决定。也就是说，价格越低，需求量越大；价格越高，需求量越小。另外还要特别注意的是，粮食需求缺乏弹性，也就是说，粮食需求对价格的变化不是很敏感。当粮价由于丰收而下跌时，对粮食的需求量会增加，但增加得不是很多。其基本的原因在于，粮食是一种必需品，对粮食的需求最主要的是由对粮食的生理需求所决定的。此外，对当今大部分人来说，粮食方面的花费在全部花费中所占比例已很小了，并且还会越来越小，这也导致人们对粮价的变化反应不敏感。认识到粮食市场的这一特性后，就不难理解下面的现象：当粮食大幅增产后，粮价要大幅下跌，如果粮价下跌的百分比超过粮食增产的百分比，就会出现增产不增收甚至减收的状况，这就是“谷贱伤农”。

三、需求价格弹性在企业定价策略中的应用

在企业的实际营销活动中，必须根据产品的需求价格弹性来选择价格策略，灵活地进行价格调整。由于单位价格弹性产品在现实生活中一般比较少见，下面只针对需求富有价格弹性和缺乏价格弹性的产品定价策略进行分析。

1. 需求富有价格弹性的产品，适时采取降价策略

在这种情况下，企业宜采取降价的策略，而不能采取提价的策略，例如服装，1 条连衣裙在最开始上市的时候可以定价为 1 000 元，随着时间的推移，企业可以打 9 折、8 折、7.5 折等，甚至于到最后清仓甩卖的时候可以达到 1—2 折。在成本的分摊方面，如果企业生产了 1 万件，可以把成本全部分摊在前面的 3 000 件，后面的卖一个赚一个。因此在最初一般采用撇脂定价策略（新产品上市之初把产品价格定得较高，以迅速收回成本的一种定价策略。这种定价策略能够创造优质优价的产品形象，具有很大的调价余地）。通过不断地榨取消费者剩余，赚取更多

的利润。在价格调整方面,企业应该根据产品之间的差异化来决定具体的策略。

(1) 产品差异化程度小或无。

在产品不存在较大差异的情况下,而且消费者对产品不是很了解的时候,企业可以通过概念营销的方式推出新产品,比如海尔防电墙热水器、排毒养颜胶囊等都是通过概念营销,带动了产品的销售,甚至是热卖。随着时间的推移,为了吸引更多的消费者,可以采用打折、买赠、送礼等方式。但是通过一段时间的使用之后,消费者发现产品之间的差异不是很大,此时消费者最在意的往往就是价格。因此为了抢占更多的市场份额,这时企业就应该撕掉概念营销的面纱,通过优质低价的产品来抢占市场。即企业可以通过价格战来不断地扩大自身的市场份额,而且越早发动价格战,可能获得的市场份额越大。比如"纳爱斯"在"宝洁"、"奇强"等企业通过优质优价,以高技术起步占领市场的情况下,纳爱斯公司经过广泛的市场调查以后另辟蹊径,认为要与实力强大的企业比产品、比品牌、比形象,只有先抢占市场,方能战胜对手。因此决定采用优质低价的策略去争得时间和市场,以赢得最广泛的消费者。在纳爱斯香皂上市时所采取的广告语是"NICE 香皂同为世界一流精品,只有 50%的售价";在雕牌洗衣粉上市时所采取的广告语是"只买对的,不选贵的";在雕牌超能皂上所采取的推销措施是"雕牌超能皂百万元大赠送"。毫无疑问,突破心理底线,一步到位的价格与密集的央视、卫视广告轰炸,加之各种公益活动的助阵,给消费者以看得见的最大利益,符合消费者求实、求廉的心理要求,形成了雕牌对经销商、消费者巨大的推动作用,造就了在中国皂类及洗衣粉市场的第一品牌。

(2) 产品差异化程度较大或大。

对于有差异的产品,比如中低档汽车、电视机等,企业可以通过广告宣传、品牌文化、概念营销等多种非价格竞争的手段在消费者的心中建立起感觉差异,通过消费者感觉差异影响消费者的心理价格,进而赚取更多的利润。随着新产品的不断推出和竞争的激烈,企业为了抢占更多的市场份额,应该在适当的时候降低产品的价格来扩大企业的市场份额,赚取更多的利润,但是必须与相应的产品改进相配合，以免对企业原有的高端产品产生影响，甚至于把企业带入万劫不复的深渊。

2. 需求缺乏价格弹性的产品，适时采取提价策略

在这种情况下，企业宜采取提价的策略，而不能采取降价的策略。比如药品(滋补品除外)、生活必需品等。

在对药品(滋补品除外)定价的时候，可以采用成本定价法和需求定价法相结合的方法。成本定价法只是作为一个价格的参考和底线，需求定价法是根据消费者的需求和心理预期来确定产品的最终价格，这个价格可以是远远高于成本。

对于缺乏需求弹性的生活必需品，比如食盐、酱油、食用油等，一般采用习惯定价策略。比如 500 g 装酱油，一般消费者习惯的价格区间在 1—10 元，如果低于这个价格，消费者会认为质量可能存在问题，不敢购买；反之，高于这个价格，消费者认为太贵了，也不会购买。但是企业在定价的时候，可以通过概念营销的方式，提高消费者的心理价格，进而为产品制定较高的价格，比如金龙鱼的 1∶1∶1，大部分消费者都不能准确地说出是什么，但是消费者知道这代表的是营养的均衡，由此“金龙鱼”才能在同类产品中制定较高的价格。

对于生活必需品来说，即使企业提价很多，消费者也不得不购买。在经济危机中，在消费者的价格指数不断下降的情况下，这些生活必需品的价格不但没有下降，反而不断地提价。在这种情况下，企业为了防止引起消费者的反感，可以通过改进产品的方法，变相地提高价格，获取更多的利润。比如食用油根据消费者对于健康程度的需求不同，推出了非转基因的大豆油，进而提高产品的价格。

通过对于产品的需求价格弹性系数的分析和计算，能够量化价格和销售量之间的关系，因此，很好地分析消费者对于价格策略的预期反应和企业价格策略的预期效果可以更好地指导企业产品价格的制定以及产品价格的调整，是影响企业产品定价策略的一个重要因素。

四、有趣的心理定价策略

在企业定价的过程中，除了经济学方面的因素，心理学的因

素也不容忽视。心理定价策略非常有趣,该策略针对消费者的不同消费心理,制定相应的商品价格,以满足不同类型消费者的需求。心理定价策略一般包括尾数定价、整数定价、习惯定价、声望定价和最小单位定价等具体形式。

1. 尾数定价策略

尾数定价又称零头定价,是指企业针对消费者的求廉心理,在商品定价时有意定一个与整数有一定差额的价格。这是一种具有强烈刺激作用的心理定价策略。心理学家的研究表明,价格尾数的微小差别,能够明显影响消费者的购买行为。一般认为,5 元以下的商品,末位数为 9 最受欢迎;5 元以上的商品末位数为 95 效果最佳;百元以上的商品,末位数为 98、99 最为畅销。尾数定价法会给消费者一种经过精确计算的、最低价格的心理感觉;有时也可以给消费者一种是原价打了折扣、商品便宜的感觉;同时,顾客在等候找零期间,也可能会发现和选购其他商品。

2. 整数定价策略

整数定价与尾数定价相反,针对的是消费者的求名、求方便心理,将商品价格有意定为整数,由于同类型产品,生产者众多,花色品种各异,在许多交易中,消费者往往只能将价格作为判别产品质量、性能的指示器。同时,在众多尾数定价的商品中,整数能给人一种方便、简洁的印象。

3. 声望定价策略

这是整数定价策略的进一步发展。消费者一般都有求名望的心理,根据这种心理行为,企业将有声望的商品制定比市场同类商品价高的价格,即为声望型定价策略。它能有效地消除购买心理障碍,使顾客对商品或零售商形成信任感和安全感,顾客也从中得到荣誉感。微软公司的 Windows98(中文版)进入中国市场时,一开始就定价 1 998 元人民币,便是一种典型的声望定价。另外,用于正式场合的西装、礼服、领带等商品,且服务对象为企业总裁、著名律师、外交官等职业的消费者,则都应该采用声望定价,否则,这些消费者就不会去购买。声望定价往往采用整数定价方式,其高昂的价格能使顾客产生一分价格一分货的感觉,从而在购买过程中得到精神的享受,达到良好效果。

4. 习惯性定价策略

某些商品需要经常、重复地购买，因此这类商品的价格在消费者心理上已经定格，成为一种习惯性的价格。许多商品尤其是家庭生活日常用品，在市场上已经形成了一个习惯价格。消费者已经习惯于消费这种商品时，只愿付出这么大的代价，如买一块肥皂、一瓶洗涤灵等。对这些商品的定价，一般应依照习惯来确定，不要随便改变价格，以免引起顾客的反感。善于遵循这一习惯来确定产品价格者往往获益匪浅。

5. 最小单位定价策略

最小单位定价策略是指企业把同种商品按不同的数量进行包装，以最小包装单位量制定基数价格，销售时，参考最小包装单位的基数价格与所购数量收取款项。一般情况下，包装越小，实际的单位数量商品的价格越高；包装越大，实际的单位数量商品的价格越低。例如，对于质量较高的茶叶，就可以采用这种定价方法：如果某种茶叶定价为每 500 克 150 元，消费者就会觉得价格太高而放弃购买；如果缩小定价单位，采用每 50 克为 15 元的定价方法，消费者就会觉得可以买来试一试。如果再将这种茶叶以 125 克来进行包装与定价，则消费者就会嫌麻烦而不愿意去换算出每 500 克应该是多少钱，从而也就无从比较这种茶叶的定价究竟是偏高还是偏低。最小单位定价策略利用了消费者的心理错觉，因为小包装的价格容易使消费者误以为廉，而实际生活中消费者很难也不愿意换算出实际重量单位或数量单位商品的价格。

产品定价是一个极其复杂的过程，可以称其为经济学和心理学的双重游戏。企业必须根据具体的市场环境、产品条件、市场供求、企业目标等灵活地运用适当的定价策略和技巧，制定最终的销售价格，以期达到扩大销售、实现利润最大化的目的。

即问即答：企业产品定价策略和技巧有哪些？具体如何运用？

中国电信业从垄断走向竞争

1999年春,九届人大二次会议闭幕,刚刚当选总理的朱镕基答中外记者问。

吴小莉:打个比方,如果我在香港打个电话给美国总统克林顿,每分钟只要0.98港元,要是我打电话给您,每分钟就要9.8港元,是10倍的价钱。这次发现,从北京打电话回香港,每分钟从原来的8.1元降到了5元。请问总理,您用什么样的方法可以加快中国电信市场的竞争步伐?

朱镕基:中国电信业务正在降价,降得还不够,还要继续降价,办法就是引进竞争。首先,我们正在改革中国电信体制,一个重要原则就是打破垄断,鼓励竞争。第二,有步骤开放中国的电信市场,让外国资本进入中国的电信市场。

下面,让我们一起回顾中国电信业从垄断走向竞争的改革历程!

1994年之前,我国的电信业务一直是由邮电部独家垄断经营。当时,家庭用户申请安装电话非常困难,不仅要交纳数千元的初装费,而且从填表申请到上门拉线安装,需要耗时半年到一年时间。在新中国建立40年时,我国每200人连一部电话都不到。那时居民住宅区里,大家排长队依次打电话是一道独特景观。可以想见,多少商机在这种等待通话中消失了,多少个人隐私在这种众耳倾听中公开了。电信市场的完全垄断带来的是经济效率和社会效率的低下。

在社会舆论强大的压力和政府的干预、介入下,1994年,作为中国电信公司竞争对手的中国联通公司成立,这标志着我国电信从垄断开始走向竞争。双垄断寡头使基本电信服务市场效率得到改进,在联通公司进入的移动通信市场,邮电部门大幅降低了入网费和资费。但电信市场的有效竞争并没有形成,1998年中国联通的营业额仅为中国电信的1/112。

1998年3月,政府机构改革,在原电子部和邮电部的基础上组建信息产业部,随后电信业实现了政企分开。1999年4

月，中国网络通信有限公司成立。2000 年 12 月，铁道通信信息有限责任公司成立。当时中国电信市场七雄争霸格局初步形成。电信、移动、联通是市场中三个大玩家，而网通、吉通(1994 年 1 月由电子工业部发起成立)、铁通则一直扮演着陪练的角色。2002 年 5 月，中国电信南北拆分的方案出台。拆分重组后形成新的“5＋1”格局，这五大电信巨头包括了中国电信、中国网通、中国移动、中国联通、中国铁通以及中国卫星通信集团公司。基础电信在由垄断走向竞争的过程中，服务质量不断提高，服务价格明显下降，服务供给量大幅增长。

2001—2007 年，全国电信业务收入从 3 719 亿元增至 7 280 亿元，年均增长超过 11%，用户数从 3.26 亿户增至 9.13 亿户(其中移动电话 5.47 亿户)，年均增长约 1 亿户。固定、移动电话用户总数双双跃居世界第一，市场竞争更加充分，资费大幅降低，服务水平显著提高，改革发展进入新阶段。当然，依然有不尽如人意的地方，比如电信资费仍然偏高等，我国的国际长途话费、网费仍然高于许多国家。

2008 年 5 月，中国电信业第三次大规模重组正式方案出炉。中国联通的 CDMA 网与 GSM 网被拆分，前者并入中国电信，组建为新电信，后者吸纳中国网通成立新联通，铁通则并入中国移动成为其全资子公司，中国卫通则剥离基础电信业务后并入航天科技集团。重组后中国电信业形成了新移动、新电信、新联通三家全业务运营商三足鼎立的竞争局面。

多次的改革重组，加上全球信息通信技术迅猛发展，国内电信业的竞争放在国民经济各行业中看都是激烈甚至惨烈的。对于社会公众而言，这种不断加剧的市场竞争，一方面带来了电信资费水平的连年下降，另一方面也扯下了电信企业所谓“暴利”的外衣。

对于电信行业来说，激烈的市场竞争已经成为企业生存的常态。我们最常看到的，是同质化竞争下不计成本的价格战，是为争取一个大客户“你方唱罢我登场”的层层压价，是为发展用户“白加黑”、“5＋2”的摆摊设点，是开学潮、民工潮下的全员营销。2012 年 iPhone 5 上市引发的微博口水战、价格战同样印证了这一点。如果说价格战还只是电信业竞争的“温柔手段”，那么在每年 8—9 月份的校园营销中，与学校签订排他性协议、高价收购竞争对手的手机卡、在录取通知书中夹寄宣传资料、在火车站汽车站接送新生抢占客户等竞争手段就更加"露骨",至于不时出现的为抢夺学生客户大打出手、剪断对手通信光缆,更是电信行业惨烈竞争的写照。

在充分的市场竞争之下,电信资费持续下降。据相关部门核算,从2003年年初到2011年年末,全国电信业务综合资费水平下降64.7%。"十一五"时期,我国电信资费5年下降了41.93%,与煤、电、水等其他行业价格普遍"涨"声不断相比,电信业的价格走势一路向下,这样的行业可以说是绝无仅有。专家指出,在居民消费价格指数CPI不断上扬的今天,电信资费一路走低,在很大程度上是电信市场激烈竞争的结果。在如此激烈的市场竞争环境下,电信行业所谓的"暴利"也就失去了存在的基础。从国内三大运营商2012年度财报上看,中国移动营业收入和净利润增速呈现双下滑趋势,中国电信净利润甚至出现了负增长,为−9.5%。专家认为,随着电信业面临的竞争环境更趋激烈,企业利润率还将持续下降。

是垄断暴利还是惨烈竞争?结论已经不言自明。如今的中国电信业正面临前所未有的挑战,移动互联网业务对传统通信业务的加速替代和分流,信息通信技术快速演进对基础通信服务能力的考验,重重压力之下,电信行业更多需要思考的早已不是如何牟取"暴利",而是如何保持"微利"发展、如何竞争合作这些更紧迫的现实问题。

资料来源:根据一系列相关资料整理。

复习思考题

一、单项选择题

1. 以下(　　)产品的市场更接近完全竞争。

A. 汽车　　B. 香烟

C. 报纸　　D. 农产品

2. 完全竞争的市场中,市场价格由(　　)决定。

A. 仅由市场需求决定　　B. 仅由市场供给决定

C. 市场需求和供给　　D. 以上都不对

3. 在垄断竞争市场中，(　　)。

A. 少数厂商销售有差异的产品

B. 许多厂商销售同样的产品

C. 少数厂商销售同质的产品

D. 许多厂商销售有差异的产品

4. 寡头垄断厂商的产品是(　　)。

A. 同质的　　B. 有差异的

C. 既可以同质，也可以有差异　　D. 以上都不对

5. 寡头垄断和垄断竞争之间的主要区别是(　　)。

A. 厂商的广告开支不同

B. 非价格竞争的数量不同

C. 厂商之间相互影响的程度不同

D. 以上都不对

6. 下面(　　)产业更近于寡头垄断。

A. 饮食　　B. 舞厅　　C. 汽车　　D. 手表

7. 下列不能成为进入一个垄断行业壁垒的是(　　)。

A. 垄断利润　　B. 立法

C. 专利权　　D. 资源控制

8. 当发生以下(　　)情况时，厂商会倾向于进入一个行业。

A. 该行业存在超额利润

B. 规模经济不构成一个主要的进入壁垒

C. 该行业的主要资源不被现存的厂商所控制

D. 以上全对

9. 当一个完全竞争行业实现长期均衡时，该行业中的每个厂商将(　　)。

A. 利润都为零

B. 无法退出该市场

C. 固定成本和可变成本都得到补偿

D. 以上说法都不对

10. 购买者对价格变动比较敏感的商品是(　　)。

A. 价值高且经常购买的商品

B. 价值低且经常购买的商品

C. 价值高且不经常购买的商品

D. 价值低且不经常购买的商品

11. 如果一个厂商降低其商品价格后，发现销售收入减少，这意味着(　　)。

A. 商品需求富有价格弹性

B. 商品需求缺乏价格弹性

C. 商品需求具有单位价格弹性

D. 价格弹性小于 1

12. 产品需求价格弹性大，产品成本随产销量扩大而降低较明显的新产品宜采用(　　)。

A. 低价策略　　　　B. 高价策略

C. 中间价策略　　　D. 撇脂策略

二、应用分析题

1. 家电行业的制造商发现，为了占有市场份额，他们不得不采取一些竞争策略，包括广告、售后服务、产品外形设计，其竞争是很激烈的。因此，家电行业被认为是完全竞争行业。这种说法对吗？

2. 养鸡场与包子铺都是小企业，为什么养鸡场是完全竞争的，包子铺是垄断竞争的？假设你经营一家包子铺，你能永远立于不败之地吗？你应该如何创造自己的产品差别？

3. A、B 两家寡头共同占有一个市场。如果 A、B 都做广告，则各获得利润 30 亿元；如果两家都不做广告，则各获得利润 40 亿元；如果一家做广告，另一家不做广告，则做广告者得到 50 亿元利润，不做广告者得到 20 亿元利润。用博弈矩形图分析这两家寡头的广告行为，会出现什么结果？

4. 假设猪圈里有一头大猪、一头小猪。猪圈的一端有猪食槽，另一端安装着控制猪食供应的按钮，按一下按钮会有 10 个单位的猪食进槽，但是谁按按钮谁就会首先付出 2 个单位猪食的劳动。若大猪先到槽边，大猪与小猪吃到食物的收益比是 9∶1；同时到槽边，收益比是 7∶3；小猪先到槽边，收益比是 6∶4。请给出该博弈问题的报酬矩阵，并回答在两头猪都有智慧的前提下博弈的结果。

5. 在完全垄断、寡头垄断、垄断竞争和完全竞争中，你将如何确定以下每一种饮料的市场类型，简要说明理由。

(1) 自来水；

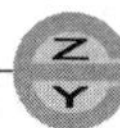

（2）瓶装饮用水；

（3）可乐；

（4）啤酒。

6. 下列每一对物品中，你认为哪一种物品更富有价格弹性，简要说明理由。

（1）定制教科书或侦探小说；

（2）贝多芬音乐唱片或一般古典音乐唱片；

（3）在未来 6 个月内乘坐地铁或在未来 5 年乘坐地铁；

（4）生啤酒或饮用水。

三、计算题

1. 香烟的需求价格弹性是 0.4，如果现在每盒香烟为 12 元，政府想减少 20%的吸烟量，价格应该提高多少？

2. 在某国，对新汽车需求的价格弹性 $E_d=1.2$，需求的收入弹性 $E_m=3.0$，计算

（1）其他条件不变，价格提高 3%对需求的影响；

（2）其他条件不变，收入增加 2%对需求的影响；

（3）假设价格提高 8%，收入增加 10%，2005 年新汽车的销售量为 800 万辆，利用有关弹性系数的数据估计 2006 年新汽车的销售量。

知识链接

需求收入弹性（Coefficient of Income Elasticity of Demand）：一种商品的需求量对消费者收入变动的反应程度，其弹性系数等于需求量变动的百分比除以收入变动的百分比。

$$E_m=\frac{\frac{\Delta Q}{Q}}{\frac{\Delta I}{I}}=\frac{\Delta Q}{\Delta I}\cdot\frac{I}{Q}$$

☞**需求收入弹性**（**Coefficient of Income Elasticity of Demand**）是指一种商品的需求量对消费者收入变动的反应程度，其弹性系数等于需求量变动的百分比除以收入变动的百分比。

实训项目

一、实训目标

1. 把握市场类型划分的依据；

2. 体验寡头之间博弈的乐趣与奥秘；
3. 能判别不同市场类型并对各类市场类型中企业的策略做出正确评价。

二、实训项目与要求

1. 企业家讲坛——请实习企业负责人介绍其所处行业的竞争态势和竞争类型

项目要求：

(1) 学生要对讲述的内容进行归纳和概括。

(2) 把其中的具体事例编写为小案例。

2. 竞争游戏——出牌游戏：不同状况下的博弈（★辅助素材）

项目要求：

(1) 学生分成6组，两两一组对弈，每组私自商量出牌的颜色，进行记分。

(2) 游戏规则：双方都出红牌，各得3分；双方都出黑牌，各得－3分；一方出红，另外一方出黑，则红方得－6分，黑方得6分。根据出牌情况进行记分。

(3) 出牌三次后改变规则，双方可以协商后出牌。再出牌两次后改变规则，告诉大家下一次出牌将是最后一次出牌，最后一次出牌不许商量。

(4) 将出牌情况反映到一张综合的表中，对结果进行讨论。

(5) 教师进行总结点评。

3. 行业调研——市场营销策略的制定

项目要求：

(1) 分组并选定一个感兴趣的行业或产品，调查该行业或产品的宏观与微观市场环境。

(2) 运用SWOT分析法分析该行业或企业的市场营销环境，在此基础上，对该行业进行市场细分，并确定目标细分市场。

(3) 针对自己的产品，分析目标细分市场的消费者需求，设计产品市场营销策略(包括产品，品牌，价格等)。

学习领域六

民生经济学

——居民的钱口袋和国家的宏观调控

全面认识国民收入体系中的总量指标，为什么 GDP 不是万能，但没有它却万万不能？大学生就业难与物价飞涨引发人们对失业和通货膨胀问题的关注，我国官方公布的失业率数字是如何统计的？反映通货膨胀程度的消费物价指数 CPI 在我国又是怎样核算的？政府这只“看得见的手”为实现既定的宏观调控目标如何发挥作用？透视中国经济发展如何创造“世界之最”！

学习目标

- 掌握国内生产总值(GDP)的含义及其核算；
- 了解国民收入核算的其他总量指标；
- 理解失业与充分就业的含义；
- 掌握通货膨胀的类型、经济效应及治理；
- 理解经济周期与经济增长；
- 了解政府宏观调控的目标；
- 掌握财政政策与货币政策的工具及运用。

关键词汇索引

国内生产总值(GDP)　绿色 GDP　国民生产总值(GNP)　失业　充分就业　通货膨胀　消费物价指数(CPI)　菲利普斯曲线　经济周期　经济增长　财政政策　中央银行　货币政策　公开市场业务　存款准备金政策　再贴现政策

第一节 我 是 GDP

一、GDP 的自述

我是 20 世纪最伟大的发明之一！在全世界，人们都叫我 GDP，我的英文全名是 Gross Domestic Products，中文名叫*国内生产总值*。

☞**国内生产总值(Gross Domestic Products;GDP)** 代表一国(或一个地区)所有常住单位在一定时期内生产活动(包括产品和劳务)的最终成果，是国民经济各行业在核算期内新创造价值与固定资产转移价值的总和。

在全世界，人们都很关注我。因为我代表一国(或一个地区)所有常住单位在一定时期内生产活动(包括产品和劳务)的最终成果，我是国民经济各行业的核算期内增加值的总和(各行业新创造价值与固定资产转移价值之和)。

1. 没有我是万万不能的

没有我，你们无法谈论一国经济及其景气周期，无法提供依据判断经济是否健康。所以诺贝尔经济学奖获得者保罗·萨缪尔森和威廉·诺德豪斯(Willian D. Nordhaus)在《经济学》教科书中把我称为"20 世纪最伟大的发明之一"。在他们看来，与太空中的卫星能够描述整个大陆的天气情况非常相似，我能够提供经济状况的完整图像，帮助总统、国会和联邦储备委员会判断经济是在萎缩还是在膨胀，是需要刺激还是需要控制。没有像我一样的灯塔般的总量指标，政策制定者就会陷入杂乱无章的数字海洋而不知所措。没有我，你们也无法反映一国的贫富状况和人民的平均生活水平，无法确定一国承担怎样的国际义务，享受哪些优惠待遇。比如，联合国决定一国的会费时，要根据其"连续 6 年的 GDP 和*人均 GDP* (GDP per Capita)"；世界银行决定一国所能享受的硬贷款、软贷款等优惠待遇时，也是根据"人均 GDP"。

☞**人均 GDP (GDP per Capita)** 是以某地区某一时期的国内生产总值(现价)除以同时期平均人口所得出的结果。

作为总量指标，我和经济增长率、通货膨胀率和失业率这三个主要的宏观经济运行指标都有密切关系。例如，在美国，以经济学家阿瑟·奥肯(Arthur M. Okun)的名字命名的"奥肯定律"估算，当经济增长率高于 2.25%时，失业率将下降，在此基础上，经济增长率每增加一个百分点，失业率就会下降半个百分点。当经济增长率低于2.25%时，失业率将上升。在此基础上，经济增长率每减少一个百分点，失业率就会上升半个百分点。

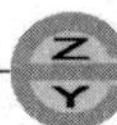

我更是一把尺子、一面镜子，衡量着所有国家与地区的经济表现。

最近20多年，中国比世界任何其他地方都更关注我，追逐我。我和中国20世纪“翻两番”、到2020年再“翻两番”的目标挂上了钩。中国国家战略目标的确定，以及相应采取怎样的财政政策、金融政策，都和对我的判断有关。作为中国经济的第一指标，我大名鼎鼎，家喻户晓。

中国爱我，我也爱中国。我从1993年的35 334亿元增加到2008年的314 045亿元，近10%的年均增长率在见证一种神奇速度的同时，也见证着一个古老民族的复兴。表6-1给出2012年世界各国的GDP总量排名，中国已超过日本而跃居世界第二位(同年中国人均GDP世界排名第87位)。

表6-1　2012年世界各国经济GDP排名(2013年3月IMF版)

排名	国家/地区	GDP(亿美元)
1	美国	156 847.50
2	中国	82 270.37
3	日本	59 639.69
4	德国	34 005.79
5	法国	26 086.99
6	英国	24 405.05
7	巴西	23 959.68
8	俄罗斯	20 219.60
9	意大利	20 140.79
10	印度	18 248.32
11	加拿大	18 190.81
12	澳大利亚	15 417.97
13	西班牙	13 520.57
14	墨西哥	11 771.16
15	韩国	11 558.72

数据来源：国际货币基金组织官方网站 http://www.imf.org/external/index.htm

2. 我也并非万能

我是你身边的一个重要指标,但我不是上帝,并非万能。1968年,美国参议员罗伯特·肯尼迪(Robert F. Kennedy)竞选总统时说,"GDP衡量一切,但并不包括使我们的生活有意义这种东西"。其实,我不能衡量的东西也很多。

(1) 我不能完全反映一个国家真实的产出。

因为计算我的数据基本都是通过市场交易获得,对于那些没有经过市场交易,但却对实际产出具有影响的经济活动我无法反映。像家务劳动、自给自足的生产,甚至地下交易在我的统计中都无法反映。

(2) 我不能反映一个国家的真实生活水平。

我在统计时是根据生产出来的最终产品计算一个国家的产出,但这不一定真实地反映一国的实际生活水平。军火生产在统计中是很重要的部分,但假如一个国家更多地生产大炮,更少地生产黄油,人民幸福吗?我按市场价格计算,但价格与幸福也关系不大。电脑质量在提高,数量在增加,但价格在不断降低。按价格计算,电脑的产值没有增加多少,但质量与数量的提高却带给人们很大的利益。我也不衡量闲暇。只要人们天天加班,就能生产更多的物品和劳务,我就在增长。但是,没有闲暇的生活快乐吗?当你要享受闲暇时,我反而在减少。伴随我快速发展的现代工业带来了诸多环境污染问题,也给你们的生活带来巨大的负面影响。

(3) 我不衡量收入分配。

我是一个生产总量的指标,我不衡量收入分配。就是说,我不能衡量一个国家的贫富差距。即使两个国家生产了同样多的GDP,也可能一个国家贫富严重不均,另一个国家收入分配比较平均,显然,两国的人们并不同样幸福。中国财政部科研所课题组在近期发布的一份报告中提到,在GDP高速增长的同时,基尼系数反映出的中国居民收入总体性差距正在逐年拉大,并已经超过国际公认的警戒线。

尽管GDP存在着种种缺陷,但这个世界上本来就不存在一种包罗万象、反映一切的经济指标,在我们现在使用的所有描述和衡量一国经济发展状况的指标体系中,GDP无疑是最重要的一个指标。所以说，GDP不是万能的，但没有GDP也是万万不能的。

二、GDP的三种核算方法及数据的分析应用

1. GDP的三种核算方法

GDP是宏观经济中最受关注的经济统计数字。曼昆在他的《经济学原理》一书中指出，GDP是在某一既定时期一个国家内部生产的所有最终物品和劳务的市场价值。准确理解GDP的要点包括：① GDP是按照现行的市场价格计算的；② GDP包括在市场上合法出售的一切物品和劳务，例如你购买了音乐会的票，票价就是GDP的一部分；③ GDP只计算最终产品，不包括中间环节；④ GDP是一个国家领土范围内的，例如外国人暂时在中国工作，外国人在中国开办企业，他们的生产价值是中国GDP的一部分，即GDP体现的是地域概念。

GDP主要可以通过三种核算方法计算得到：生产法、收入法和支出法。

(1) 生产法。

用生产法核算GDP，是指按提供物质产品与劳务的各个部门的产值来计算国内生产总值。生产法又叫部门法，这种计算方法反映了国内生产总值的来源。运用这种方法进行计算时，各生产部门要把使用的中间产品的产值扣除，只计算所增加的价值，商业和服务等部门也按增值法计算，即增加值＝总产出－中间消耗。卫生、教育、行政、家庭服务等部门无法计算其增值，就按工资收入来计算其服务的价值。按生产法核算国内生产总值，各国采用的部门分类不尽相同，但大多数是按照第一、第二、第三产业进行大类划分，然后再进行具体细分，可以分为下列部门：农林渔业；矿业；建筑业；制造业；运输业；邮电和公用事业；电、煤气、自来水业；批发、零售商业；金融、保险、不动产；服务业；政府服务和政府企业。把以上部门生产的国内生产总值加总，再与国外要素净收入(外国公民在本国取得的要素收入－本国公民在国外取得的要素收入)相加，考虑统计误差项，就可以得到用生产法计算的GDP了。

(2) 收入法。

用收入法核算GDP，就是从收入的角度，把生产要素在生

产中所得到的各种收入相加来计算的GDP,即把劳动者所得到的工资、土地所有者得到的地租、资本家所得到的利息以及企业利润相加来计算GDP。这种方法又叫要素支付法或叫要素成本法。在没有政府的简单经济中,企业的增加值即其创造的国内生产总值,就等于要素收入加上折旧,但当政府介入后,政府往往征收间接税,这时的GDP还应包括间接税和企业转移支付。间接税是对产品销售征收的税,它包括货物税、周转税。这种税收名义上是对企业征收,但企业可以把它打入生产成本之中,最终转嫁到消费者身上,故也应视为成本。同样,还有企业转移支付(即企业对非营利组织的社会慈善捐款和消费者呆账),它也不是生产要素创造的收入,但要通过产品价格转移给消费者,故也应看作成本。资本折旧也应计入GDP,它虽不是要素收入,但包括在总投资中。还有,非公司企业主收入也应计入GDP中。非公司企业主收入,是指医生、律师、小店铺主、农民等的收入。他们使用自己的资金,自我雇用,其工资、利息、租金很难像公司的账目那样,分成其自己经营应得的工资、自有资金的利息、自有房子的租金等,其工资、利息、利润、租金常混在一起作为非公司企业主收入。

这样,按收入法计算的GDP公式就是:

GDP =工资+利息+利润+租金+间接税和企业转移支付
+折旧+非公司企业主收入

(3) 支出法。

支出法也称使用法,是从最终使用的角度衡量核算期内生产的所有最终产品和服务的价值。谁是最终产品的购买者呢?在现实生活中,产品和劳务的最后购买和使用,除了居民消费、企业投资购买,还有就是政府的采购及出口。

首先来看消费。消费是家庭用于产品和劳务的支出,也叫居民个人消费支出,用字母C(Consumption)表示,包括居民购买耐用消费品(如小汽车、电视机、洗衣机、空调等)、非耐用品(如食物和衣服等)和劳务(医疗、旅游、理发)的支出。

投资包括固定资产投资和存货投资两大类,用字母I(Investment)表示。固定资产投资指新厂房、新机器设备、新商

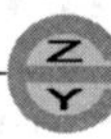

业用房以及新住宅投资，这里要注意的是居民购买新住宅的支出划入投资而非消费。存货投资是核算期内企业的存货价值的增加(或减少)，如某汽车制造商某年生产的100辆汽车当年没有销售出去，这就是存货投资，净存货等于期末存货量减去期初的存货量。另外，总投资中包含固定资产折旧，如果剔除折旧费，则为“净投资”。

政府购买用字母G(Government Purchase)表示，是指各级政府购买物品和劳务总的支出，如政府出资设立法院、提供国防、修建道路、开办学校等都属于政府购买支出，政府支出中还有一部分如公债利息支出和给低收入群体的福利补贴与救济金则划入政府转移支付项(Financial transfer payment)，因为转移支付只是简单地把收入从一些人或一些组织转移给另一些人或另一些组织，这一活动不涉及产品或劳务的生产，故而不计入到GDP中。

最后看进出口，用字母X(Export)表示出口，M(Import)表示进口，则$(X-M)$就是净出口，也就是外国对于本国最终产品的净支付，记为NX(Net export)，当然要计入GDP中。净出口可能是正值，也可能是负值。

绝大多数国家在计算GDP的时候都采用支出法，即把用于购买最终产品和劳务的所有支出加总。按支出法计算的GDP公式为：GDP＝居民消费＋固定资本形成总额＋存货增加＋政府购买＋货物和服务的净出口。

用公式可表示为$\text{GDP}=C+I+G+(X-M)$

从理论上说，按生产法、收入法与支出法计算的GDP应该是一致的，因为它们是使用不同的方法对同一事物进行核算。但在实际操作中因为资料来源的不同以及基础数据质量上的差异，三种方法计算的GDP之间存在着一定的统计误差，因而要加上一个统计误差项来进行调整，使其达到一致。

2. GDP三种核算方法的应用

GDP三种核算需要的原始数据资料在《中国统计年鉴》和中国投入产出学会网站可以获得。下面使用2000年中国投入产出表的资料进行计算和分析。

根据中国投入产出学会网站上公布的我国2000年17个部

门投入产出表的流量表，我们将其归并为三个产业的投入产出简表，见表 6－2。

表 6－2 2000 年中国投入产出简表

单位：亿元

产出	中间使用				最终使用					总产出
投入	第一产业	第二产业	第三产业	中间使用合计	总消费	资本形成	净出口	其他	合计	
第一产业	4 036	8 799	1 149	13 984	10 956	1 109	42	358	12 464	**26 448**
第二产业	5 473	97 931	16 508	119 911	21 186	30 445	1 131	296	53 058	**172 970**
第三产业	1 644	17 786	11 880	31 311	23 935	946	2 345	－401	26 824	**58 135**
中间投入合计	**11 152**	**124 517**	**29 537**	**165 206**	**56 077**	**32 500**	**3 517**	**253**	**92 347**	**257 553**
固定资产折旧	597	8 598	5 411	14 606						
劳动者报酬	13 443	20 863	15 614	49 920						
间接税净额	415	8 889	4 108	13 412						
营业盈余	841	10 103	3 465	14 409						
增加值合计	15 296	48 453	28 598	92 347						
总投入	26 448	172 970	58 135	257 553						

数据来源：中国投入产出学会网站 http：//www.iochina.org.cn/

(1) 生产法之 GDP。

从生产的角度衡量所有常住单位在 2000 年新创造的价值。2000 年，我国按生产法计算的 GDP 为 92 347 亿元(15 296＋48 453＋28 598)。进一步分析可以得到：第一产业增加值 15 296亿元(26 448－11 152)；第二产业增加值 48 453 亿元(172 970－124 517)；第三产业增加值 28 598 亿元(58 135－29 537)。从各产业贡献程度看，2000 年我国第二产业对全国 GDP 的贡献最大，达 52％，其次是第三产业为 31％，第一产业的贡献为 17％。可见，第二产业在我国仍占据主导地位，第一产业对 GDP 的贡献与人口比重不相配。此外，与社会发展要求比，第三产业还需大大加快发展。

(2) 收入法之 GDP。

从生产过程创造的收入分配额看，2000 年，我国按收入法计算的 GDP 为 92 347 亿元(14 606＋49 920＋13 412＋14 409)。在生产过程创造的收入中，由劳动者个人获得的劳动者报酬为49 920亿元、政府以间接税形式得到的收入为 13 412 亿元，余下的为企业的营业盈余 14 409 亿元和固定资产折旧 14 606 亿元。考虑到固定资产折旧需在生产过程中对消耗的生产资料进行补偿，因此，扣除固定资产折旧后的净增加值进行分配，其分配结构是劳动者个人得到净增加值的 64%；企业获得 19%的净增加值收入；政府获得 17%的净增加值收入。由此可见，我国生产过程创造的净增加值分配中，劳动者个人得到的份额最多。

(3) 支出法之 GDP。

从最终使用的角度衡量，2000 年，我国按支出法计算的 GDP 为 92 347 亿元(56 077＋32 500＋3 517＋253)。在创造的最终产品和劳务中，其流向是用于消费 56 077 亿元、用于资本形成 32 500 亿元、净出口为 3 517 亿元，此外，由于统计口径、误差等原因为 253 亿元。分析最终使用结构，2000 年我国最终使用流向中 60.7%为消费、35.2%为资本形成、3.8%为净出口及 0.3%为统计口径等其他原因的误差。

根据 GDP 核算三面等值的原则，可见，2000 年中国投入产出表中，生产法计算的 GDP＝收入法计算的 GDP＝支出法计算的 GDP。但应说明的是，由于资料来源的不同以及基础数据质量上的差异，实际中存在误差，本案例的 2000 年投入产出表，在编表过程中已做调整，但支出法计算的 GDP 仍存在 253 亿元的差异。

☞绿色 GDP (Green GDP)

指一个国家或地区在考虑了自然资源(主要包括土地、森林、矿产、水和海洋)与环境因素(包括生态环境、自然环境、人文环境等)影响之后经济活动的最终成果。

三、绿色 GDP——我的未来不是梦

1. 什么是绿色 GDP?

绿色 GDP (Green GDP)是指一个国家或地区在考虑了自然资源(主要包括土地、森林、矿产、水和海洋)与环境因素(包括生态环境、自然环境、人文环境等)影响之后经济活动的最终成果，即将经济活动中所付出的资源耗减成本和环境降级成本从

GDP中予以扣除。它实质上代表了国民经济增长的净正效应。绿色GDP占GDP的比重越高,表明国民经济增长的正面效应越高,负面效应越低,反之则反是。

绿色GDP的基本思想最早在1946年由英国经济学家约翰·希克斯(John Richard Hicks)提出,自20世纪70年代开始,联合国和世界银行等国际组织在绿色GDP的研究和推广方面做了大量工作。近年来,我国也在积极开展绿色GDP核算的研究。

2. 我国开展绿色GDP核算的进展

自从1987年联合国世界环境和发展委员会提出了"可持续发展"概念之后,我国也开始了绿色GDP核算的理论研究。2001年,国家统计局《国家统计制度方法改革三年滚动计划》确定,在重庆市开展资源环境核算试点。经过近三年的核算试点研究,完成了工业污染和水资源核算的试点工作,取得了初步成果,为绿色GDP核算探索出了初步的、可实际操作的核算框架和办法。2004年9月,在国家环保总局、国家统计局召开的中国资源环境经济核算体系框架论证会上,专家们论证了《中国资源环境经济核算体系框架》和《基于环境的绿色国民经济核算体系框架》,这标志着中国绿色GDP核算体系框架已初步建立。同年,中国首份经环境污染调整的GDP核算报告出炉。国家环保总局和国家统计局向媒体联合发布的《中国绿色GDP核算报告(2004)》表明,仅核算环境污染治理成本方面,2004年的原有GDP就将被扣减1.8%,而环境污染的虚拟治理成本又占到GDP的1.8%,它也要从原有的GDP中扣减。

"绿色GDP"的提出,是国民收入核算体系及理论的重大突破。目前我国开展绿色GDP核算还存在很大的难度和相当的复杂性:一是缺乏基础统计数据。我国对资源和环境的存量与流量的统计基本上还是空白,基础数据严重缺乏。二是统计方法还不成熟。目前还没有一个国际社会公认的、成熟的、操作性很强的核算方法,有些方法只能在实践中比较、选择,这样也就带来不同国家之间数据可能存在不可比的问题。三是资源和环境的估价困难。有的资源品根本没有市场价格,有的即使有市

场价格，也不能真实反映其实际价值；环境降级，尤其是对人民健康带来的危害就更难以估价。可见，我国的绿色 GDP 核算工作还任重道远。

3. 愿中国的 GDP 与国民的幸福感一起增长

GDP 的增长代表着一个国家经济实力的增强，但如果人民的幸福感能与 GDP 同步增长，该是多么完美啊！

GDP 不仅仅是一个孤立而单调的经济数字。GDP 的增长源于每一位国民的努力，因而，它不能与国民的幸福感相背离，而应成为国民幸福感高低的一个指标。令人欣慰的是，我国政府已经认识到这一点。在不久前国务院新闻办公室召开的新闻发布会上，国家统计局局长李德水提到："我们不能忘记中国还有 1 亿多的贫困人口，城市还有 2 000 多万需要政府给予最低保障补贴的人口，城乡加起来，大约有 1.2 亿生活困难的人口。"李德水的话表明，政府没有忘记自己的责任。随着 GDP 的增长，政府将有实力为贫困人口做更多的事情。一旦这 1.2 亿贫困人口的幸福感与 GDP 同步增长，贫富的鸿沟将缩小，城乡差距将缩小，我们的社会将更加和谐。除了贫困人口，李德水还特别提到了我国在人口、资源、环境上所面临的压力。国家环保总局的统计资料显示，中国经济增长的 GDP 中，至少有 18%是依靠资源和生态环境的"透支"获得的。国家环保总局副局长潘岳说，如果保持目前的污染水平，到 2020 年，中国的 GDP 翻两番时，污染总量也会翻两番。在经济飞速发展的同时，我们必须正视环境污染的严重性。在 GDP 增长的同时，被污染地区的群众，不仅没有享受到经济发展带来的好处，反而成为受害者。鉴于此，在我国国民经济核算中引入绿色 GDP，提供资源环境核算数据，为决策部门提供参考，已成为国民经济核算领域中一项十分紧迫的任务。在 GDP 增长的同时，如果我们能够兼顾环境保护，兼顾节约能源，那么我们的经济发展不仅与国民的幸福感保持了同步，而且我们的经济发展也将是健康的、可持续的。同时，我们也应该注意，诸如房价上涨、教育乱收费、医疗费用居高不下等现象，虽然推动了 GDP 的增长，却与国民的幸福感相背离。"十一五"期间，我国把扩大内需作为经济发展的基本立足点和长期战略方针。要扩大内需，必须帮助老百姓减负,增加他们的收入,并完善社会保障体系。关于这些问题,国务院总理温家宝早在十届全国人大三次会议上作政府工作报告时,就逐一给出了答案:切实解决群众看病难、看病贵的问题,重点抑制房地产价格过快上涨,把教育放在优先发展的战略地位,加快社会保障体系建设……这一系列的承诺都蕴含着中国政府把GDP的增长与国民的幸福感联系在了一起。随着这些承诺一一得到落实,国民必将从GDP的增长中深深受益。

四、国民收入体系的其他总量指标

1. 名义GDP与实际GDP

GDP是一个市场价值概念,其数量大小要用货币指标进行反映,它是最终产品和劳务性服务数量与其价格的乘积。因此,GDP的高低不仅受实际产量变动的影响,还受价格水平变动的影响。也就是说,GDP的变动可能是由于实际产量变动引起的,也可能由于产品和劳务价格变动引起的。为了排除价格因素变动的影响,使GDP指标变化能够确切地反映国民经济实际变动情况,就必须明确名义GDP和实际GDP这两个指标的含义和区别。

(1) 名义GDP。

名义GDP (Nominal GDP) 指在某一年内,按当年生产的产品和提供的劳务市场价格计算的国内生产总值。

在某一年内,按当年生产的产品和提供的劳务市场价格计算的GDP称为*名义GDP* (Nominal GDP)。假设某地区只生产三种产品A、B和C,1978年和2007年该地区三种产品的产量和价格数据已知,该地区1978年和2007年名义GDP的计算见表6-3和表6-4。

表6-3 1978年某地区名义GDP计算表

产品名称	产量(万吨)	价格(元/吨)	国内生产总值(万元)
产品A	300	160.00	48 000
产品B	140	360.00	50 400
产品C	160	280.00	44 800
合　计	—	—	143 200

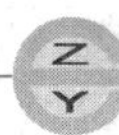

表 6－4　2007 年某地区名义 GDP 计算表

产品名称	产量(万吨)	价格(元/吨)	国内生产总值(万元)
产品 A	500	920.00	460 000
产品 B	300	1 860.00	558 000
产品 C	400	1 220.00	488 000
合　计	—	—	1 506 000

(2) 实际 GDP。

确定某一年(称为基年)的价格为不变价格,按不变价格计算其他年份的国内生产总值称为*实际 GDP*（Real GDP)。表 6－5给出某地区以 1978 年作为基年核算得到 2007 年的实际 GDP。因为产量指标具有不可累加性,所以分析不同年份经济发展变化情况的综合指标主要是 GDP。为了便于把 2007 年的 GDP 和 1978 年的 GDP 直接进行对比,就要排除物价因素的影响,以 1978 的产品价格作为不变价格计算 2007 年的实际 GDP。计算结果显示,在该地区,2007 年的名义 GDP 比 1978 年增长了近 10 倍,而产量综合指标即实际 GDP 只增长了近 2 倍。

☞**实际 GDP (Real GDP)**按不变价格计算的某一年的国内生产总值称为实际国内生产总值。不变价格是指统计时确定的某一年(称为基年)的价格。

表 6－5　2007 年某地区的实际 GDP 计算表
(按 1978 年的价格计算)

产品名称	产量(万吨)	价格(元/吨)	国内生产总值(万元)
产品 A	500	160.00	80 000
产品 B	300	360.00	108 000
产品 C	400	280.00	112 000
合　计	—	—	300 000

实际 GDP 利用基年的单价计算,它把 GDP 变动中的价格因素抽象出来,只研究产品和劳务的数量变化。我们知道,人民的物质福利只与所产生的物品和劳务的数量和质量有关,而与价格的变动无关。因此,实际 GDP 能更好地反映一个国家或地区的经济福利水平。

(3) GDP平减指数。

☞ **GDP平减指数(Price Index of GDP)** 用名义国内生产总值与实际国内生产总值比率计算的物价水平衡量指标。

名义GDP与实际GDP的比值,称为*GDP平减指数*(Price Index of GDP),也称为GDP价格指数。它反映按当年市场价格计算的GDP和按某一基年价格计算的GDP的对比关系。前者是后者的倍数,实际上反映的是从基期到报告期的物价综合增长指数(在统计学中把计算年称为报告期,基年称为基期)。计算公式为:

$$\text{GDP平减指数}=\frac{\text{某年名义 GDP}}{\text{某年实际 GDP}}\times 100\%$$

$$=\frac{(\sum P_T Q_T)}{(\sum P_0 Q_T)}\times 100\%$$

上式中,P_T是报告期的产品价格,Q_T是报告期的产品产量,P_0是基期的产品价格。根据上面的资料,可以求得该地区2007年的名义GDP与按1978年价格计算的实际GDP的价格指数是:

$$\text{GDP价格指数}=\frac{1\ 506\ 000}{300\ 000}\times 100\%=502\%$$

从这里可以看到实际GDP是通过将名义GDP用相应的GDP价格指数"紧缩"而来的。因此,相应的GDP价格指数又可以称为"GDP折算指数"。在这个例子中反映的是该地区从1978年至2007年的综合物价增长指数。该地区2007年的综合物价水平是1978年的5.02倍。

2. 国民收入核算的其他总量指标

(1) 国民生产总值。

☞ **国民生产总值(Gross National Products; GNP)** 在某一既定时期一国国民所生产的所有最终物品和劳务的市场价值。

国民生产总值(Gross National Products; GNP)是指一国所拥有的生产要素所生产的最终产品的市场价值,是一个国民概念;而GDP是指一国范围内所生产的最终产品的价值,是一个地域概念。这两者之间的关系为:GNP=GDP+国外要素支付净额(国外要素支付净额=本国公民在国外取得的要素收入－外国公民在本国取得的要素收入)。

20世纪90年代以来,越来越多的国家用GDP来代替GNP。1993年,联合国统计司正式决定用GDP代替GNP。用GDP取代GNP是一个极重要的变动,它代表着全球经济一体化的趋势,只

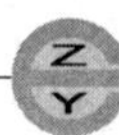

有注意到这种实质性变化，才能跟上浩浩荡荡的世界潮流。

(2) 国民生产净值。

国民生产净值(Net National Product; NNP)是一个国家一年的GNP减去生产过程中消耗掉的资本(折旧费)所得出的产值净增长量。从逻辑上讲，NNP的概念比GNP更容易反映国民收入和社会财富变动的情况，但由于GNP同NNP相比，更容易确定统计标准，而且由于折旧费的计算方法不一，政府的折旧政策也会变动，因此各国还是常用GNP而不常用NNP。

(3) 国民收入。

国民收入(National Income; NI)是一个国家在一年内各种生产要素所得到的实际报酬的总和，即工资、利息、租金和利润的总和。从国民生产净值中扣除企业间接税和企业转移支付(加政府补助金)就得到这一狭义的国民收入。企业间接税和企业转移支付是列入产品价格的，但并不代表生产要素创造的价值或者收入，因此计算狭义国民收入时必须予以扣除。相反，政府给企业的补助金不列入产品的价格，但会成为生产要素收入，因此应当加上。

(4) 个人收入。

个人收入(Personal Income; PI)是指个人实际得到的收入。国民收入不是个人收入，一方面国民收入中有三个主要项目不会成为个人收入，这就是公司未分配利润、公司所得税和社会保险税；另一方面政府转移支付(包括公债利息)虽然不属于国民收入(生产要素报酬)，却会成为个人收入。因此从国民收入中减去公司未分配利润、公司所得税和社会保险税，加政府转移支付，就得到个人收入。

(5) 个人可支配收入。

个人可支配收入(Disposable Personal Income; DPI)，指缴纳了个人所得税以后留下的可为个人所支配的收入。个人可支配收入分为消费和储蓄两部分。

国民收入核算中这五个基本总量的关系可表示为

GNP－折旧＝NNP

NNP－间接税－企业转移支付＋政府对企业的补助金＝NI
NI－公司未分配利润－企业所得税－社会保险税
＋政府对居民的转移支付＋政府向居民支付的利息＝PI
PI－个人所得税＝DPI
DPI＝消费＋储蓄

国民收入核算中所使用的各种指标从不同方面反映了国民收入总量的变化，其计算方法不同，反映问题的角度和分析评价的要求也不同。因此，在进行国民收入的总量分析时，可以根据不同的分析要求，选择运用不同的总量指标来分析说明国民收入在不同情况下的发展变化特征及其变动规律。

即问即答：为什么一国有高的 GDP 是件好事？你能举出一个增加了 GDP 但并不增加人民福利的例子吗？

相关链接

社会保险税也称社会保障税，是为筹集社会保障基金而征收的一种专门目的税。它以雇主向雇员支付的工资或薪金为课征对象，因此有时也称为工薪税或薪工税。社会保障税在各国的课税制度与形式千差万别。美国是世界上最早采用税收形式筹集社会保障基金的国家。美国的社会保障税不是一个单一的税种，而是由工薪税、铁路员工保障税、失业保障税和个体业主税四个税种组成的社会保障体系，其中工薪税是主要税种。

第二节　中国失业率统计何时与国际接轨

一、大学生毕业等于失业？

近年来，大学毕业生就业难成为一个众所周知的社会问题。我们应该如何看待大学生毕业即失业这一现象呢？

我国大学生毕业时间都在每年的 6 月份，也就是说，在短短的 1 个月之内把几百万大学生同时送上社会寻找工作，由于信

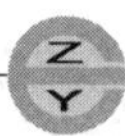

息不完全等原因，造成很多人不能马上找到工作，从而出现大学生失业率奇高的现象。据相关调查显示，毕业半年后的失业率显著低于毕业时的失业率。因此，我们可以判定，大学生失业主要是摩擦性失业，即求职者因为寻找工作的时间滞差引起的失业。毕业后经过一段时间的搜寻，大部分毕业生能够找到自己满意的工作，另外，也有部分毕业生通过调整自己的就业目标而选择就业（尽管其可能并不满意自己的工作），从而导致失业率显著降低。下面我们一起来认识与失业相关的几个关键词汇。

1. 失业的界定

失业（Unemployment）对于大多数人来说似乎是一个非常简单的概念，任何人没有工作就意味着失业。但是，要准确定义失业并非易事。例如，一个领取退休金的老人处于失业状态吗？一个长期患病且不能工作的人算失业者吗？一个只在每个星期工作 3 小时且正寻找全日制工作的人算失业吗？可见，失业像许多其他社会现象一样，可以有很多不同的定义。事实上，很难找到一个能同时满足不同分析目的的失业定义。为了国际比较的方便，国际劳工组织（International Labor Organization; ILO）为定义和测度失业制定了一些标准并推荐给世界各国。目前，欧盟、国际经济合作和发展组织（Organization for Economics and Development; OECD）以及世界上很多其他国家，在度量失业时都遵循 ILO 推荐的失业定义。

☞**失业（Unemployment）**是指在劳动力年龄范围内，有就业能力并且有就业要求的人口没有就业机会的经济现象。

根据 ILO 的标准，在一定年龄范围内的人可以被归入这样三种状态之一：就业者、失业者和非经济活动人口。所谓就业者是指那些在过去一周中从事了至少一个小时有收入的工作或者暂时离开了工作岗位（例如休假）的人；失业者则是指那些不工作、积极寻找工作且能够立即工作（到岗）的人；而非经济活动人口是指那些不工作而又不能满足 ILO 失业标准的人。根据 ILO 推荐的失业标准，一个失业者必须具备这样三个条件：

（1）没有工作，即在调查期间内没有从事有报酬的劳动或自我雇佣；

（2）当前可以工作，即当前如果有就业机会，就可以工作；

（3）正在寻找工作，即在最近期间采取了具体的寻找工作的步骤，例如到公共的或私人的就业服务机构登记、到企业求职或刊登求职广告等方式寻找工作。

衡量经济中失业状况的最基本指标是失业率,而劳动力参工率反映了成年人口中选择参与劳动市场的人的比率。

$$失业率=\frac{失业人数}{失业人数+就业人数}\times 100\%$$

$$劳动力参工率=\frac{劳动力人数}{成年人人数}\times 100\%$$

2. 什么是充分就业?

☞充分就业(Full Employment)是指生产要素(包含劳动)都有机会以自己愿意的报酬参加生产的状态。如果一个经济体已消除“非自愿周期性失业”,仅限于自然失业的话,就是实现了充分就业。

充分就业(Full Employment)是国家宏观经济调控要实现的目标之一。充分就业并非人人都有工作。它一般是指生产要素(包含劳动)都有机会以自己愿意的报酬参加生产的状态。如果“非自愿周期性失业”已消除,失业仅限于自然失业的话,就是实现了充分就业。因此,充分就业并不是失业率为0,大多数经济学家认为存在4%—6%的失业率是正常的,此时社会经济处于充分就业状态。

充分就业时仍然有一定的失业。这是因为经济中有些造成失业的原因(如劳动力的流动等)是难以克服的,劳动市场并不总是十分完善的。这种失业的存在不仅是必然的,而且还是必要的。因为这种失业的存在,才能有劳动后备军随时满足经济对劳动的需求,作为一种对就业者的“威胁”而迫使就业者提高生产效率。此外,各种福利支出(失业补助、贫困补助等)的存在,也使得一定失业水平的存在不会影响社会安定,可以被社会所接受。

那么什么是充分就业下允许存在的自然失业,什么又是非自愿性周期性失业呢?

☞自然失业(Natural Unemployment)是指由于经济中某些难以避免的原因所引起的失业,在任何动态市场经济中这种失业都是必然存在的。

失业一般分为自然失业和周期性失业两大类。自然失业包括:摩擦失业、结构性失业、季节性失业和求职性失业。周期性失业即非自愿失业。

(1) 自然失业。

自然失业(Natural Unemployment)是指由于经济中某些难以避免的原因所引起的失业,在任何动态市场经济中这种失业都是必然存在的。现代经济学按引起失业的具体原因把自然失业分成下面四种类型:

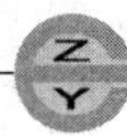

① 摩擦性失业。摩擦性失业是指在经济中由于正常的劳动力流动而引起的失业。在一个动态经济中,各行业、各部门与各地区之间劳动需求的变化是经常发生的。这种变动必然导致劳动力的流动,在劳动力的流动过程中总有部分工人处于失业状态,这就形成了摩擦性失业。经济中劳动力的流动是正常的,所以,这种失业的存在也是正常的。一般还把新加入劳动力队伍并正在寻找工作而造成的失业,也归入摩擦性失业的范围之内。

② 结构性失业。结构性失业是指由于劳动力市场结构的特点,劳动力的流动不能适应劳动力需求变动所引起的失业。经济结构的变动(例如有些部门发展迅速,而有些部门正在收缩;有些地区正在开发,而有些地区已经衰落)要求劳动力的流动能迅速适应这些变动。但由于劳动力一时难以改变其技术结构、地区结构和性别结构,很难适应经济结构的这种变动,从而出现失业。在这种情况下,往往是"失业与空位"并存,即一方面存在着有工作但无人做的"空位";另一方面又存在着有人无工作的"失业"。这种失业的根源在于劳动力市场的结构特点,往往持续时间较长,对经济的危害较大。

③ 季节性失业。由于某些行业生产的季节性变动所引起的失业称为季节性失业。某些行业的生产季节性很强,生产繁忙的季节所需的工人多,生产淡季所需的工人少,这样就会引起具有季节性变动特点的失业。这些行业生产的季节性是由自然条件决定的,很难改变。因此,这种失业也是正常的,在农业、建筑业、旅游业中,这种季节性失业最严重。

④ 求职性失业。求职性失业是指工人不愿意接受现行工资水平而形成的失业。这种失业也是劳动力流动的结果,但它又不同于摩擦性失业。因为这种劳动力的流动,不是由于经济中难以避免的原因引起,而是工人自己造成的,属于自愿失业的性质。这种失业人口中青年人占的比例最大,因为青年人往往不满于现状,渴望找到更适合自己的工作。

(2) 周期性失业。

周期性失业(Cyclical Unemployment)又称需求不足的失业,凯恩斯称其为非自愿性失业。周期性失业往往是由于总需

☞**周期性失业 (Cyclical Unemployment)** 又称需求不足的失业,凯恩斯称其为非自愿性失业,往往是由于总需求不足而引起的短期失业,一般出现在经济周期的萧条阶段。

求不足而引起的短期失业,它一般出现在经济周期的萧条阶段。这种失业与经济中周期性波动是一致的。在复苏和繁荣阶段,各厂商争先扩充生产,就业人数普遍增加。在衰退和谷底阶段,由于社会需求不足,前景黯淡,各厂商又纷纷压缩生产,大量裁减雇员,形成令人头疼的失业大军。

周期性失业的原因主要是整体经济水平的衰退。和自然失业不同,周期性失业是可以避免的。20 世纪 30 年代经济大萧条时期西方国家的失业就完全属于周期性失业。与结构性失业、摩擦性失业等自然失业状况不同,周期性失业的失业人口众多且分布广泛,是经济发展最严峻的局面,通常需要较长时间才能有所恢复,因而周期性失业是人们和政府最不想看到的。

除了上述两大类失业外,经济中往往还存在一种特别的失业形式,即伪装性失业或隐蔽性失业,俗称人浮于事,或有职无工的状态。在转型国家有转型失业,如中国的下岗。

3. 失业的影响及治理

(1) 失业的成本与奥肯定律。

由于劳动力是经济社会中重要的资源,当出现失业时,意味着经济资源存在浪费和闲置。下面我们探讨失业的成本。

失业的成本首先是一种社会成本。对失业者而言,失业会带来非常严重的后果:一方面收入减少,生活遇到极大的困难;另一方面,还会对失业者的心理产生巨大的冲击。如果失业持续较长的时间,失业者的工作技能也会贬值,人力资本的积累中断,失业持续时间越长,重新工作的可能性越小,劳动技能的贬值就越严重。这些都最终会形成一笔庞大的成本。失业的这种负面效应还会扩散到整个社会,会诱发许多社会问题,例如失业率较高时,社会治安状况可能恶化,社会开始变得不稳定等。

衡量失业经济成本的最主要方法是利用奥肯定律(Okun's Law),这是美国经济学家阿瑟·奥肯发现的一条经验性定律。奥肯在研究美国经济时发现失业率每降低 1 个百分点,产出能够增加 2.5—3 个百分点;反之,失业率每提高 1 个百分点,产出将下降 2.5—3 个百分点。奥肯定律揭示了失业和经济增长的内在关系,从失业增加引起经济增长下降的角度看,失业将给经

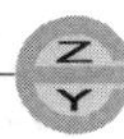

济带来巨大的损失。

(2) 失业的治理。

① 对摩擦性失业和结构性失业的治理。由于劳动力市场不断变动和信息不完备造成的摩擦性失业不可避免,但是可以通过增设职业介绍所、青年就业服务机构和建立人才库网站等多种途径完善就业信息服务来减少摩擦性失业。

经济增长必然伴随经济结构的变化进而导致结构性失业。应当承认,我国目前面临巨大的结构性失业压力。一般来说,结构性失业的主要原因是劳动力不能适应经济结构变化后的工作,故可以通过对受结构性失业威胁的人进行教育培训的方法来解决这一问题;另外,可以加大地区间劳动力的流动,降低结构性失业。

② 对周期性失业的治理。周期性失业是由于"有效需求"不足引起的。对于这种失业,需要国家干预,刺激"有效需求",主要举措包括:为私人扩大投资创造条件,刺激个人消费;加大政府采购力度,加大政府支出等。一般认为,可以通过扩张性的财政政策与货币政策来刺激总需求,以消除需求不足造成的周期性失业。

二、中国特色的城镇登记失业率

失业率是评价一个国家或地区失业状况的主要指标,在中国,失业率曾长期笼罩着意识形态的面纱,真实面目难辨。

到目前为止,尚没有公开发布与国际接轨的调查失业率数字。中国官方公布的失业率数字为城镇登记失业率,这一数字由国家统计局与劳动和社会保障部共同收集与发布。其公式为

$$失业率=\frac{城镇登记失业人数}{城镇就业人数+城镇登记失业人数}\times 100\%$$

其中,城镇就业人数,指在城镇范围内从事一定社会劳动并取得劳动报酬或经营收入的全部人员(包括:全部职工、城镇私营企业从业人员、城镇个体劳动者、其他社会劳动者)。城镇登记失业人数,指劳动年龄内(男16—50岁,女16—45岁)的城镇居民,具有劳动能力,有就业要求而未就业,并已在劳动部门进

行登记的人数。

目前统计上对临时安排了工作,劳动收入达到最低一级工的收入水平,或虽无职业,但不要求就业者,不作为失业人员统计。统计失业人员数和计算失业率,一般以年末为时点。

在1999—2000年,我国的失业率一直保持在3.1%左右,2001年为3.6%,之后逐步上升,图6-1给出了我国2002—2012年城镇登记失业人数及登记失业率。

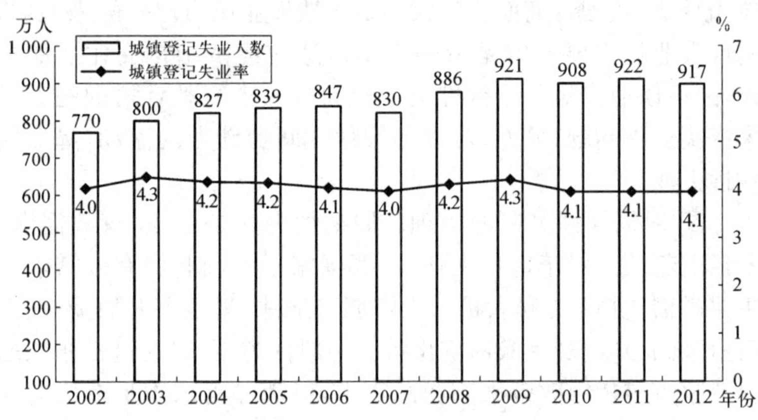

图6-1　2002—2012年我国城镇登记失业人数及登记失业率(单位:万人;%)

城镇登记失业率仅仅把那些到就业服务机构求职登记的无工作者视为失业人员,而那些没有去登记的失业人员被排除在失业者统计之外,因此它会低估社会真实的失业程度。

首先是下岗职工不划归失业人口。下岗人员和失业人员是有区别的:一是劳动关系不同,下岗职工只是离开本企业的工作岗位,没有和所在企业解除劳动关系,而失业人员则与原企业终止了劳动关系;二是管理方式不同,国有企业下岗职工由企业再就业服务中心负责管理,包括发放基本生活费、代缴社会保险费等,而失业人员实行社会化管理。

其次,到当地劳动保障部门登记的符合失业条件的人员统计为失业人员,没有登记的不统计为失业人员。没有登记的人员情况比较复杂,有的已经从事个体经营、临时性工作或其他有收入的工作;有的没有求职愿望;也确有少数没有登记但有求职

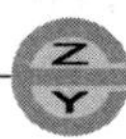

要求者。

最后,我国目前的失业率是城镇登记失业率,不包括农村剩余劳动力,也不包括农村进城务工的劳动力。随着城市化程度的提高和户籍制度的改革,国家将逐步改变按城乡户籍统计失业人数的办法,实行按居住地统计失业人数的办法。

需要说明的是,无论是下岗职工还是失业人员,“隐性就业”情况都普遍存在。据抽样调查,下岗职工中有80%左右的人员从事过一次以上有收入的工作,其中工作时间在半年以上的占30%左右,月收入一般在300元左右。

三、期待中国的失业率统计与国际接轨

人力资源和社会保障部公布2008年我国城镇人口失业率是4.2%左右,而2008年12月16日中国社科院发布《社会蓝皮书》称,中国城镇失业率达9.4%,已经超过了7%的国际警戒线,两个统计数据竟然相差如此之大,令人吃惊。人力资源和社会保障部解释说,之所以会有这么大的差别,主要是因为两家采取的统计方法不同。人力资源和社会保障部统计的是“登记失业率”,社科院统计的是“调查失业率”。

中国从20世纪80年代初开始建立登记失业制度,由于当时中国还处在计划经济体制下,称为“待业登记”,所有的城镇无业者都必须首先到政府劳动部门去登记,处于等待期的劳动者即登记为“待业”。但是,随着1994年党的十四大提出要从计划经济转向市场经济,中国劳动用工制度发生了重大变化,政府不再统一分配和安置,企业和劳动者开始进行双向选择。于是,1994年将“待业登记”更名为“失业登记”。中国“城镇登记失业率”的概念也由此开始。但由于很多真正失业的人不一定去登记,加上农村的农民就业没有包括在内,因此公布的登记失业率数字比调查失业率要低也不足为奇。

其实,国家统计局已经从2005年开始做调查失业率的试点。在2005年底进行了一次调查之后,每半年都要进行一次调查统计。调查采用分层、多阶段、整群概率比例抽样的方法,样本包括16岁以上人口,大约90万人。调查内容包括户口登记状况、户口性质(非农或农业)、受教育程度、是否为取得收入而

劳动、就业身份、行业和职业等。其中,有关失业的主要项目包括未工作原因、寻找工作方式、未工作时间,失业前所在的行业和职业等等。这一调查采用了国际劳工组织建议的就业概念,把就业者定义为16岁及以上有劳动能力、在调查周内从事一小时以上社会劳动并取得劳动报酬或经营收入的人员,包括由于学习、休假及其他原因(如天气、设备维修、动力不足、原材料短缺等)在调查周内暂时处于未工作状态的人员,而把失业者定义为16岁及以上正在寻找工作的无工作人员。应该说,从这一调查中完全可以取得和国际接轨的调查失业率数字,但这一调查失业率数字一直没有公布,只报送国家发改委、人社部等国务院相关部门内部使用。2013年,国务院总理李克强在英国《金融时报》撰文透露,2013年上半年中国调查失业率为5%,这是我国首次公布官方调查失业率数据,因为和此前人社部发布的4.1%的城镇登记失业率有差异,再一次引发了人们对失业率统计方法的热议。鉴于失业率正在成为度量宏观经济运行状况的重要指标,中国迫切需要一个和国际接轨的调查失业率。因此,中国应该尽快建立和国际接轨的失业率调查制度并定期发布调查失业率。让我们共同期待中国失业率统计与国际接轨的一天早些到来!

即问即答:目前我国官方公布的失业率数字存在哪些失真?应如何改进?

第三节　恶性通货膨胀的吉尼斯纪录

津巴布韦也许是世界上唯一一个亿万富翁与香车、洋房联系不起来的国家。津巴布韦通货膨胀率达到2 200 000%,创下世界纪录。自从1980年津巴布韦获得独立以来通货膨胀率持续飙升。2008年年初,津巴布韦政府已经开始发行1百万、5百万、1千万和最高的5亿元的钞票。那里一份报纸的价格是250亿元,一桶啤酒的价格是1 000亿元。这些数据当然说明局势

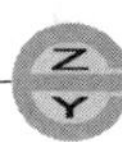

的严峻，但仍然未能描述在这种局势下人们的生活将如何进行。

国民党统治时期(1928—1949)我国也曾爆发非常严重的通货膨胀。当时，国民政府热衷内战，军费开支数额庞大，财政赤字连年不断。抗日战争爆发后，财政赤字更加严重。1941 年政府财政赤字创纪录地上涨到占总财政支出 87.19%。解放战争期间，国民政府的军费支出更是达到天文数字，连年的财政赤字不得不依靠发行纸币(法币)来弥补，结果造成外汇储备和黄金储备枯竭，物价飞涨，一日数变，恶性通货膨胀愈演愈烈。1948 年为制止通货膨胀，摆脱经济危机，国民政府推行了“币制改革”，但转而发行的金圆券贬值比法币更快，物价、美元汇率如火箭般地飞升。当时有人根据物价统计对法币和金圆券的贬值作了一个形象化的分析：

法币 100 元的购买力：

1937 年值黄牛两头，

1938 年值黄牛一头，

1939 年值猪一头，

1941 年值面粉一袋，

1943 年值煤球一个，

1948 年值大米 0.002 416 两，

1949 年 5 月值大米 0.000 000 000 185 两，即一粒米的千万分之二点四五。

一、谈虎色变的通货膨胀

通货膨胀(Inflation)是指一般价格总水平持续和显著的上涨过程。

☞**通货膨胀(Inflation)**是指一般价格总水平的持续和显著的上涨过程；通货紧缩(Deflation)则是指一般价格总水平的持续和显著的下降过程。

1. 通货膨胀的度量

通货膨胀率是衡量通货膨胀程度的指标，它被定义为一般价格水平在单位时期内的变动率。这里的一般价格水平是衡量货币购买力或货币所能购买的产品和劳务数量的指标，实践中通常用价格指数加以表示。

$$\text{通货膨胀率}=\frac{\text{本期价格指数}-\text{上一期价格指数}}{\text{上一期价格指数}}\times 100\%$$

☞**消费物价指数(Consumer Price Index; CPI)**是反映与居民生活有关的商品及劳务的物价变动指标，又称零售物价指数或生活费用指数，通常作为观察通货膨胀水平的重要指标。

(1) *消费物价指数*(Consumer Price Index; CPI)，又称零售物价指数或生活费用指数，它是衡量各个时期居民个人消费的商品和劳务零售价格变化的指标。

(2) 批发物价指数(Producer Price Index; PPI)，又称生产者物价指数或工业品出厂价格指数，是衡量工业企业产品出厂价格变动趋势和变动程度的指数，是反映某一时期生产领域价格变动情况的重要经济指标，也是制定有关经济政策和国民经济核算的重要依据。

(3) 国内生产总值折算数(Price Index of GDP)，也叫 GDP 平减指数，是衡量各个时期一切商品与劳务价格变化的指标，等于考察年份名义 GDP 与实际 GDP 之比。

这三种物价指数都能反映出基本相同的通货膨胀率变动趋势，但由于各种指数所包括的范围不同，所以数值并不相同。在这三种指数中，消费物价指数与人民生活水平关系最密切，因此，一般都用消费物价指数来衡量通货膨胀。

2. 通货膨胀的分类

(1) 按价格上升的速度大小可分为温和的通货膨胀或爬行的通货膨胀(年通货膨胀率在 10%以内)、加速的通货膨胀或奔驰的通货膨胀(年通货膨胀率在 10%—100%)和超速通货膨胀或恶性通货膨胀(年通货膨胀率高于 100%)。

(2) 按价格变动的程度不同可分为平衡和非平衡的通货膨胀。在平衡的通货膨胀中，每种商品的价格都按相同比例上升，而在非平衡的通货膨胀中，各种商品价格上升的比例并不完全相同。

(3) 按人们预料的程度不同可分为未预期到的和预期到的通货膨胀，前者价格上升的速度超出人们的预料，后者则意味着通货膨胀人们事先已经预期到。

3. 通货膨胀的成因

(1) 需求拉上的通货膨胀(Demand-pull Inflation)。需求拉上的通货膨胀是指因总需求增加所引起的一般价格水平的持续和显著上涨的过程。由于总需求表现为货币数量，因而需求拉上的通货膨胀又被解释为“过多的货币追逐过少的商品”。

总需求是由消费需求、投资需求、政府需求和净出口构成

的。按照凯恩斯主义理论，在经济处于萧条时期，总需求增加在对总收入产生影响的同时也会对价格总水平产生影响，但通常影响较小。当经济处于潜在或充分就业状态时，总需求增加就不一定能带来总收入的增长，因为总供给增加会遇到生产能力的限制。结果，总需求增加导致价格总水平上涨，就是需求拉上的通货膨胀。总需求的过度增长可能来源于私人部门的消费和投资需求增加，也可能与政府扩张性的财政和货币政策有关。

(2) 成本推进的通货膨胀(Cost-push Inflation)。成本推进的通货膨胀是指在没有超额需求的情况下由于供给方面成本的提高所引起的一般价格水平持续和显著上涨的过程。成本推进主要包括工资和利润推进。在总需求不变的条件下，如果工人工资的提高引起产品单位成本增加，便会导致物价上涨。在物价上涨后，如果工人又要求提高工资，而再度使成本增加，便会导致物价再次上涨。这种循环被称为工资—物价"螺旋"上升。无论是工资还是利润，如果超过价格总水平的上涨速度，则会对商品和劳务价格的进一步上涨形成压力。还有一种外生性成本通货膨胀，即由进口原材料价格上升(如石油涨价)、国内中间产品垄断价格等因素造成的通货膨胀，但这种通货膨胀往往是一次性的。

(3) 结构性通货膨胀(Structural Inflation)。结构性通货膨胀是指在供求基本平衡条件下，由于个别关键性商品供求比例失调，或者由于经济部门发展不平衡而引起的通货膨胀。社会各部门劳动生产率水平和提高速度不同、发展趋势不同、与世界经济联系程度不同，但由于一方面现代社会经济结构不容易使生产要素从落后部门、衰落部门、封闭部门向先进部门、兴起部门、开放部门转移；另一方面落后部门、衰落部门、封闭部门却又要求在工资、价格等方面向先进部门、兴起部门和开放部门看齐，结果就会导致一般价格水平上涨。

(4) 供求混合的通货膨胀(Compounded Inflation)。在现实生活中，纯粹意义上的需求拉上、成本推进或结构型等都不可能持续地作为单独引发通货膨胀的因素，最终会演化为复杂的供求混合型通货膨胀，即"推中有拉，拉中有推"。供求混合型通货膨胀主要表现为"螺旋式"和"直线式"两种形式。前者是先由供给因素引起通货膨胀,进而引起总需求上升,演变为混合型通货膨胀;后者是先由需求因素引起通货膨胀,进而引起成本上升,形成供求混合型通货膨胀。

4. 通货膨胀的效应

通货膨胀产生的效应取决于通货膨胀的类型,一般来说,平衡和预期到的通货膨胀对经济的影响很小。因此,在此主要分析不平衡和未被预期到的通货膨胀产生的效应。

(1) 收入和财富分配效应。如果名义工资率的增长慢于通货膨胀增长速度,公众和企业因货币贬值所获得的货币收入购买力将下降,即实际收入会减少;假如通货膨胀是由于政府借款造成中央银行向社会过量发行货币、增加货币供给,则政府可以因此而增加一笔额外的收入,即通货膨胀税。于是,通货膨胀不利于大多数工薪阶层、退休者、失业者和贫困者、接受政府救济者和债权人,但是,通货膨胀有利于高收入者、企业主、厂商和债务人。

(2) 就业和产量效应。较高的通货膨胀影响就业和产出水平。需求拉动型通货膨胀在一定条件下,能促使厂商扩大生产规模、增加雇佣工人;通货膨胀使银行的实际利率下降,这会刺激消费和投资需求,促进资源的充分利用和总供给的增加。但如果是供给下降引发的通货膨胀,国民收入和就业量将随之下降,导致大多数工人处于失业状态。

长期来说,通货膨胀与产出的增长之间存在着一种类似倒"U"形的关系。许多国家的研究表明,各国的产出增长与通货膨胀之间的关系是这样的:低通货膨胀的国家经济增长最为强劲,而高通货膨胀或通货紧缩国家的增长趋势则较为缓慢。

(3) 对经济效率的影响。通货膨胀扭曲价格信号进而损害经济效率。在一个高通货膨胀的经济中,很难区分相对的价格变化与整体的价格变化。如果通货膨胀率每月达到20%或30%,商店就会频繁地变动价格,以致相对价格混乱无序、难以适从。如果年通货膨胀率从0上升到20%,则现金的实际利率就从每年的0降为-20%。由于货币利率实际为负,在通货膨胀时人们更愿意持有真实资源而减少货币持有量,为此,他们会频繁地进出银行。一些学者将通货膨胀对经济效率的这种负面

影响形象地称为：菜单成本、皮鞋成本。你能理解其中的含义吗?!

5. 通货膨胀的治理

严重的通货膨胀对于经济发展和社会稳定是极其不利的，许多国家都十分重视通货膨胀的治理。政府采取的反通胀政策主要有财政政策、货币政策、收入政策与供给政策。主要措施有：控制货币供应量，减轻货币贬值和通货膨胀的压力；运用紧缩的货币与财政政策调节和控制社会总需求；有效控制工资增长率，平抑成本推动型通货膨胀；此外，增加商品有效供给，调整经济结构，使商品供求实现均衡，对于平抑结构型和需求拉上型通货膨胀也比较有效。

二、中国民生 CPI 解读

1. CPI 概述

CPI 是深受各国重视的热门经济指标。了解这一指标，对正确分析一国经济运行中的价格现象会有很大帮助。CPI，即居民消费物价指数，是反映一组代表性商品和服务项目价格水平变化趋势和变动幅度的统计指标，以零售量或居民消费量为权数，反映消费者所付价格水平。

作为一种价格指数，CPI 有着非常重要的用途。一方面，CPI 是宏观经济决策的重要参考对象，为一国政府分析和制定货币政策、财政政策、价格政策以及进行国民经济核算提供科学依据。另一方面，国际上通常以 CPI 为主要指标来反映通货膨胀(或通货紧缩)的程度。在西方经济学中，通货膨胀是指最终产品和劳务的价格水平普遍的、连续的、超过一定幅度的上涨。按国际惯例，当 CPI 增幅连续超过 3%时，即意味着发生了通货膨胀；CPI 低于 1%时，则有通货紧缩的风险。当通胀发生时，一国货币就会贬值，名义工资与实际工资背离，大多数居民的利益和生活会受到影响。根据 CPI 的变动，可计算出名义工资和实际工资背离的幅度，以便在劳资双方签订合同时，提高名义工资以降低甚至抵消人们因实际工资的下降而遭受的损失。此外，因通货膨胀而调整租借合同、退休或残障人士的补贴金、甚至是离婚后对儿童的赡养费时，都有必要用到 CPI。

反映通货膨胀(或通货紧缩)的主要指标除CPI外，还有GDP平减指数和生产者物价指数PPI。GDP平减指数衡量的是某时期内所有商品和劳务价格的变动程度，覆盖面最广，从理论上来说是最合适的通货膨胀指标。然而这一指标计算复杂，资料收集较难，国外一般也只能按季度测算、公布数据，难以满足及时观察和分析通货膨胀变化的需要，因此在实践中，是最不合适的指标。PPI是许多国家按月发布的另一个重要价格指数，用以说明投入不同生产阶段的资本品、中间产品、原材料等商品的价格变化情况。但因其不能反映种类繁多的服务价格的变化情况，因此相比较而言，衡量居民购买并用于消费的商品和服务项目价格水平的变动趋势和变动幅度的指数CPI，仍是与居民生活关系最为密切、同时又具有实践性的综合指数。所以，从衡量通货膨胀的角度来看，国际上采用最广泛的还是CPI。

2. 中国CPI指标及其完善

中国自1984年开始编制CPI，经过数次改革，在CPI的调查方法、计算公式、权数的获取等方面均已比较成熟。与美国相同，中国CPI也包括8大类商品和服务，分别是食品、烟酒及用品、衣着、家庭设备用品及服务、医疗保健及个人用品、交通和通信、娱乐教育文化用品及服务、居住，共263个基本分类，约700种商品和服务项目。编制CPI所用的各大类产品的权数是依据全国12万城乡居民家庭调查资料中的消费支出构成确定的。由于消费结构会随着人们生活水平的提高而变化，因此CPI权数每年都做些小调，每5年做一次大调。

1994—2006年，中国CPI呈现先迅速下降后在低位徘徊的走势。在低位徘徊的CPI与人们对物价上涨的直观感受不符，即使2007年3月份以后CPI增幅已连续5个月超过3%，仍有观点质疑中国CPI并没有完全反映出现实的物价上升程度。与西方国家相比，与中国的现实相比，中国的CPI在编制和信息发布方面还存有一定程度的不可回避的局限性。

首先，CPI各大类商品价格的权数设置不太合理，不能完全反映居民的消费支出。最突出的表现在于：食品支出占居民消费支出的比重在不断下降，但食品类权数却仍高居榜首且无变化；相反，医疗、教育、住房消费等居民支出最高的几

项，权数却偏低。即使经过调整，这些项目的权数仍被严重低估，其价格的上涨也因此未能在CPI中得到全面反映。我国现行CPI各大类商品价格的权数设置如图6-2所示。

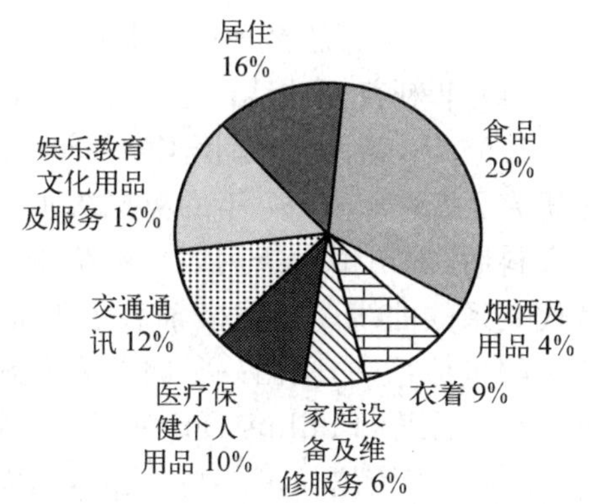

图6-2 中国现行CPI权数设置

其次，中国CPI的编制过程和相关信息发布应与国际规范接轨。以权数为例，公开发布的权数仅是居民各类消费在居民家庭消费支出中的比重，占CPI的权重有多大则未公布，权数的获得只能根据相关信息计算、测定。事实上，重要经济指标的规范、透明能够影响公众对政府政策的信心，进而影响到公众对通货膨胀的预期，而影响公众预期恰恰是控制通胀的重要方法之一。

从西方国家的经验可知，CPI大幅上升、通胀压力增大时可以加息的方式予以抑制，而CPI低位小幅波动时则可维持较低的利率。然而，如果CPI不能完全反映居民消费生活的现实，对经济运行的解释力和通货膨胀程度的反应能力当然就会弱化，由此制定的宏观经济政策就有可能造成经济行为的扭曲。由此可见，编制科学、规范、透明的CPI在我国经济生活的重要性日渐突出。

三、社会面临失业与通货膨胀之间的短期权衡取舍

通货膨胀百分比+失业率百分比=痛苦指数，表示一般大众对相同升幅的通货膨胀率与失业率感受到相同程度的不愉快。无论是发达国家，还是发展中国家，都不同程度地存在着失业与通货膨胀问题。经济决策者在解决这两个问题的时候，往往会碰到这样一个矛盾，即降低通货膨胀与降低失业率这两个目标是互相冲突的。在宏观经济学中，失业和通货膨胀的关系主要通过菲利普斯曲线来说明。

1. 失业与通货膨胀之间的交替关系——菲利普斯曲线

(1) 菲利普斯曲线的含义。

1958 年,新西兰统计学家威廉·菲利普斯(A. W. Phillips)在研究了 1861—1957 年的英国失业率和货币工资增长率的统计资料后,提出了一条用以研究失业率和货币工资增长率之间替代关系的曲线。在以横轴表示失业率,纵轴表示货币工资增长率的坐标系中,画出一条向右下方倾斜的曲线,这就是最初的*菲利普斯曲线*(Phillips Curve;PC)。该曲线表明:当失业率较低时,货币工资增长率较高;反之,当失业率较高时,货币工资增长率较低,甚至为负数。菲利普斯曲线表明,低失业率和低通货膨胀率两者不可兼得,如果一个经济愿意以较高的通货膨胀率为代价,则可以实现较低的失业率,如图 6-3 所示。

☞**菲利普斯曲线 (Phillips Curve)** 表明失业与通货膨胀存在一种交替关系的曲线,最早是由经济学家 W·菲利普斯于 1958 年提出。

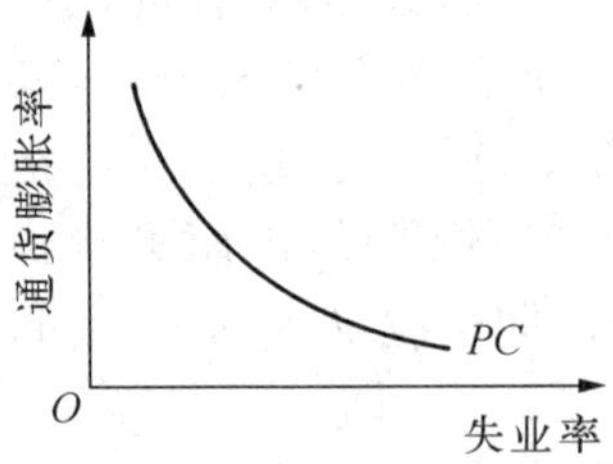

图 6-3　菲利普斯曲线

(2) 菲利普斯曲线的应用。

菲利普斯曲线为政府实施经济干预、进行总需求管理提供了一份可供选择的菜单。它意味着可以用较高的通货膨胀率为代价,来降低失业率或实现充分就业;而要降低通货膨胀率和稳定物价,就要以较高的失业率为代价。也就是说,失业率与通货膨胀率之间存在着一种"替换关系",想要降低或增加其中的一个,就要以增加或降低另一个为代价。

具体而言,一个经济社会首先要确定一个临界点,由此确定一个失业与通货膨胀的组合区域。如果实际的失业率和通货膨胀率组合在组合区域内,则政策的制定者不采用调节措施;如果在区域之外,则可根据菲利普斯曲线所表示的关系进行调节。图 6-4 说明了这种调节的过程。

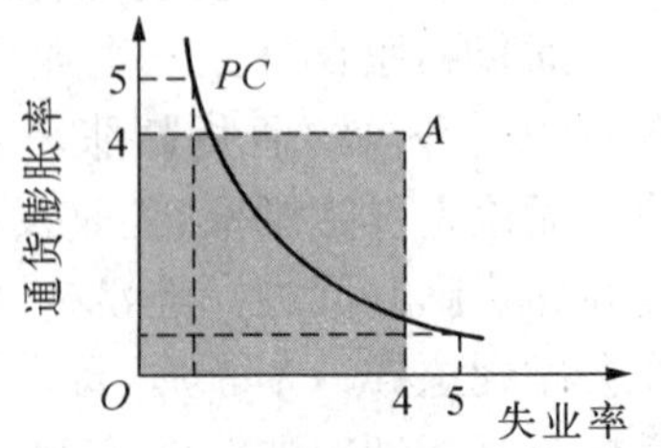

图 6-4　菲利普斯曲线的应用

在图 6-4 中,假定当时失业率和通货膨胀率在 4% 以内

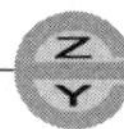

时，经济社会被认为是安全的或可以容忍的，这时在图中就得到了一个临界点，即 A 点，由此形成的一个四边形的区域，被称为安全区域，如图中的阴影部分所示。如果该经济社会的实际失业率与通货膨胀率组合落在安全区域内，则政策制订者无须采取任何调节措施(政策)。

如果实际的通货膨胀率高于 4%，例如达到了 5%，该经济社会的失业率仍在可接受的范围内，经济政策制定者可以采取紧缩性政策，以提高失业率为代价降低通货膨胀率。从图中可以看到，当通货膨胀率降到 4%以下时，经济社会的失业率仍然在可以接受的范围内。

如果实际的失业率高于 4%时，例如为 5%，这时根据菲利普斯曲线，政策制定者可采取扩张性政策，以提高通货膨胀率为代价降低失业率。从图中可以看出，当失业率降到 4%以下时，经济社会的通货膨胀率仍然在可接受的范围内。

2. 长期菲利普斯曲线

货币学派和理性预期学派的观点认为，失业率与通货膨胀率在长期中是不存在交替关系的，长期中的菲利普斯曲线是一条垂直线，如图 6-5 所示。

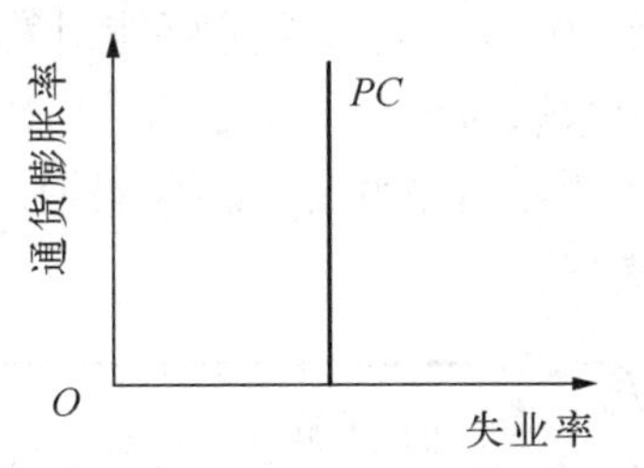

图 6-5　长期中的菲利普斯曲线

3. 经济停滞与高通货膨胀的并存——“滞胀”

滞胀 全称停滞性通货膨胀(Stagflation)，特指经济停滞(Stagnation)与高通货膨胀(Inflation)、失业以及不景气同时存在的经济现象。“滞”即经济增长停滞，“胀”即指通货膨胀。通俗地说，就是指物价上升，但经济停滞不前。它是通货膨胀长期发展的结果。

> ☞**滞胀**
> (**Stagflation**) 全称停滞性通货膨胀，特指经济停滞(Stagnation)与高通货膨胀(Inflation)、失业以及经济不景气同时存在的经济现象。

通常认为，高通货膨胀率和高失业率是不可能并存的。因为，通常情况下通货膨胀可以使得就业率上升。但是，上个世纪的一次经济危机中(20 世纪 70 年代)，西方国家出现“高通货膨胀率和高失业率并存”这个事实，而使得该理论观点被否认。西方经济学中政府政策有几个目标，即：经济高增长、低失业率、低通货膨胀率。这个观点是凯恩斯提出来的，他认为增加货币供给→需求增加→经济增长→失业减少→物价上涨→通货膨胀;减少货币供给→需求减少→经济停滞→失业增加→物价下跌→通货紧缩。即经济衰退与通货膨胀不会同时存在,但在70年代西方资本主义国家普遍出现了经济增长停滞、失业增加、通货膨胀同时存在,凯恩斯主义受到质疑。

造成停滞性通货膨胀的原因通常有以下两个方面:一是政府错误的经济政策(包括财政政策、税收政策、货币政策、贸易政策等);二是来自供给的冲击,生产成本快速上涨使得社会供给不足,在带来通货膨胀的同时还会导致产出下降。例如石油危机造成石油价格上涨,厂商无法立即反应其成本,在高成本的压力下难以生存,失业率因此而提高。

一般来说,对付"滞涨",货币政策的用武之地不大,因为如果为了控制通胀而提高利率,则其负面作用可能导致经济增速进一步减慢,甚至出现负增长;如果为了刺激经济增长而降低利率,则其负面影响是可能引发恶性通胀。对付"滞涨",一般采用财政政策效果较好。比如,通过加大财政开支或减税等措施来刺激经济增长。当然,如辅之以适度升息来控制通胀,则效果更好。

> 即问即答:说明需求拉动型通货膨胀并谈谈你对通货膨胀经济效应的理解。

第四节　改革开放以来中国的经济周期与经济增长

一、逃不开的经济周期

资本主义经济发展的历史表明:经济的增长方式从来就不是按部就班、一成不变的,而是繁荣与萧条、衰退与扩张不断循环往复的过程。一个国家可以享受好几年令人兴奋的经济扩张和繁荣,就像20世纪90年代的美国。也有可能在极少数情况下出现最不愿看到的长期经济衰退,以及由此而致的国民产出

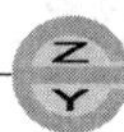

下降，利润和实际收入减少，大批工人失业等，正如 2008 年美国遭遇了金融危机，并由此引发了全世界的经济危机。最后，衰退逐渐落到谷底，然后开始复苏，速度可快可慢，可能恢复不到从前，也可能启动下一轮的经济增长。

上面提到的经济扩张与经济紧缩交替更迭、循环往复的经济波动现象被经济学家称为商业周期或经济周期(Business Cycle)。经济学家萨缪尔森给它定义为：国民总产出、总收入、总就业量的波动，持续时间通常为 2—10 年，它以大多数经济部门的扩张或收缩为标志。

☞**经济周期(Business Cycle)**又叫商业周期，指经济扩张与经济紧缩交替更迭、循环往复的经济波动现象，是国民总产出、总收入、总就业量的波动，持续时间通常为 2—10 年。

历史上没有两个完全相同的经济周期，也没有任何精确的公式来预测经济周期的发生日期和持续时间，相反，经济周期就像天气一样变化无常。然而，它们通常具有一种家族式的相似性。每一个经济周期都可以分为扩张上升和收缩下降两个阶段，也可以更细分为四个阶段：繁荣、衰退、萧条和复苏。其中繁荣、萧条是两个主要阶段，而衰退和复苏是两个过渡性阶段。为了更好地理解经济周期四个阶段的特点，请参见图 6-6。

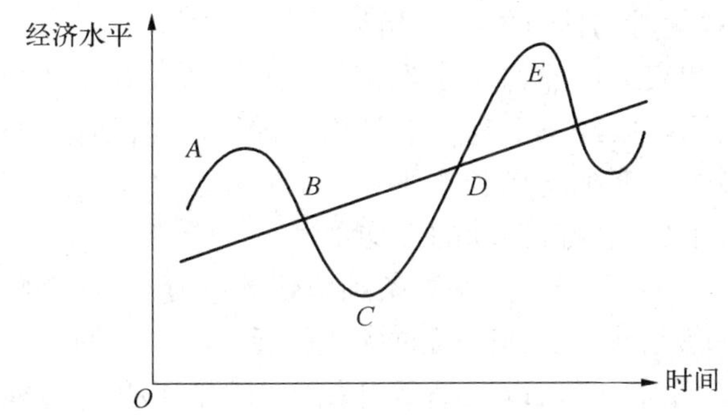

图 6-6　经济周期曲线图

如图 6-6 所示，A—B 为衰退，B—C 为萧条，C—D 为复苏，D—E 为繁荣。其中正斜率的直线是经济的长期增长趋势线。

从 D 到 E，繁荣：这个阶段经济形势很好，就业机会充分，工厂加班加点，利润丰厚，人们对未来乐观。20 世纪 90 年代美国经济的长期持续扩张，对于消费者来说是一种幸运，股票行情一路攀升,被人们称为由于全球化和信息化而出现的经济新纪元。

从 B 到 C,萧条：这个阶段生产急剧减少,投资减少,工作相当难找,工厂生产能力闲置,利润微薄,人们对未来很悲观。通常这些经济低迷的时期是短暂而温和的,如美国 1990—1991 年的经济萧条。但偶尔也会出现如同 19 世纪 30 年代的大萧条,衰退持续了 10 年,且导致了世界范围的经济低迷。

从 A 到 B,衰退：是从繁荣到萧条的过渡期,这个阶段是经济出现停滞或负增长的时期。严重的经济衰退会被定义为经济萧条,毁灭性的经济衰退则被称为经济崩溃。历史上最糟糕的经济衰退出现在 20 世纪 30 年代,当时的失业率大约是 25%,也就是说 4 个人中就有 1 个人失业。这段经济大萧条给人们带来的困难不仅仅限于收入的减少,对于某些人来说,它还破坏了正常生活和健康的家庭关系。然而,经济的衰退既有破坏作用,又有"自动调节"作用。在经济衰退中,一些企业破产,退出商海;一些企业亏损,陷入困境,寻求新的出路;一些企业顶住恶劣的气候,在逆境中站稳了脚跟,并求得新的生存和发展。这就是市场经济下"优胜劣汰"的企业生存法则。

萧条和衰退虽然都是指经济活动的下降,但在概念上有所区别。衰退阶段经济活动呈下降趋势,但从经济活动的水平看,仍在经济的长期平均增长水平以上,而萧条时期的经济活动水平却远低于长期经济活动的平均水平。

从 C 到 D,复苏：是从萧条到繁荣的过渡期,这个阶段经济开始从谷底上升。复苏阶段的特征包括：被磨损的机器设备开始更新,就业率、收入以及消费开始上升,由于投资增加促进生产和销售的增加,使企业利润有所提高,从而使人们开始对前景寄予希望,由悲观转为乐观,原先不肯进行的风险投资这时也开始出现。随着需求的增加,生产不断扩张,萧条时期闲置的设备及劳动和其他生产资源开始陆续使用。但是,由于萧条阶段的影响,社会经济在各方面都处于调整阶段,因而经济恢复的速度不会太快。随着经济恢复的不断完善,经济上升的速度也不断加快,到一定程度,便进入下一个高涨时期。至此,整个经济就完成了一个周期的循环,开始下一个周期。

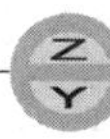

二、改革开放以来我国经济周期分析

经济周期不仅出现在美国等资本主义国家，仔细观察改革开放以来中国的经济，也呈现明显的周期波动。根据英国经济学家威廉·阿瑟·刘易斯(William Arthur Lewis)的说法，划分经济周期可以采用“峰—峰”法，也可以采用“谷—谷”法。所谓“峰—峰”法，是把总量经济指标的指标值从一个峰值(Peak)到另一个峰值划分为一个周期；“谷—谷”法，是把总量经济指标的指标值从一个谷值(Trough)到另一个谷值划分为一个周期。在我国经济周期研究中，两种划分方法都使用过，其中采用“谷—谷”法的较多。

以经济增长率(以GDP增长率计)的“谷—谷”法来划分，我国改革开放后到2009年共经历了五个经济周期。这五个经济周期的时间跨度分别是：1978—1981年、1982—1986年、1987—1990年、1991—1999年、2000—2009年，这也是经济学界一种有代表性的划分。2010年以来，中国经济增长与波动所面临的国内外环境发生了重大变化，进入了新的阶段。一方面，世界经济已由国际金融危机前的“快速发展期”进入“深度转型调整期”。国际金融危机的深层次影响还在不断显现，世界经济复苏缓慢，增长动力不足，国际经济形势依然错综复杂，充满不确定性。另一方面，国内经济已由“高速增长期”进入“增长阶段转换期”。改革开放30多年来近两位数的高速增长已告一段落，开始进入潜在经济增长率下移的新阶段。

表6-6　1978—2013年我国GDP绝对值增长率

年份	GDP绝对值(亿元)	GDP增长率(%)		年份	GDP绝对值(亿元)	GDP增长率(%)	
		实　际	名　义			实　际	名　义
1978	3 645.2	11.7	13.2	1985	9 016.0	13.5	25.1
1979	4 062.5	7.6	11.4	1986	10 275.1	8.8	14.0
1980	4 545.6	7.8	11.9	1987	12 058.6	11.6	17.4
1981	4 891.5	5.2	7.6	1988	15 042.8	11.3	24.7
1982	5 323.3	9.1	8.8	1989	16 992.3	4.1	13.0
1983	5 966.6	10.9	12.0	1990	18 667.8	3.8	9.9
1984	7 208.0	15.2	20.9	1991	21 781.5	9.2	16.7

(续表)

年份	GDP绝对值(亿元)	GDP增长率(%)		年份	GDP绝对值(亿元)	GDP增长率(%)	
		实　际	名　义			实　际	名　义
1992	26 923.4	14.2	23.6	2003	135 822.8	10.0	12.9
1993	35 333.9	13.5	31.2	2004	159 878.3	10.1	17.7
1994	48 197.8	12.6	36.4	2005	184 937.4	11.3	15.7
1995	60 793.7	10.5	26.1	2006	216 314.4	12.7	17.0
1996	71 176.5	10.0	17.1	2007	265 810.3	14.2	22.9
1997	78 973.0	9.3	11.0	2008	314 045.4	9.6	18.1
1998	84 402.2	7.8	6.9	2009	340 902.8	9.2	8.6
1999	89 677.0	7.6	6.2	2010	401 512.8	10.4	17.8
2000	99 214.5	8.4	10.6	2011	473 104.0	9.3	17.8
2001	109 655.1	8.3	10.5	2012	519 470.1	7.7	9.8
2002	120 332.7	9.1	9.7	2013	568 845.2	7.7	9.5

数据来源：2013年国家统计局发布的最终GDP核实数

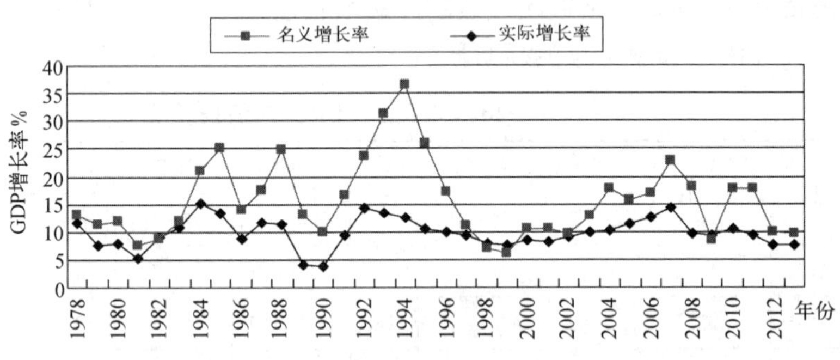

图6-7　改革开放以来我国GDP增长率走势图

从上面图表中，不难看出从1978年以来中国经济增长呈现明显的周期波动性。一方面，我国经济能保持长期高速稳定增长；另一方面，我国经济增长还呈现出高波动性的特点。形成这种经济发展周期的主要影响因素有：

1. 政府的干预

就政府干预经济的决策而言，我国政府运用行政力量管理经济职能，与资本主义国家相比，不仅本质不同，而且调控程度更大。政府为了达到其经济或社会目标，经常采取一些经济或行政的手段干预经济，这样就不可避免地造成经济的波动。

改革开放以来，我国计划经济体制逐步向市场经济体制转变，形成了多种经济成分共同发展的新局面，地方和企业的自主权相应扩大，生产决策权和投资权趋于多元化。计划部门指令性的投资控制效力呈下滑之势，越来越多的企业开始以市场动态、投资活动的趋势等指标来预测经济周期的发展前景，“景气循环”的可预期性显著提高，市场信号和投资回报预期的利益刺激，正在成为引导投资决策的基本依据。

2. 国家对国有企业管理的机制问题

我国的经济增长多年来一直是投资拉动型，而国有企业一向是国家投资的主体。长期以来，国有企业在管理中始终存在很多不完善的东西，使得投资回报率一直很低。这样国有企业就很难靠自身的赢利来带动发展，只有依靠国家的投资和银行的贷款。当国家投资增大时，因为得不到回报，便减少投资。但当投资减少到一定程度，国有企业就面临破产倒闭的危险。由于担心企业倒闭会产生一系列的社会问题，国家又不得不再次放宽投资。于是，这种投资的波动导致了经济周期的产生。

3. 银行的非市场化功能

目前，中国的多数商业银行仍由政府控制，从某种意义上来讲，国有银行仍然是国家政策的忠实履行者。银行在发放贷款时，对于贷款企业的还贷能力关心不够，把80%的贷款发放给了效益并不好的国有企业，这就更进一步促成了我国经济的周期性发展。

4. 国际政治经济的影响

随着我国外贸依存度的增加，我国经济已深深地融入世界经济的体系中，因此难免要受到外部力量的冲击。如在1997年的亚洲金融危机和2008年的经济危机中，我国的外贸出口便大受影响，进而严重影响了我国的国民经济。另外，我国与世界主要国家尤其是与欧美等西方发达国家贸易往来日益密切,也会直接影响我国经济发展的速度。

5. 心里预期的影响

心理学理论认为,社会公众的心理预期会影响人们的消费需求,而消费需求又会影响投资需求和厂商的投资行为,最终将影响经济的周期波动。从我国情况看,心理预期在经济周期波动的影响作用越来越明显。温家宝总理曾说过"信心比黄金和货币更重要"的话,可见信心多重要。从实质上来讲,目前经历的全球经济危机是人们的信心危机,周期的收缩期延长一般与经济主体对未来经济预期不乐观有直接关系。

6. 科学技术的进步

近年来在欧美发达国家,技术是经济周期形成的主要原因。比如,20 世纪 80 年代后期在美国开始的电脑技术革命,使美国经济保持了近十年的高速发展,而当其他国家迎头赶上时,美国经济发展的速度便明显地放慢了。

在我国,技术同样是经济发展的主要推动力。虽然我国是一个发展中国家,但也具有后发展的优势。我国为大力发展科技,以奖励在科技进步活动中作出突出贡献的公民、组织,特设立了五项国家科学技术奖:国家最高科学技术奖、国家自然科学奖、国家技术发明奖、国家科学技术进步奖、中华人民共和国国际科学技术合作奖。其中,国家最高科学技术奖每年授予人数不超过 2 名,获奖者必须在当代科学技术前沿取得重大突破或者在科学技术发展中有卓越建树;在科学技术创新、科学技术成果转化和高技术产业化中,创造巨大经济效益或者社会效益,获奖者的奖金金额为 500 万元人民币。从 2000 年,由吴文俊(世界著名数学家)和袁隆平(杂交水稻之父)获得第一届最高科学技术奖以来,已经成功举办至今。2012 年这一奖项由"爆炸力学奠基人"郑哲敏院士和"预警机之父"王小谟院士荣获。

☞**经济增长(Economic growth)**指在一个较长的时间跨度上,一个国家人均产出(或人均收入)水平的持续增加。

三、经济增长是硬道理

经济增长(Economic growth)指在一个较长的时间跨度上,一个国家人均产出(或人均收入)水平的持续增加。

长期以来各国都把经济增长视为重要的政策目标,旨在提

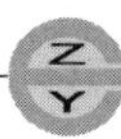

高人们的生活水平，实现幸福、和谐、稳定的社会。那么，要实现经济增长，就离不开投入的人力资源和自然资源以及使用的生产率等要素。

人力资源，也就是劳动力，包括劳动力的规模和工人素质。提高劳工的知识水平、健康程度和纪律意识，以及提高劳工的电脑操作技能，都将极大地提高劳动生产率；自然资源包括石油、天然气、土壤和气候等，以往，许多国家凭借丰富的自然资源而发展起来，但在当今世界上，自然资源的拥有量并不是经济发展取得成功的必要条件；资本包括设备、厂房等，资本的形成对经济的增长产生巨大的影响；技术变革和创新，包括科学与工程知识的质量、管理技术以及发明创造的收益，这已成为当今各国关注的主要因素。

投入数量的增加和使用率的提高通常都能带来经济的增长。在经济比较落后的国家或阶段，资本投入和劳动投入数量的增加可带来明显的经济增长，而在经济比较发达的国家或阶段，资源使用效率的提高对经济增长的贡献较大，甚至高达70%—80%。前者那种靠增加数量增加产出的增长被称为粗放型增长方式，后者由提高资源使用效率引起的增长被称为集约型增长方式。这两种增长方式在经济发展程度不同的国家或不同的阶段都做出过贡献，但不同的增长方式反映出不同的增长源泉以及结果。一般来说，大多数国家都要经历从粗放型增长方式向集约型增长方式的转变。

我国经济长期以来存在高投入、高消耗所导致的高增长、高通胀等问题，比如原材料价格明显上升造成的成本上升，产业结构不合理导致的农业、基础工业和基础设施的“瓶颈”问题，迫切需要寻找出路，转变粗放型增长方式。正如国家主席习近平在2013年9月4日指出：“如果我们继续以往的发展方式，我们会有更高的增长率。但是，在宏观经济政策选择上，我们坚定不移地推进经济结构调整，推进经济转型升级，宁可主动将增长速度降下来一些，也要从根本上解决经济长远发展问题。”因此，随着我国经济的全球化，要使我国产品在国际市场上具有竞争力，也只有改变主要靠增加投入、追求产量等做法，转向依靠高新技术、增加知识投入并以经济效益为中心上来，实现经济的稳定增长。

四、第四次经济浪潮下的中国式增长

从历史来看,经济增长成功的国家大多抓住经济浪潮带来的机遇。第一次浪潮出现在18世纪后期到19世纪中叶,它的原动力是第一次科技革命和第一次工业革命,借助蒸汽机、煤和铁,英国成为第一个初步工业化的国家,并对世界的发展产生了划时代的影响;第二次浪潮出现在19世纪的最后几十年,以新式炼钢法和电力应用为标志的第二次工业革命,使得新兴工业国家美国首次超越英国,成为世界经济中心;第三次浪潮源于二战之后的美国,以核能、电子计算机和自动化技术为标志,出现了合成工业、核工业、电子工业、半导体工业、航天工业和激光工业,很多生产领域实现了全面的机械化和自动化,对人类社会产生了空前的影响;第四次浪潮是以信息技术的应用和知识经济为标志,以高科技产业群的崛起为主要特征,开始于20世纪70年代。

如果说前三次浪潮我国都落在后面,那么随着经济全球化的深入发展,以信息技术革命为基础的第四次浪潮几乎没有地域的限制,势必传播迅速,波及全球。信息化技术加快向传统产业渗透,大大降低了资源消耗和环境污染,提高了企业的经营管理水平,同时改变着人类的生活、工作方式。比如长途电信价格的下降、计算机的普及、全球网络的出现,以及生物技术、材料学和电子工程领域的发展,创造出之前根本不可想象的新产品、新服务系统、新兴行业和新的就业机会。

这次浪潮在给发展中国家带来机会的同时,也使发展中国家面临着相当的困难。因为发展中国家还没有完成工业化,前三次浪潮的任务尚未完成,现在又进入新浪潮的压力下。经济增长没有捷径,历史不会跳跃,只会慢走或快跑。试图跨越历史发展阶段,迄今还没有找到成功的先例。发展中国家必须要迎头赶上,但不能略过,所以注定第四次浪潮下我国经济是个混合体。

我国政府已经意识到这些难题并积极制定政策,把工作重点放在转变经济增长方式上来。由于科学技术在经济增长中做

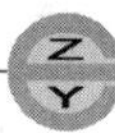

出的贡献越来越大，我们需要从上到下加强创新意识，形成创新文化，推进技术进步，促进经济增长。一方面，要加大科技投入，提高自身创新能力。目前中国的科技投入大约占 GDP 的 1%，而美国、日本等发达国家则高达 3%—5%。所以，我国要想通过技术进步推动经济的长期增长，必须加大科技投入，特别是研究开发的投入；另一方面，加大人力资本投资，避免精英人才的流失，同时提高教育水平，加强对学生工作技能的培养，向社会输送能自主学习、动手能力强的人才。当然，我国政府需要同时做好制度创新，建立有效率的制度，形成全国统一、公平竞争、规范有序的市场体系，提高经济运行效率和创新能力，从根本上消除计划体制遗留下来的低效率状态。期待我国在新知识、新技术的时代，能调整增长的步伐，深化改革，使经济增长更富有活力和效率。

> 即问即答：以信息技术革命为基础的第四次经济浪潮给我国带来了哪些机遇和挑战？

第五节　逆经济风向行事的政府宏观调控

一、宏观调控的四大目标

宏观调控是国家运用计划、法规、政策、道德等手段，对经济运行状态和经济关系进行干预和调整，把微观经济活动纳入国民经济宏观发展轨道，及时纠正经济运行中的偏离宏观目标的倾向，以保证国民经济的持续、快速、协调、健康发展。简言之，宏观调控就是指政府通过采取一些调控手段对宏观经济运行进行干预和调节，弥补市场调节的不足，达到一定的目标。在我国，宏观调控的主要目标是：促进经济增长、充分就业、稳定物价和保持国际收支平衡，其中促进经济增长是最重要的目标。

1. 促进经济增长

促进经济增长是宏观调控最重要的目标。第一，经济增长是经济和社会发展的基础。持续、快速的经济增长是实现国家长远战略目标的首要条件,也是提高人民生活水平的首要条件。第二,促进经济增长是在调节社会总供给与社会总需求的关系中实现的。只有社会总供给与社会总需求基本平衡了,宏观经济才能正常运行,经济增长才能顺利实现。因此,为了促进经济增长,政府必须调节社会总供给与社会总需求的关系,使之达到基本平衡。如果社会总需求明显超过社会总供给,出现商品普遍供不应求、物价全面上涨,这时宏观调控的重点就是抑制投资需求、消费需求,并适当减少出口,同时鼓励增加供给,适当增加进口;如果社会总供给明显超过总需求,出现商品积压、生产下降、物价下降、失业增加,这时宏观调控的重点,是刺激投资需求、消费需求,并鼓励增加出口,同时适当控制供给增加,减少进口。

2. *充分就业*

就业是民生之本,是人民群众改善生活的基本前提和基本途径。就业情况如何,关系到人民群众的切身利益,关系到改革发展与稳定的大局,关系到全面建设小康社会的宏伟目标,关系到实现全体人民的共同富裕。促进充分就业是我国政府的责任。我国面临严峻的就业形势:一方面,劳动供给数量庞大;另一方面,劳动力需求数量有限。必须坚持实行促进就业的长期战略和政策,将增加就业的宏观调控目标落到实处,并严格控制人口和劳动力增长。就业的增长取决于经济增长速度和经济增长的就业弹性。要增加就业,首先要促进经济持续、快速增长,这是增加就业的基础。只有经济快速增长了,经济、社会各项事业才有加快发展的可能,对劳动力的需求才可能有较快的增加。就业弹性是经济增长每变化一个百分点所对应的就业数量变化的百分比。就业弹性的变化取决于经济结构和劳动力成本等因素。一定数量的劳动力就业所需要的资本投入和劳动力成本构成就业的单位成本。如果经济结构中小企业、服务业等劳动密集型经济所占比例较大,资本比例较低,就业成本相对就低,就业弹性就高。经济增长率确定,提高就业弹性,也就是增加就业量。为了提高就业弹性,要积极发展劳动密集型产业、第三产业、中小企业、非公有制企业,要大力推进城镇化,加快小城镇建设。

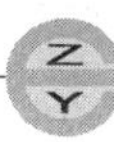

3. 稳定物价

在市场经济中，价格的波动是价格发挥作用的形式，但价格的大幅度波动对经济生活是不利的。如果物价大幅度上升引发通货膨胀，会刺激盲目投资，重复建设，片面追求数量扩张，经济效益下降；如果物价下降带来通货紧缩，则会抑制投资，生产下降，失业增加。在市场条件下，绝大多数商品和服务的价格由市场决定，但政府可以运用货币等经济手段对价格进行调节，必要时也可以采用某些行政手段，以保持价格的基本稳定，避免价格的大起大落。

4. 国际收支平衡

国际收支是一个国家或地区与其他国家或地区之间由于各种交易所引起的货币收付或以货币表示的财产的转移。影响国际收支的重要因素，一是进出口贸易状况，二是资本流入及流出的数量。如果一国的国际收支出现不平衡，尤其是出现较大逆差时，对本国经济是不利的，此时就需要采取适当措施加以调节，使国际收支基本平衡。其措施主要有：增加出口，减少进口，运用外汇储备，引进外资，必要时还可以动用黄金，让本国货币贬值。

经济增长、充分就业、物价稳定和国际收支平衡是宏观调控最重要的四个目标，它们彼此相互联系、相互影响、相互制约。

(1) 经济增长与就业。国民经济的增长会使企业发展较快，增加对劳动力的需求，提供更多的就业岗位，最终会使得就业率增加，促进就业目标的实现；而政府为实现增加就业，创造更多的就业岗位，就必须促进企业增加投资以扩大对劳动力的需求，即刺激经济增长，因此促进经济增长和充分就业目标是一致的。

(2) 经济增长与物价。经济增长和物价上涨是一对孪生姐妹，经济发展比较快时，国内需求旺盛，供需矛盾会导致物价上涨，所以经济的高速发展期往往会伴随有通货膨胀的发生，而物价持续下跌即通货紧缩则往往伴随经济衰退。

(3) 经济增长与国际收支。国民收入的构成中包括消费、投资、政府购买和净出口。当一国在国际收支中处于顺差时，国民收入会增加，反之则会导致国民收入减少。但是长期的贸易顺差又会使该国经济变热,货币坚挺,从而使出口减少,国际收支趋于平衡的同时会降低国民经济增速。

宏观调控的目的在于恰当处理四个目标的关系,寻求一个最佳平衡点。由于四个目标之间的关系较为复杂,充满矛盾,因此不同国家或一个国家在不同时期,宏观调控会各有侧重点,尤其在调控目标不可兼得(甚至在互相矛盾、顾此失彼)的时候更是如此。

二、财政政策的自动稳定器与相机抉择权衡

☞财政政策 (Fiscal Policy) 指一个国家政府为达到既定的目标而对财政收入、财政支出和公债所作出的决策。

财政政策(Fiscal Policy)是指一个国家政府为达到既定的目标而对财政收入、财政支出和公债所作出的决策,是国家整个经济政策的组成部分,同其他经济政策有着密切的联系。财政政策的制定和执行,通常需要金融政策、产业政策、收入分配政策等其他经济政策的协调配合,是国家干预和调节经济活动的重要手段之一。

1. 国家财政

国家财政由财政收入和财政支出两个方面构成,其中财政收入包含税收和公债,而财政支出则包括政府购买和转移支付两部分。

☞财政收入 (Financial Revenue) 指一国政府为满足其财政支出的需要而参加社会产品分配所取得的收入,主要包括税收和公债两部分。

(1) *财政收入*(Financial Revenue)。财政收入是指一国政府为满足其财政支出的需要而参加社会产品分配所取得的收入,主要包括税收和公债两部分。

税收(Tax)是国家为实现其职能,凭借政治权力,按照法律规定,通过税收工具强制地、无偿地参与国民收入和社会产品的分配和再分配以取得财政收入的一种形式。税收是国家参与国民收入分配最主要、最规范的形式,具有强制性、无偿性、固定性的特点。税种的分布、税收负担的高低、税收优惠的方向和规模、税收成本等,都会直接或间接地影响市场经济活动。目前,我国的税收收入已占到财政收入的95%左右,是财政收入最主要的来源。

公债(Government Bond)是指国家依据信用原则,通过发行政府债券有偿取得财政收入的一种形式,是政府弥补财政赤字的经常性手段,也是借以调节经济活动的重要工具。西方学

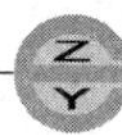

者根据他们对公债概念的理解和各国政权级次来区分各级政府的公债，一般将中央政府债务和地方政府债务统称为公债，而将中央政府债务称为国债。国债是国家以有偿的方式筹措财政收入的一种手段，按筹措的范围可分为国内公债和国际公债。其信用基础是由国家的支付能力所形成，即主要以税收作为保证。公债的发行信用是国家的政治主权和国民经济资源，故公债发行无须提供担保。

(2) *财政支出*(Government Spending)。财政支出又称公共支出或政府支出，是指政府为履行其职能而支出的一切费用的总和，主要包括购买性支出和转移支付两部分。

☞**财政支出(Government Spending)**指政府为履行其职能而支出的一切费用的总和，主要包括购买性支出和转移支付两部分。

购买性支出(Government Purchase)是指政府在市场上购买履行各种职能所需的商品和劳务的支出，包括购买日常行政活动所需的商品和劳务的支出，以及购买用于国家投资所需的商品和劳务的支出，如政府投资兴建铁路、公路、桥梁、水利工程等基础设施以及航空航天空间技术、广播电视、体育文化卫生、教育、医疗等公共产品和半公共产品的支出。因为外交和国防支出项目占购买性支出总额的比重较大，所以，军费支出是中央政府直接影响总需求的一个重要途径。

转移支付(Financial Transfer Payment)是指把资金转移给政府以外的个人，以家庭津贴的形式支付，包括退休金、伤残保险、医疗保险、失业救济、困难补助、特殊救助、生活必需品补助等支出。目前，转移支付数额在一些西方国家的中央(联邦)财政支出中占有相当大的比重，如日本的转移支付支出约占全国财力的一半，美国约为20%。转移支付已成为市场经济比较发达的国家处理中央与地方政府之间财政关系的普遍做法和基本方式。

2. 财政政策工具及运用

(1) 税收政策。当经济繁荣时，总需求大于总供给，经济中存在通货膨胀，政府可以增加税收，以减少居民的可支配收入和私人的投资，使得总需求水平下降，从而抑制通货膨胀；当经济萧条时，政府可以采取减税的办法，增加居民的可支配收入和私人投资，刺激投资与消费，从而刺激经济发展。

(2) 购买性支出政策。当经济繁荣时，总需求大于总供给，经济中存在通货膨胀,政府可以减少购买支出,使政府直接投资和消费下降,引起私人间接投资减少,使得总需求水平下降,从而有助于抑制通货膨胀;当经济萧条时,政府可以增加购买支出,政府直接投资和消费的增加促使私人投资增加,投资需求上升,有助于克服萧条,刺激经济发展。

(3) 转移支付政策。当经济繁荣时,总需求大于总供给,经济中存在通货膨胀,政府可以减少转移支付,使居民消费减少,使得总需求水平下降,从而有助于抑制通货膨胀;当经济萧条时,政府可以增加转移支付,促使居民消费增加,总需求上升,有助于克服萧条,刺激经济发展。

3. 财政政策的"自动稳定器"功能

自动稳定器又称为"内在稳定器",指在国民经济中无须经常变动政府政策而有助于经济自动趋向稳定的因素。财政政策中的内在稳定器是指一些财政支出和税收制度具有某种自动调整经济的灵活性,可以自动配合需求管理,减缓总需求的摇摆性,从而有助于经济的稳定。在社会经济生活中,具有内在稳定器作用的因素主要包括:个人和公司所得税、失业补助和其他福利转移支付、农产品维持价格以及个人和公司储蓄等。

(1) 个人和公司所得税。在经济繁荣时期,国民收入增加,以国民收入为源泉的税收收入会随之自动增加,相对减少了个人和公司的可支配收入,在一定程度上减轻了社会的投资需求和消费需求过旺的压力,从而使国民经济的增长速度减缓;在经济衰退时期,国民产出水平下降,个人和公司收入减少,在税率不变的情况下,政府税收自动减少,留给人们的可支配收入也会自动地少减少一些,相对地增加了个人的可支配收入,在一定程度上缓解了有效需求不足的矛盾,有利于经济复苏。

(2) 失业补助和其他福利转移支付。在健全的社会福利、社会保障制度下,各种社会福利支出一般会随着经济的繁荣而自动减少,这有助于抑制需求的过度膨胀;也会随着经济的萧条而自动增加,这有助于阻止需求的萎缩,从而促使经济趋于稳定。如果国民经济出现衰退,就会有很多人具备申请失业救济金的资格,政府必须对失业者支付津贴或救济金,以使他们能够

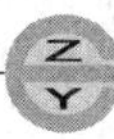

维持必要的开支,从而使国民经济中的总需求不致下降过多;同样,如果经济繁荣来临,失业者可重新获得工作机会,在总需求接近充分就业水平时,政府就可以停止这种救济性的支出,使总需求不致过旺。

(3) 农产品价格维持制度。经济萧条时,国民收入下降,农产品价格下降,政府依照农产品价格维持制度,按支持价格收购农产品,可使农民收入和消费维持在一定水平上;经济繁荣时,国民收入水平上升,农产品价格上升,这时政府减少对农产品的收购并抛售农产品,限制农产品价格上升,也就抑制农民收入的增长,从而也就减少了总需求的增加量。

(4) 个人和公司储蓄。一般家庭在短期内收入下降时,不会减少消费,而是动用过去的储蓄;在收入增加时,也不立即增加消费,而是增加储蓄,使消费保持相对的稳定。公司也是如此,在收入减少时,不轻易减少股息,而是减少留存利润;在收入增加时,也不轻易增加股息,而是增加留存利润。

自动稳定器自动地发生作用,调节经济,无需政府作出任何决策,但是,这种自动稳定器调节经济的作用是十分有限的。它只能减轻萧条或通货膨胀的程度,并不能改变萧条或通货膨胀的总趋势;只能对财政政策起到自动配合的作用,并不能代替财政政策。因此,尽管某些财政政策具有自动稳定器的作用,但仍需要政府有意识地运用财政政策来调节经济。财政政策的宏观调控应在发挥自动稳定器调节作用的基础上,充分发挥相机抉择的灵活性以弥补自动稳定器的不足。

4. 相机抉择的财政政策

(1) 相机抉择财政政策概述。相机抉择财政政策,又称"补偿性财政政策"、"稳定性财政政策"或"周期性平衡的财政政策",是指政府以繁荣年份的财政盈余补偿萧条年份的财政赤字,财政收支平衡以年度为目标变为从整个经济周期来考察。相机抉择财政政策的原则是在萧条时期采用扩张性财政政策,政府应通过消减税收、降低税率、增加支出或双管齐下以刺激总需求,刺激经济;在繁荣时期采用紧缩性财政政策,减少支出,增加税收,以抑制通胀。相机抉择财政政策并不需要保持逐年的财政预算平衡,在萧条年份会有赤字,在繁荣年份会有盈余,但是在长期中仍可以实现财政预算平衡，属于一种反周期调节的短期性措施，是政府实施宏观调控的重要政策工具和经济手段，对“熨平”经济周期有着重要影响，在宏观调控的实践中发挥着重要作用。相机抉择财政政策具体包括汲水政策和补偿政策。

① 汲水政策是指经济萧条时期进行公共投资，以增加社会有效需求，使经济恢复活力的政策。汲水政策有四个特点：第一，汲水政策是一种诱导景气复苏的政策，是以经济本身所具有的自发恢复能力为前提的治理萧条政策；第二，汲水政策的载体是公共投资，调节对象是社会经济的有效需求，以扩大公共投资规模作为启动民间投资活跃的手段；第三，财政支出规模是有限的，不进行超额的支出，即只要社会投资恢复活力，经济实现自主增长，政府就不再投资或缩小投资规模；第四，汲水政策是一种短期的财政政策，随着经济萧条的消失而不复存在。

② 补偿政策是政府有意识地从当时经济状态出发，以实现稳定经济波动为目的，反方向调节景气变动幅度的财政政策，以达到稳定经济波动的目的。一般来说，在经济繁荣时期，为避免通货膨胀，必须增加税收，减少政府支出，以控制过度的有效需求；反之，在经济萧条时，必须增加财政支出，减少税收，以提高有效需求，刺激经济繁荣。补偿政策具有以下特点：第一，补偿政策是一种全面的干预政策，它不仅在使经济从萧条走向繁荣中得到应用，而且还可用于控制经济过度繁荣；第二，补偿政策的载体不仅包括公共投资，还有所得税、消费税、转移支付、财政补偿等；第三，补偿政策的财政收支可以超额增长，而汲水政策是不能超额的。

(2) 相机抉择财政政策的实践。从财政政策相机抉择的实践来看，世界各国政府都根据宏观经济环境和经济形势的变化，相机实施不同的财政政策，并不断完善其对经济运行的调节机制。

① 20 世纪 90 年代美国相机抉择财政政策的实践。20 世纪 90 年代威廉·杰斐逊·克林顿(William Jefferson Clinton)上任之初，美国的经济状况不容乐观：里根经济学将美国社会带入高赤字、高负债、高利率、高汇率、高贸易赤字的“五高”困境，美国失业人数超过 900 万人，失业率高达 7.5%，联邦政府

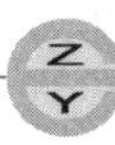

财政赤字高达 2 900 亿美元。

针对“五高”困境，克林顿上任后大力采用紧缩性的财政政策，削减预算赤字，缩小政府规模；同时努力提高政府服务效率，调整预算支出结构。在长期与短期兼顾的改革思路下，提出政府将着力解决促进投资和削减赤字，从而实现充分就业；对富人增税，提倡竞争，刺激经济恢复；增加公共投资、加强基础设施建设、实行高新技术产业的倾斜政策，发展信息高速公路计划。具体内容包括：通过税率调整由富人承担增税的大部分重担而尽量不触及中产阶级的利益；以面向能提供更多就业机会的中小企业的短期财政刺激为主促进经济恢复；在财政支出上，重点调整支出结构，削减社会福利项目支出，削减国防、国际和内政支出，严格控制政府预算，减少赤字；加大公共物品投资，教育上着眼于劳动者素质的提高，基础设施投入上改善高速公路、机场、桥梁等交通项目以及自然和环境保护；对高新技术产业制定倾斜性的发展计划，通过税收减免、政府研究投入、设立新技术推广站和组建信息高速公路等措施。

克林顿在制定财政政策时，注意相关政策对财政政策的配合，货币政策承担短期微调、稳定经济的重任，而财政政策实现经济增长的长期目标，并通过投资教育、科技、基础设施等外溢性领域创造有利条件。从 1990—1998 年，贴现率经历了 8 次微调，既有效遏制了通货膨胀的危险，又适时地刺激投资和消费。正是相对较松的货币政策的有效配合为紧缩性平衡预算政策的成功实施创造了条件，到 2000 年，美国经济强劲反弹，实现了经济稳定增长、低失业率、低通胀率、低利率的“一稳三低”。

② 2007 年次贷危机前后我国相机抉择财政政策的实践。我国从 2005 年开始实行稳健的财政政策，2006 年 12 月中央经济工作会议决定 2007 年中国继续实行稳健的财政政策。稳健的财政政策的一个重要标志就是“双减”，即适当减少长期建设国债发行规模和财政赤字规模。从 2005 年中国财政政策由“积极”转向“稳健”开始，长期建设国债发行规模逐年缩减。2005 年国债发行规模为 800 亿元，比 2004 年减少 300 亿元，2006 年国债发行规模进一步减至 600 亿元。

从2007年6月起，CPI连续3个月持续走高，信贷过度增长和股市投机，中国高投资回报率吸引大量国外资金流入，由此导致流动性过剩，内外经济失衡；人民币汇率升值的压力来自我国国际收支双顺差，导致外汇储备增加，外汇占款影响货币供应量。为了减少贸易顺差，缓解流动性过剩的压力，政府出台了一系列的财政政策：4月15日，取消或降低了部分钢材产品的出口退税率；6月1日，对142项“两高一资”产品调高或开征出口关税；7月1日，再次调整2 831项商品的出口退税政策。针对逐渐升温、投机气氛浓厚的证券市场，财政部5月30日将证券交易印花税税率(由千分之一上调为千分之三)，并将储蓄存款利息所得之个人所得税的适用税率自8月15日起由20%调减为5%。为了缓解流动性偏多、提高外汇经营收益，确保宏观经济稳定运行，6月29日，全国人大常委会批准了由财政部发行15 500亿元特别国债购买外汇的议案。2007年12月中央经济工作会议决定2008年继续实施稳健的财政政策，进一步发挥财政的宏观调控作用，并加强与货币政策的协调配合，保持经济平稳较快发展的好势头，努力防止经济增长由偏快转为过热，防止价格由结构性上涨演变为明显通货膨胀。

2007年8月，由美国次级房屋信贷行业违约剧增、信用紧缩问题开始引发次级按揭贷款机构破产、投资基金被迫关闭、股市剧烈震荡的“次贷危机”开始席卷美国、欧盟和日本等世界主要金融市场并演化为一场全球性的金融危机。与此同时，经过几年的高速发展以后，我国经济发展遇到了通货膨胀、产能过剩、结构失衡等问题，客观上也进入了下行区间。从2008年7月份起，CPI同比开始下降，股市持续下跌，经济增长预期下滑，出口增速明显放缓，许多中小纺织服装企业面临困境，房地产市场开始下行。针对宏观经济金融形势的变化，中央政府及时对宏观调控政策进行调整，从2007年末的“双防”(防通胀，防过热)转变为2008年年中的“一保一控”(保增长，控物价)，同时将前期执行的“稳健的财政政策”调整为“积极的财政政策”。采取了一系列结构性减税、鼓励居民消费的财政政策：2008年4月24日起，将证券交易印花税税率由0.3%调低至0.1%，2008年8月1日起，将部分纺织品、服装的出口退税率由11%提高到

13%;2008年9月1日起,全国统一停止征收个体工商户管理费和集贸市场管理费;2008年9月19日起,股票交易印花税调整为单边征税;2008年10月9日起,对储蓄存款利息所得暂免征收个人所得税。2009年延续实施积极的财政政策:一是扩大政府公共投资,着力加强重点建设。在2008年末增加安排保障性住房、灾后恢复重建等中央政府公共投资1 040亿元的基础上,2009年中央政府公共投资安排9 080亿元,增加4 875亿元。二是推进税费改革,实行结构性减税。结合改革和优化税制,实行结构性减税,减轻企业和居民税收负担,扩大企业投资,增强居民消费能力。三是提高低收入群体收入,大力促进消费需求。提高居民收入在国民收入分配中的比重和劳动报酬在初次分配中的比重,增强居民消费能力,扩大消费对经济增长的拉动效应。发挥财税政策作用,增加财政补助规模,重点增加中低收入者收入。严格控制一般性支出,进一步降低行政成本。四是进一步优化财政支出结构,保障和改善民生。五是大力支持科技创新和节能减排,推动经济结构调整和发展方式转变。加大科技投入,促进企业加快技术改造和技术进步。增加节能减排投入,稳步推进资源有偿使用制度和生态环境补偿机制改革。改革完善资源税制度,促进资源合理利用。

相关链接

次级按揭贷款是国外住房按揭的一种类型,是贷款机构将资金贷给收入较低或个人信用记录较低的人,以收取比良好信用等级按揭更高的按揭利息。在房价高涨的时候,由于抵押品价值充足,贷款不会产生问题;但房价下跌时,抵押品价值不再充足,按揭人收入又不高,面临着贷款违约、房子被银行收回的处境,进而引起按揭提供方的坏账增加,按揭提供方的倒闭案增加、金融市场的系统风险增加。

2010年我国宏观经济企稳回升的势头得到进一步巩固,逐步转入正常增长的轨道。我国继续实施积极的财政政策,在保增长的同时,把结构调整放在更加突出的位置。扩大国内需求特别是消费需求,切实保障和改善民生,提高自主创新能力,加

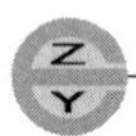

强节能环保,确保国民经济平稳较快发展。一是保持适度的公共投资力度。优化投资结构,重点支持"三农"、保障性安居工程、教育、卫生等社会事业、节能减排、自主创新等。增强消费对经济增长的拉动作用。二是调整收入分配格局,提高城乡低收入群体的收入水平。三是完善家电下乡、汽车摩托车下乡政策,推进汽车、家电"以旧换新",促进扩大消费需求。四是促进对外贸易平稳发展,扩大重要资源、先进技术和关键零部件等的进口,增加国家重要战略资源储备。五是加强财政、货币、产业政策之间的协调配合,发挥政策合力。

2011年,虽然经济发展中的不稳定、不确定因素仍然较多,但经济发展长期向好的趋势未变。延续实施积极的财政政策,2011年调控重点放在:一是提高城乡居民收入,扩大居民消费需求。二是合理把握财政赤字和政府公共投资规模,着力优化投资结构。三是调整与完善税收政策,促进结构调整和引导居民消费。四是进一步优化财政支出结构,保障和改善民生。五是大力支持经济结构调整和区域协调发展,推动经济发展方式转变。加大财政科技投入,推动自主创新,促进产业结构优化升级。2012年政府延续2011年的积极财政政策,继续完善结构性减税政策,加大民生领域投入,积极促进经济结构调整,严格财政收支管理和加强地方政府债务管理。2008年年中至2012年我国持续实施积极的财政政策,充分发挥了财政政策在稳定增长、改善结构、调节分配、促进和谐等方面的重要作用,为经济增长和结构调整注入了活力。

(3) 相机抉择财政政策的局限性。

① 滞后性。由于相机抉择是见机行事,缺乏预警机制,决定了调控时机把握、调控方向确定、调控目标选择等环节在时间上的滞后性。相机抉择是建立在对宏观经济形势准确判断的基础上。经济波动到何种程度需要调控、何时调控、如何选择调控方案和调控目标等都取决定于对经济运行态势的准确判断,但是当经济运行形态比较清晰时往往调控时机已错过,确定方向、选择目标、出台政策、采取措施需要一定的时间,加上调控效应的实际发挥也具有时滞性,因此,相机抉择的事后调控具有明显的滞后性,容易导致调控效应偏差。反之,如果是当经济运行形

态还不太清晰时就抢抓时机，则会导致调控方向与目标的不确定性。

② 振动性。由于相机抉择具有滞后性，一般是在经济过热或过冷情况比较严重时再调控，政策力度容易过大过猛，再加上调控政策的实际效应发挥也具有滞后性，容易导致调控过度，经济波动振幅过大，从而会对下一轮经济波动起负面影响。如此周而复始，不仅容易出现调控效应偏差，而且容易使经济大起大落。

③ 随机性。由于相机抉择是灵活取舍，具有随机性，能在公众中形成确定的预期，容易导致公众的观望和等待，进一步强化调控效应的实际发挥的时滞性。一旦公众停止观望，政策效应容易在短时间集中释放，经济会产生大起大落，因而可能导致政策效果不显著。

三、中央银行的货币政策取向及工具运用

1. 中央银行

中央银行（Central Bank）是国家赋予其制定和执行货币政策，对国民经济进行宏观调控，对金融机构乃至金融业进行监督管理的特殊的金融机构。中央银行是为了解决银行业所面临的银行券发放问题、票据交换问题、金融监管问题和充当最后贷款人，而由一国政府组建或者在原有私人银行的基础上改组形成的机构，负责控制国家货币供给、信贷条件，监管金融体系，为政府筹集资金，代表政府参加国际金融组织和各种国际金融活动。

☞**中央银行（Central Bank）**
是国家赋予其制定和执行货币政策，对国民经济进行宏观调控，对金融机构乃至金融业进行监督管理的特殊的金融机构。

中央银行是一国最高的货币金融管理机构，在各国金融体系中居于主导地位。中央银行的基本特征是不以盈利为目的，以政府和金融机构为业务对象，资产流动性高，并且不在国外设立分支机构。中央银行的主要业务有：货币发行、集中存款准备金、贷款、再贴现、证券、黄金占款和外汇占款、为商业银行和其他金融机构办理资金的划拨清算和资金转移的业务等。中央银行的职能主要是宏观调控、保障金融安全与稳定、金融服务。中央银行是“发行货币的银行”，对调节货币供应量、稳定币值有重要作用；是“银行的银行”，它集中保管银行的准备金，并对它们发放贷款，充当“最后贷款者”；是“国家的银行”，它是国家货

币政策的制订者和执行者,也是政府干预经济的工具;同时为国家提供金融服务,代理国库,代理发行政府债券,为政府筹集资金;代表政府参加国际金融组织和各种国际金融活动。

世界上最早成立的中央银行,是1694年根据国王特准设立的英格兰银行。英格兰银行最初只是一家拥有120万英镑的私人股份制银行,获许在不超过资本总额的条件下发行银行券,是当时分散多元的银行券发行主体之一。直至1883年,英国政府才在立法中确立了英格兰银行所发行的银行券属于唯一法偿货币地位。1884年,英国国会颁布《银行特许条例》,进一步对英格兰银行相对独占银行发行的地位作了明确的规定。1857年的银行法明确英格兰银行集中管理全国所有其他银行的金属储备,标志着英格兰银行最终完成了向中央银行的转变,成为名副其实的中央银行。

2. 货币政策

☞**货币政策(Monetary Policy)** 指国家根据对经济形势的总体判断,通过中央银行采取各种金融方针和调节措施以达到特定的宏观经济目标的政策。

货币政策(Monetary Policy)是指国家根据对经济形势的总体判断,通过中央银行采取各种金融方针和调节措施以达到特定的宏观经济目标的政策。

(1) 货币政策目标。

① 货币政策的最终目标。货币政策的最终目标(Ultimate Objective),是指中央银行制定和实施某项货币政策所要达到的特定的经济目标,是中央银行组织和调节货币流通的出发点和归宿,它反映了社会经济对货币政策的客观要求。货币政策的最终目标一般有四个:稳定物价、充分就业、促进经济增长和平衡国际收支等。在我国,货币政策的目标是保持货币币值的稳定,并以此促进经济增长,其中稳定物价是主要的,放在首位。

② 货币政策的中介目标和操作目标。货币政策的作用机制为:央行制定和实施货币政策→调节货币供应量→影响利率→调节投资→影响国民收入。中央银行在实施货币政策中所运用的政策工具无法直接作用于最终目标,此间需要有一些中间环节来完成政策传导的任务。因此,中央银行在其工具和最终目标之间,插进了两组金融变量:一组叫作中介目标(Intermediate Target);一组叫作操作目标(Operation Target),作为政策工具与最终目标之间的中介或桥梁,在货币政策的传

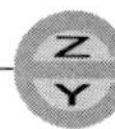

导中起着承上启下的作用，使中央银行对宏观经济的调控更具弹性。各国中央银行常用的作为中介目标的金融指标主要有：长期利率、货币供应量和贷款量，而通常采用的操作目标主要有：短期利率、商业银行的存款准备金、基础货币等。

（2）货币政策工具。货币政策工具是指各国中央银行普遍运用的、对宏观经济产生影响的货币政策工具。一般性的货币政策工具包括公开市场业务、存款准备金政策和再贴现政策。

① 公开市场业务。*公开市场业务*（Open Market Operations）是指中央银行通过买进或卖出有价证券，吞吐基础货币，调节货币供应量的活动。与一般金融机构所从事的证券买卖不同，中央银行买卖证券的目的不是为了盈利，而是为了调节货币供应量。根据对宏观经济形势的判断，公开市场业务一般采取逆向操作的方法，操作过程如下：当经济不景气或出现衰退的时候，央行买进有价证券（投放货币），使市场中的货币供应量增加，进而使货币市场利率水平下降，利率下降会刺激投资增加，使经济恢复增长；当经济高涨或出现过热的迹象，央行卖出有价证券（回笼货币），使市场货币供应量减少，进而使货币市场利率水平上升，利率上升会导致投资减少，使经济增长减缓。

☞**公开市场业务(Open Market Operations)**指中央银行通过买进或卖出有价证券，吞吐基础货币，调节货币供应量的活动。

公开市场业务与其他货币政策工具相比，具有主动性、灵活性和时效性等特点。公开市场业务可以由中央银行充分控制其规模，中央银行有相当大的主动权；公开市场业务是灵活的，多买少卖、多卖少买都可以，对货币供应既可以进行“微调”，也可以进行较大幅度的调整，具有较大的弹性；公开市场业务操作的时效性强，当中央银行发出购买或出售的意向时，交易立即可以执行，参加交易的金融机构的超额储备金相应发生变化；公开市场业务可以经常、连续地操作，必要时还可以逆向操作，由买入有价证券转为卖出有价证券，使该项政策工具不会对整个金融市场产生大的波动。

通过公开市场操作，央行作为流动性供给者不仅具有充分的主动性，而且通过运用这些工具投放流动性还可以获得相应的利息收入。目前，越来越多国家的中央银行将公开市场业务作为其主要的货币政策工具。20 世纪 50 年代以来，美国联邦储备委员会（即美国中央银行）90％的货币吞吐是通过公开市场业务进行的，德国、法国等也大量采用公开市场业务调节货币供应量。

☞**存款准备金政策(Reserve Policy)** 指中央银行对商业银行等存款货币机构的存款规定存款准备金率，强制性地要求商业银行等存款货币机构按规定比例上缴存款准备金，中央银行通过调整存款准备金率以增加或减少商业银行的存款准备金，从而影响货币供应量的一种政策措施。

② 存款准备金政策。*存款准备金政策*(Reserve Policy)是指中央银行对商业银行等存款货币机构的存款规定存款准备金率，强制性地要求商业银行等存款货币机构按规定比例上缴存款准备金，中央银行通过调整存款准备金率以增加或减少商业银行的存款准备金，从而影响货币供应量的一种政策措施。存款准备金是金融机构为保证客户提取存款和资金清算需要而准备的资金，金融机构按规定向中央银行缴纳的存款准备金占其存款总额的比例就是存款准备金率。存款准备金政策最初的功能旨在为商业银行应对意外的支付清算需求提供资金保障，目前已经演变为中央银行管理银行体系流动性的辅助性制度安排或工具，中央银行通过调整存款准备金率，影响金融机构的信贷资金供应能力，从而间接调控货币供应量。

存款准备金率一般采取逆向操作的方法：当经济不景气或出现衰退时，央行降低存款准备金率，使市场货币供应量增加，进而使货币市场利率水平下降，利率下降刺激投资增加，使经济恢复增长；当经济高涨或出现过热迹象，央行提高存款准备金率，使市场货币供应量减少，进而使货币市场利率水平上升，利率上升导致投资减少，使经济增长减缓。

存款准备金率通常被认为是货币政策最猛烈的工具之一。当中央银行提高法定准备金率时，货币乘数就变小，降低了整个商业银行体系创造信用、扩大信用规模的能力，其结果是社会的银根偏紧，货币供应量减少，利息率提高，投资及社会支出都相应缩减；反之，则反是。但是，当银行体系存在持续的、不断积累的过剩流动性时，提高存款准备金率并不会影响金融市场的平稳运行，而是央行对流动性进行适量微调的工具。

☞**再贴现政策(Rediscount Policy)** 指中央银行通过制订或调整再贴现利率来干预和影响市场利率及货币市场的供应和需求，从而调节市场货币供应量的一种金融政策。

③ 再贴现政策。*再贴现政策*(Rediscount Policy)是指中央银行通过制订或调整再贴现利率来干预和影响市场利率及货币市场的供应和需求，从而调节市场货币供应量的一种金融政策。再贴现政策是中央银行最早拥有的货币政策工具，现代许多国家中央银行都把再贴现作为控制信用的一项主要的货币政策工具。

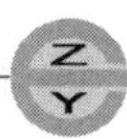

再贴现是指商业银行或其他金融机构将贴现所获得的未到期票据，向中央银行转让。对中央银行来说，再贴现是买进商业银行持有的票据，流出现实货币，扩大货币供应量。对商业银行来说，再贴现是出让已贴现的票据，解决一时资金短缺的问题。整个再贴现过程，实际上就是商业银行和中央银行之间的票据买卖和资金让渡的过程。

贴现率制度一般采取逆向操作的方法，其操作过程如下：当经济不景气或出现衰退时，中央银行降低贴现率，使市场货币供应量增加，进而使货币市场利率水平下降，利率下降刺激投资增加，使经济恢复增长；当经济高涨或出现过热迹象，中央银行提高贴现率，使市场货币供应量减少，进而使货币市场利率水平上升，利率上升导致投资减少，使经济增长减缓。

再贴现政策并不是十分理想的货币政策工具，它存在着一定的局限性：首先，中央银行处于被动地位，商业银行是否愿意到中央银行申请贴现，或者贴现多少，决定于商业银行，而且再贴现率的高低有一定限度，使中央银行难以有效地控制货币供应量；其次，从对利率的影响看，调整再贴现利率，通常不能改变利率的结构，只能影响利率水平；再次，再贴现政策缺乏弹性，为防止商业银行滥用信贷资金，央行将贴现利率保持在相对较高水平，商业银行通过贴现窗口贷款不仅需要承担较高利息成本，而且有可能被市场认为该机构的运行状况存在风险，如果频繁使用贴现窗口还有可能遭到央行的拒绝。

3. *次贷危机后我国中央银行货币政策取向及工具运用*

源于 2007 年的美国次贷危机引发金融危机，导致世界经济发生衰退，严重影响到我国经济的发展。并且 2008 年以来国内经济转折下行，通胀问题、人民币升值、产业结构调整等问题，对我国经济发展提出了挑战。作为实施货币政策调节经济的职能机构，中国人民银行根据不同的经济金融状况选择适当的货币政策工具，实现货币政策目标，保障我国经济平稳运行。基于存贷款基准利率以及金融机构存款准备金率的相关数据及变动趋势，大致可将中央银行的相关政策实施分为五个阶段。

（1）从紧的货币政策（2007 年 12 月至 2008 年 6 月）。在这一期间，国际经济环境严峻复杂且不确定性较高，世界经济增长减缓、金融市场动荡,国际粮食、石油等初级产品价格持续上涨。国内经济运行中面临价格总水平仍处于高位的突出矛盾,制约农业生产和农民增收的因素比较多,固定资产投资反弹压力仍然存在,节能减排形势依然严峻;国际收支继续保持较大顺差,流动性依然偏多,货币信贷增幅回落的基础尚不稳固。

在2007年六次提高存贷款基准利率的基础上,2008年上半年利率政策保持平稳。针对"双顺差"继续扩大、外汇大量流入的态势,主要采取了提高存款准备金率的措施对冲多余流动性,上半年五次提高存款准备金率共计3个百分点。为继续落实从紧的货币政策要求,加强银行体系流动性管理,引导货币信贷合理增长,中国人民银行先后于1月16日、3月18日、4月16日和5月12日宣布上调存款类金融机构人民币存款准备金率各0.5个百分点。

(2) 适度宽松的货币政策(2008年7月至2010年6月)。随着美国次贷危机蔓延加深,国家对宏观调控政策进行了重大调整,中国人民银行及时调整了货币政策的方向、重点和力度,按照既要保持经济平稳较快发展、又要控制物价上涨的要求,调减公开市场操作力度,2008年将全年新增贷款预期目标提高至4万亿元以上,指导金融机构扩大信贷总量,并与结构优化相结合,向"三农"、中小企业和灾后重建等倾斜。进入2008年9月,国际金融危机急剧恶化,对我国经济的冲击明显加大,中国人民银行实行了适度宽松的货币政策,综合运用多种工具,采取一系列灵活、有力的措施,及时释放确保经济增长和稳定市场信心的信号,年内五次下调存贷款基准利率,四次下调存款准备金率,明确取消对金融机构信贷规划的硬约束,积极配合国家扩大内需等一系列刺激经济的政策措施,加大金融支持经济发展的力度。

2009年,从国外来看,在大规模经济刺激政策的作用下,世界经济出现稳步回升态势,但基础尚不巩固。而对中国而言,国内需求稳定增长,国外需求有所改善,主要价格指数呈现下降趋势,但金融危机对中国经济仍有多方面的影响。面对国际金融危机严重冲击,中国人民银行执行适度宽松的货币政策,保持银行体系流动性充裕,引导金融机构扩大信贷投放,优化信贷结

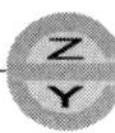

构，加大金融支持经济发展的力度。之后利率政策基本保持稳定，其中，一年期存款基准利率维持在2.25%，一年期贷款基准利率维持在5.31%。同时，稳步推进利率市场化改革，继续积极培育货币市场基准利率，指导金融机构完善利率定价机制。中国人民银行密切监测经济金融新形势及市场环境新变化，进一步加强对银行体系流动性供求的预测分析，灵活开展公开市场操作，促进银行体系流动性合理适度和货币市场利率平稳运行。

(3) 适度从紧的货币政策(2010年7月至2011年6月)。这一期间，全球流动性宽松、中国国际收支顺差巨大，尤其自2010年下半年以来，在国内需求增长和各类成本上升等多种因素作用下，通货膨胀压力不断增大，达到了2008年国际金融危机以来的高点。由于国际收支双顺差总体上仍然较大，为了把好流动性总闸门，2011年上半年主要通过6次提高存款准备金率并辅之以公开市场操作来对冲多余的流动性，促进货币条件由宽松回归常态。实践表明，在存款准备金率比较低的情况下，由于流动性供应充裕，提高存款准备金率的对冲力度跟不上外汇占款的增长，政策调整的信号意义更大一些。只有当存款准备金率提高到一定程度、趋近完全对冲时，其实际效力才明显上升，使得银行体系过多的流动性得到回收、信贷投放有所节制。另一方面，为稳定通货膨胀预期，抑制货币信贷快速增长，央行多次上调存贷款基准利率。

(4) 稳健的货币政策(2011年7月至2012年6月)。这一期间，全球经济增长缓慢，美国经济增长动力减弱、欧元区主权债务危机继续深化，国际避险情绪逐渐上升。而在中国国内消费、投资平稳增长，进出口增速温和反弹。2011年下半年，在一系列政策措施的综合作用下，经济增长逐步放缓，通货膨胀压力有所缓解，稳健货币政策效果逐步显现，加之国际大宗商品价格整体回落，国内物价上涨压力有所减轻，主要价格指标开始趋稳回落。12月份，居民消费价格和工业生产者价格同比分别回落至4.1%和1.7%，物价上涨过快势头得到初步遏制。中国人民银行因此下调金融机构人民币存贷款基准利率并调整存贷款利率浮动区间等。这一政策有利于引导资金价格下行,为进一步降低企业融资成本创造更加有利的政策环境。金融机构自主定价空间进一步扩大,有利于促进其不断通过提高金融服务水平参与市场竞争 。中国人民银行一方面主动调减公开市场对冲操作规模,另一方面适当发挥存款准备金工具的流动性调节作用,在 2011 年 12 月 5 日下调存款准备金率 0.5 个百分点的基础上,于 2012 年 2 月 24 日和 5 月 18 日两次下调存款准备金率各 0.5 个百分点,保持银行体系流动性合理充裕。

4. 货币政策的时滞与局限性

货币政策的时滞是指从中央银行对经济形势作出判断、分析、制定政策、组织实施直到货币政策最终发挥作用有一个过程,需要一段时间,这段时间就称为货币政策的时滞。在货币政策操作中,存在三种时滞:内部时滞、外部时滞和中间时滞。内部时滞指货币当局从根据经济形势下定调节决心,到具体政策方案出笼的过程,它们的作用需要一段时间。外部时滞指运用货币当局选定的政策工具对货币存量进行调节进而影响总需求水平及目标变量的过程。在正常情况下,外部时滞总要长于内部时滞,因为它既包罗微观主体在新货币政策出台后的决策过程,也包罗了微观主体行为对储蓄、投资、消费、货币需求、产出和物价等重要经济变数的影响过程。在市场体系完善的国家,中间时滞实际就是货币当局选定的工具变量在货币金融市场上起作用的过程,这个过程的结果表现为中间指标在不同时点的变动。中间时滞的长短主要取决于金融中间机构及其他微观金融主体的政策反应行为。

尽管货币政策在世界各国被普遍使用,但在现实中,由于各种因素的干扰,政策实施的效果往往难以达到预期的目标。例如,对未来经济形势的预期有可能使货币政策难以获得理想的效果。在经济衰退时期,厂商对经济前景普遍悲观,即使中央银行松动银根,降低利率,投资者也不愿增加贷款从事投资活动,银行为安全起见,也不肯轻易贷款。特别是由于存在着流动性陷阱,不论银根如何松动,利息率都不会降低。这样,货币政策作为反衰退的政策,其效果就比较微弱。

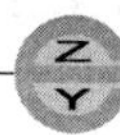

四、2013年中国政府宏观调控回望

1. 宏观调控的背景分析

（1）国际经济环境。

2012年，受国际金融危机长期创伤和欧美债务危机短期冲击的双重影响，欧洲经济身陷危机，美国经济收缩，日本经济长期衰退，全球经济形势纷繁复杂，仍处在艰难复苏阶段。总体而言，世界经济面临的不确定性增加，欧美等发达国家危机四伏、经济疲软，我国出口面临的外需低迷，中国经济发展的外围环境依然严峻，贸易摩擦加剧，全球经济低迷带来的外部压力持续加大。

2013年，全球经济仍将维持低速增长态势，主要经济体总需求仍然疲弱。同时，全球经济格局在动荡中加速变化，但新格局的建立和新全球治理模式的建立将是一个长期的过程。

（2）国内经济形势。

2012年是中国经济从"次萧条"到"复苏重现"的一年。在消费持续逆势上扬、基础建设投资大幅增长、房地产政策微调带来的"刚需"释放、货币政策和财政政策的持续放松以及全球市场情绪稳定带来的外需稳定等因素的作用下，中国宏观经济开始在2012年9月出现"触底反弹"。在十八大政治换届效应、存货周期逆转、消费持续增长、外需小幅回升、投资持续加码等因素的作用下，中国宏观经济重返复苏的轨道。

2013年不仅是中国宏观经济完成由"复苏"向"繁荣"的周期形态转换的关键期，也是中国迈向"新结构"、超越"新常态"的关键年，更是新政府全面确立和落实新经济发展战略的一年。因此，2013年中国宏观经济是在复杂中充满朝气的一年。但是人口红利、入世红利消失导致潜在增长率放缓，支撑我国经济增长的要素条件发生变化，中长期潜在供给条件趋弱，并且长期积累的经济结构性矛盾接近临界点，严重威胁到经济增长的可持续性，具体体现为收入分配结构、投资消费结构及产业结构失衡导致严重的产能过剩，经济长期面临下行压力。党中央、国务院坚持稳中求进的工作总基调，以提高经济增长质量和效益为中心，继续实施积极的财政政策和稳健的货币政策，不断加强和改善宏观调控，加快转变政府职能，加快转型升级和结构调整。

2. 宏观调控的目标设定

2013年的中央经济工作会议中,"持续健康发展"成为经济增长的新目标。经济发展的最终目的是提高民生(生活质量),将经济增长的目标由追求人们的温饱和社会经济的积累,转变为满足人们更高层次的需求。"质量"和"效益"首次被置于醒目的位置,改变以往对经济增长高速度的刻意追求,更加重视经济增长的质量和效益,重视人民实际收入的增加,重视对资源、能源的高效利用,追求产业附加值的不断提高,追求人与自然、生态环境的和谐。

2013年宏观调控目标由2012年的"保增长、调结构、防通胀"向"稳增长、防通胀、调结构、惠民生"方向转变。

3. 宏观调控的具体实施——积极财政与稳健货币的组合拳

(1) 积极的财政政策。

2013年继续实施积极的财政政策,发挥积极财政政策在"稳增长、调结构、促改革、惠民生"中的作用。适当增加财政赤字和国债规模,结合税制改革完善结构性减税政策,着力优化财政支出结构,继续加强地方政府性债务管理。

① 结构性减税。2013年,结合税制改革完善结构性减税政策,重点是加快推进营业税改征增值税试点工作,完善试点办法,适时扩大试点地区和行业范围。抓紧研究交通运输业和部分现代服务业在全国试点的方案,适时将邮电通信、铁路运输、建筑安装等行业纳入试点范围。同时,落实支持小微型企业发展的各项财税政策,对消费税税率结构、征收范围和征收环节进行合理调整。完善稳定出口政策,降低能源、资源、原材料等产品的进口关税,对先进技术设备和关键零部件实施较低的进口暂定关税。完善和落实促进战略性新兴产业、流通业等发展的税收优惠政策,研究支持实施创新驱动发展战略的税收政策,制定促进农业科技应用等税收政策,运用税收手段支持鼓励科技进步和自主创新。继续清理取消不合理、不合法的收费项目,降低偏高的收费标准,减轻企业和社会负担,推动经济结构调整。

在营改增推进方面,2013年,"1+7"个行业营改增扩至全国范围,"1+7"个行业包括交通运输业及现代服务业中的研发

和技术服务、信息技术服务、文化创意服务、物流辅助服务、有形动产租赁服务、鉴证咨询服务、广播影视服务。随后，营改增的推进模式转变为“成熟一个行业，在全国推进一个行业”。据官方测算，营改增试点扩围后，全年全部试点地区企业将减轻负担约 1 200 亿元。

在落实支持小微型企业发展的各项财税政策方面，提高增值税和营业税起征点；将小型微利企业减半征收企业所得税政策，延长到 2015 年底并扩大范围；将符合条件的国家中小企业公共服务示范平台中的技术类服务平台纳入现行科技开发用品进口税收优惠政策范围；自 2011 年 11 月 1 日至 2014 年 10 月 31 日，对金融机构与小型微型企业签订的借款合同免征印花税，将金融企业涉农贷款和中小企业贷款损失准备金税前扣除政策延长至 2013 年底，将符合条件的农村金融机构金融保险收入减按 3%的税率征收营业税的政策延长至 2015 年底；扩大中小企业专项资金规模，更多运用间接方式扶持小型微型企业；进一步清理取消和减免部分涉企收费，除银团贷款外，禁止商业银行对小型微型企业贷款收取承诺费、资金管理费，严格限制商业银行向小型微型企业收取财务顾问费、咨询费等费用，进一步降低小微企业的经营成本。

进出口关税方面，重点降低初级能源原材料和战略性新兴产业所需的国内不能生产或者性能不能满足需要的进口关税。此外，我国还将继续推进自贸区建设，全面落实自贸区降税安排；引导企业扩大从自贸区成员方的进口；继续落实对最不发达国家特惠商品零关税待遇，加快降税进程；扩大零关税的商品范围，扩展我国与最不发达国家的经贸舞台。

② 优化支出结构。2013 年，进一步优化支出结构，切实保障和改善民生，继续向教育、医药卫生、社会保障等民生领域和薄弱环节倾斜，严格控制行政经费等一般性支出，勤俭办一切事业。中央预算内投资主要投向保障性安居工程，农业、水利、城市管网等基础设施，社会事业等民生工程，节能减排和生态环境等领域。具体来看，包括完善强农惠农富农财税政策，拓宽农民增收渠道，增加农业水利的投入；严格落实财政教育经费法定增长要求，重点加强教育经费使用管理，支持农村学前教育加快

发展;提高新农合和城镇居民医保财政补助标准,支持开展城乡居民大病保险试点;建立研究企业退休人员基本养老金正常调整机制,稳步推进机关事业单位养老保险制度改革,适当提高城乡居民最低生活保障标准;继续大力支持保障性安居工程建设等。

中央财政规定,自2013年起,在地方财政至少补贴30%的基础上,中央财政育肥猪保险保费补贴比例由10%提高至中西部地区50%、东部地区40%;继续稳定农作物良种补贴政策,增加农机购置补贴规模,落实农资综合补贴动态调整机制,同时,积极推进种粮大户补贴试点,逐步扩大补贴试点范围;村级公益事业建设一事一议财政奖补资金预算指标211.9亿元。

在教育方面,提高农村义务教育经费保障水平,着力提升农村义务教育薄弱学校办学水平;落实农村义务教育阶段学生营养改善计划;支持改善普通高中办学条件;推进职业教育办学模式改革;继续完善中央高校预算拨款制度和中央财政支持高校发展政策体系,支持“985工程”、“2011计划”等重大项目实施;全面落实国家资助经济困难学生政策,促进教育公平。

在城乡居民基本医疗保险方面,巩固完善国家基本药物制度和基层医疗卫生机构运行新机制,重点推进县级公立医院改革,健全鼓励社会力量办医的政策措施;适当提高人均基本公共卫生服务补助标准,扩大免费服务范围;推动实施重大疾病防控等公共卫生服务项目;扩大城乡医疗救助范围,尤其是对特殊困难人员的医疗救助;推进以全科医生为重点的基层医疗卫生人才队伍建设。

在社会保障方面,巩固新型农村和城镇居民社会养老保险制度全覆盖成果,研究建立企业退休人员基本养老金正常调整机制,制定企业职工基本养老保险与城乡居民社会养老保险转移接续办法。稳步推进机关事业单位养老保险制度改革。适当提高城乡居民最低生活保障标准,适时调整优抚对象等人员抚恤和生活补助标准。继续做好大中型水库移民后期扶持工作,开展特困移民解困试点。深入推进厂办大集体改革,做好企业

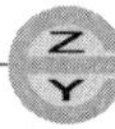

政策性关闭破产相关工作。建立健全公共就业服务体系，落实和完善扶持高校毕业生就业创业的财税政策，加强农民工和转岗失业人员的职业技能培训。

在保障性安居工程建设方面，中央财政将继续大力支持保障性安居工程建设，增加相关基础设施配套投入。地方各级财政也要落实资金来源渠道，特别是要按规定将土地出让收益和住房公积金增值收益用于保障性安居工程建设。实施相关税费减免优惠政策，切实降低保障性安居工程建设成本。通过投资补助、贷款贴息、资本金注入等支持方式，引导银行贷款、社会资金参与保障性安居工程建设。要按照工程进度及时拨付资金，保障预算执行进度。加强资金管理，确保资金专款专用。着力支持发展公共租赁住房，加快推进棚户区和农村危房改造，扎实推进游牧民定居工程。

③ 适当增加财政赤字和国债规模。加强政府性债务管理，深化国债管理制度改革，提高国债市场运行效率。强化地方政府性债务管理，坚决制止一些地方政府及所属机关事业单位、社会团体、融资平台公司违法违规融资或担保承诺行为。完善统计报告制度，尽快建立债权债务人对账机制，及时全面掌握以企业为平台举借的政府性债务情况。抓紧建立地方政府债务规模管理和风险预警机制，将地方政府债务收支纳入预算管理，逐步形成规范的地方政府举债融资机制，切实防范财政金融风险。积极利用外国政府和国际金融组织贷款。加强国际金融组织贷赠款项目管理，将国际金融组织赠款纳入预算管理。

2013 年拟安排财政赤字 1.2 万亿元，比 2012 年预算增加 4 000亿元，其中中央财政赤字 8 500 亿元，代地方发债 3 500 亿元。主要考虑到结构性减税的滞后效应，2013 年财政收入增长不会太快，但财政刚性支出增加，特别是要增加保障改善民生支出，保持对经济增长和结构调整的支持力度，适当扩大财政赤字和国债规模是必要的。同时，目前我国债务负担率相对较低，赤字率在 2%左右，总体上处于安全水平。

(2) 稳健的货币政策。

2013 年，继续实施稳健的货币政策，把握好促进经济增长、稳定物价和防范金融风险之间的平衡。健全宏观审慎政策框架,发挥货币政策逆周期调节作用,促进金融资源优化配置,守住不发生系统性和区域性金融风险底线。

① 稳定货币供给。2013年货币政策取向中性,重点把握促进经济增长、稳定物价和防范金融风险之间的平衡,健全宏观审慎政策框架,发挥货币政策逆周期调节作用,广义货币 M_2 预期增长目标拟定为13%左右。综合运用多种货币政策工具,调节市场流动性,保持货币信贷合理增长,适当扩大社会融资规模。完善货币政策传导机制,加强金融监管与货币政策的协调,不断优化监管标准和监管方式。一是通过外汇占款、央票余额变化及公开市场操作,保持基础货币必要的增长,保持市场必要的流动性;二是针对全球新一轮量化宽松货币政策,保持人民币兑美元汇率在波动中的相对稳定,保持人民币实际有效汇率的相对稳定;三是更加注重优化信贷结构,适度增加信贷投放总量,把握好信贷投放力度、节奏和投向,优化信贷结构;四是适当扩大社会融资总规模,扩大直接融资比重。

知识链接

货币供应量,是指一国在某一时点上为社会经济运转服务的货币存量,它由包括中央银行在内的金融机构供应的存款货币和现金货币两部分构成。世界各国中央银行的货币供应量估计口径不完全一致,但划分的基本依据是一致的,即流动性大小。我国现行货币统计制度将货币供应量根据流动性大小划分为三个层次:

流通中现金(M_0),指单位库存现金和居民手持现金之和,其中“单位”指银行体系以外的企业、机关、团队、部队、学校等单位;

狭义货币供应量(M_1),指 M_0 加上单位在银行的可开支票进行支付的活期存款;

广义货币供应量(M_2),指 M_1 加上单位在银行的定期存款和城乡居民个人在银行的各项储蓄存款以及证券公司的客户保证金。

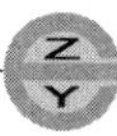

在流动性方面，10 月末金融机构外汇占款余额为 279 595.96亿元，较 9 月末的 275 179.54 亿元增加了 4 416.02 亿元；10 月末财政性存款为 45 248.9 亿元，较 9 月末的 38 965.12亿元增加了 6 283.78 亿元。将 10 月份金融机构外汇占款和财政性存款的增加额进行冲抵后发现，当月流动性实际流出了 1 867.76 亿元。央行公布的 10 月份金融统计数据报告显示，当月央行通过公开市场实现资金净回笼 897 亿元。总体来说，10 月份共有 2 764.76 亿元的流动性被从市场上抽走。11 月央行将到期的 3 年期央票首度全额续作，资金净回笼增至 150 亿元，且 7 天期逆回购利率高位持稳，显示央行控制流动性总阀门同时，也意在推升资金价格中枢，促进机构调整资产结构，降低杠杆。

人民币汇率形成机制方面，重在坚持以市场供求为基础，参考一篮子货币进行调节，增强人民币汇率弹性，保持人民币汇率在合理均衡水平上的基本稳定。第三季度，人民币对美元汇率中间价最高为 6.147 5 元，最低为 6.181 7 元，64 个交易日中 34 个交易日升值、30 个交易日贬值。第三季度最大单日升值幅度为 0.14%(86 点)，最大单日贬值幅度为 0.11%(68 点)。人民币对欧元、日元等其他国际主要货币汇率双向波动。9 月末，人民币对欧元、日元汇率中间价分别为 1 欧元兑 8.298 3 元人民币、100 日元兑 6.279 3 元人民币，分别较 6 月末贬值 2.95%和 0.30%。2005 年人民币汇率形成机制改革以来至 2013 年 9 月末，人民币对欧元汇率累计升值 20.68%，对日元汇率累计升值 16.35%。银行间外汇市场人民币直接交易成交活跃，流动性明显提升，降低了微观经济主体的汇兑成本。

信贷结构改善方面，体现了“有保有压”。一是对小微企业和“三农”的信贷支持保持了较强力度。9 月末，小微企业贷款余额同比增长 13.6%，比大型和中型企业贷款增速分别高 2.2 个和 3.4 个百分点；“三农”贷款余额同比增长 18.6%，比各项贷款增速高了 4 个百分点。二是民营企业贷款支持力度大于国有企业。2013 年前三季度，累计发放民营企业贷款占全部企业贷款的 69.1%。三是服务业贷款支持力度加大。前三季度，累计发放服务业贷款占全部企业贷款的 37.6%，同比增长

21.8%,增速比上年同期和上年末分别提高1.8个和2.2个百分点。四是严控产能过剩行业贷款。自2011年7月以来,产能过剩行业中长期贷款增速一直处于个位数水平。9月末,产能过剩行业中长期贷款余额为2.04万亿元,同比增长6.7%。

② 促进金融资源优化配置。引导金融机构加大对经济结构调整特别是"三农"、小微企业、战略性新兴产业等的金融支持,满足国家重点在建、续建项目资金需求。拓宽实体经济融资渠道,降低实体经济融资成本,促进资本市场稳定健康发展。引导金融机构稳健经营,加强对局部和区域性风险以及金融机构表外业务风险的监管,提高金融支持经济发展的可持续性。2013年1月1日,巴塞尔协议Ⅲ在国内正式实施,由于国内银行业面临短期风险暴露和中长期战略转型的双重压力,特别是以委托和信托贷款、银行承兑汇票、企业债券融资、民间借贷等构成的"影子银行"体系日渐壮大,意味着监管复杂性和压力增大。因此,2013年央行将扩大金融监管范围,细化金融监管要求,逐步把"影子银行"体系所暗藏的系统性风险纳入监管视野,着重防控金融系统间的风险传递,同时更加强调操作风险,推动金融机构内控管理体制等改革。

4. 其他宏观调控政策措施

(1) 城镇化政策。

城镇化是扩大内需最雄厚的潜力所在,也是经济结构调整的重要内容。加快转变经济发展方式,首要任务是在外部环境出现明显变化的条件下有效扩大内需,这是中国经济发展的战略基点。改革开放以来,我国的城镇化进程取得重大进展,城镇数量、城镇人口规模及其占总人口的比重都有大幅度增长。1978—2008年,我国城镇化率由17.9%提高到45.7%,年均提高近0.93个百分点,城镇人口由1.72亿增加到6.07亿。即便如此,中国的城镇化不仅质量不高,发展水平也低于同等发展水平的国家。加快推进城镇化,持续提高城镇化水平和质量,使大多数农民进入非农产业和城镇,并变为真正的城市居民,是解决中国"三农问题"的根本途径,也是中国扩大内需最具潜力的领域之一。

① 有序推进农业转移人口市民化。按照因地制宜、分步推进，存量优先、带动增量的原则，以农业转移人口为重点，兼顾异地就业城镇人口，统筹推进户籍制度改革和基本公共服务均等化。全面放开小城镇和小城市落户限制，有序放开中等城市落户限制，逐步放宽大城市落户条件，合理设定特大城市落户条件。加快推进基本公共服务均等化，力求实现义务教育、就业服务、社会保障、基本医疗、保障性住房等覆盖城镇常住人口。

② 优化城市化布局和形态。优化提升东部地区城市群，培育发展中西部地区城市群，用综合交通网络和信息化网络把大中小城市和小城镇连接起来。在发挥中心城市辐射带动作用基础上，强化中小城市和小城镇的产业功能、服务功能和居住功能，把有条件的东部地区中心镇、中西部地区县城和重要边境口岸，逐步发展成为中小城市。

③ 提高城市可持续发展能力。统筹中心城区改造和新城新区建设，预防和治理“城市病”；强化城市产业支撑，完善城镇基础设施和公共服务设施，创新城市管理方式。

④ 推动城乡发展一体化。着力在城乡规划、基础设施、公共服务等方面推进一体化，促进城乡要素自由流动、平等交换和公共资源均衡配置，牢牢守住18亿亩耕地红线。

(2) 惠民政策。

① 廉租房、公共租赁住房将并轨运行。重点支持保障性住房建设。截至2013年11月底，全国已开工城镇保障性安居工程666万套，基本建成544万套，已全面完成年度目标任务，完成投资11 200亿元。加上2011年和2012年已开工的1 800多万套保障房，中国“十二五”期间开工建设3 600万套保障房的任务，已经完成了2/3。

② 教育体制改革惠及小中初。教育部已制定完成有关考试招生改革的总体方案，小升初、高考等将分别采用合格和等级方式来呈现考试成绩；逐步推行普通高校基于统一高考和高中学业水平考试成绩的综合评价多元录取机制；探索全国统考减少科目、不分文理科、外语等科目社会化考试一年多考。

③ 农民就医保障力度加大。2013 年 9 月，卫生计生委与财政部联合印发关于做好 2013 年新型农村合作医疗工作的通知，要求通过进一步提高筹资水平，完善筹资政策等多项措施，深入推进医改和完善新型农村合作医疗制度建设，加大农民就医保障力度。2013 年起，各级财政对新农合的补助标准从每人每年 240 元提高到每人每年 280 元，将政策范围内住院费用报销比例提高到 75%左右，进一步提高统筹基金最高支付限额和门诊医药费用报销比例。基本药物将全部纳入新农合报销药物目录，报销比例高于非基本药物。

④ 食品安全重拳整治。2013 年 3 月，国务院组建国家食品药品监督管理总局，明确了监管归口，拟建立食品药品安全"黑名单"，将因严重违反食品、药品、医疗器械、化妆品管理法律、法规、规章，受到行政处罚的生产经营者及责任人员等有关信息，通过政务网站公布，接受社会监督。5 月，"两高"出台司法解释，明确危害食品安全相关犯罪的定罪量刑标准，对危害食品安全实行最严厉制裁。最高人民检察院侦查监督厅、公诉厅 6 月联合下发《关于对一批危害食品安全、假劣药械、农资犯罪案件予以督办的通知》，要求从严打击制售不符合安全标准或者有毒、有害食品以及假劣药械、农资等犯罪活动。

即问即答：政府宏观调控的目标是什么？我国政府的宏观调控是如何具体体现"审慎灵活"原则的？

阅读材料

1. 节俭的悖论与凯恩斯革命

18 世纪初，一个名叫伯纳德·曼德维尔(Bernard Mandeville)的荷兰医生写了一本书《蜜蜂的寓言》，讲的是一个蜜蜂王国的兴衰史。最初，这群蜜蜂追求豪华的生活，大肆挥霍浪费，结果

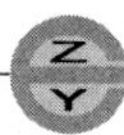

整个王国百业昌盛，兴旺发达。后来由于换了蜂王，这群蜜蜂改变了习惯，放弃了奢侈的生活，转而崇尚节俭，结果整个社会凋敝，最终被对手打败而逃散。这本书的副标题是“私人的罪过，公众的利益”，意思是浪费是“私人的罪过”，但可以刺激经济，成为“公众的利益”。这部作品在当时被法庭判为“有碍公众视听的败类作品”，然而200多年之后，这部当时声名狼藉的作品却启发英国经济学家凯恩斯发动了一场经济学上的“凯恩斯革命”，建立了现代宏观经济学和总需求决定理论。

在20世纪30年代之前，经济学家信奉的是萨伊定理。让·巴蒂斯特·萨伊(Jean Baptiste Say)是18世纪法国经济学家，他提出供给决定需求，有供给就必然创造出需求，所以，不会存在生产过剩性经济危机，这种观点被称为萨伊定理。但20世纪20年代英国经济停滞和30年代全世界普遍的生产过剩和严重失业打破了萨伊定理的神话。凯恩斯在批判萨伊定理中建立了以总需求分析为中心的宏观经济学。

凯恩斯认为，在短期中决定经济状况的是总需求而不是总供给。这就是说，由劳动、资本和技术所决定的总供给，在短期中是既定的，这样，决定经济的就是总需求。总需求决定了短期的国民收入的水平：总需求增加，国民收入增加；总需求减少，国民收入减少。引起30年代大危机的正是总需求不足，或者用凯恩斯的话来说是有效需求不足。凯恩斯把有效需求不足归咎于边际消费倾向下降引起的消费需求不足和资本边际效率(预期利润率)下降与利率下降有限度引起的投资需求不足。解决的方法则是政府用经济政策刺激总需求。包括增加政府支出的财政政策和降低利率的货币政策。

在凯恩斯主义经济学中，总需求分析是中心。总需求包括消费、投资、政府购买和净出口(出口－进口)。短期中，国民收入水平由总需求决定。通货膨胀、失业、经济周期都是由总需求的变动所引起的。当总需求不足时就出现失业与衰退。当总需求过大时就出现通货膨胀与扩张。从这种理论中得出的政策主张被称为需求管理，其政策工具是财政政策与货币政策。当总需求不足时，采用扩张性财政政策(增加政府各种支出和减税)与货币政策(增加货币供给量降低利率)来刺激总需求。当总需求过大时,采用紧缩性财政政策(减少政府各种支出和增税)与货币政策(减少货币量提高利率)来抑制总需求。这样就可以实现既无通货膨胀又无失业的经济稳定。

总需求理论的提出在经济学中被称为一场"革命",即凯恩斯革命。它改变了人们的传统观念。例如,如何看待节俭。在传统观念中,节俭是一种美德。但根据总需求理论,节俭就是减少消费。消费是总需求的一个重要组成部分,消费减少就是总需求减少。总需求减少则使国民收入减少,经济衰退。由此看来,对个人是美德的节俭,对社会却是恶行。这就是经济学家经常说的"节俭的悖论"。"蜜蜂的寓言"所讲的也是这个道理。

凯恩斯非常重视消费的增加。1933 年当英国经济处于萧条时,凯恩斯曾在英国 BBC 电台号召家庭主妇多购物,称她们此举是在"拯救英国"。在《就业、利息与货币通论》(通常简称为《通论》)一书中他甚至还开玩笑地建议,如果实在没有支出的方法,可以把钱埋入废弃的矿井中,然后让人去挖出来。已故的北京大学经济系教授陈岱孙曾说过,凯恩斯只是用幽默的方式鼓励人们多消费,并非真的让你这样做。但增加需求支出以刺激经济则是凯恩斯本人和凯恩斯主义者的一贯思想。

那么,这种对传统节俭思想的否定正确与否呢?还是要具体问题具体分析。生产的目的是消费,消费对生产有促进作用,这是人人都承认的。凯恩斯主义的总需求分析是针对短期内总需求不足的情况,在这种情况下刺激总需求当然是正确的。一味提倡节俭,穿衣服都"新三年旧三年缝缝补补又三年",纺织工业还有活路吗?这些年当我国经济面临需求不足时政府也在努力寻求新的消费热点,说明这种理论不无道理。当然,这种刺激总需求的理论与政策并不是普遍真理。起码在两种情况下,这种理论并不适用。其一是短期中当总供给已等于甚至大于总需求时再增加总需求,就会引发需求拉动的通货膨胀。其二是在长期中,资本积累是经济增长的基本条件,资本来自储蓄,要储蓄就要减少消费,并把储蓄变为另一种需求——投资需求。这时提倡节俭就有意义了。

凯恩斯主义总需求理论的另一个意义是打破了市场机制调

节完善的神话，肯定了政府干预在稳定经济中的重要作用。战后各国政府在对经济的宏观调控中尽管犯过一些错误，但总体上还是起到了稳定经济的作用。战后经济周期性波动程度比战前小，而且没有出现30年代那样的大萧条就充分证明了这一点。

世界上没有什么放之四海而皆准的真理。一切真理都是具体的、相对的、有条件的。只有从这个角度去认识凯恩斯主义的总需求理论才能得出正确的结论。其实就连“蜜蜂的寓言”这样看似荒唐的故事中不也包含了真理的成分吗？

资料来源：根据一系列相关资料整理。

2. 俞敏洪对话大学生
——“先就业再职业再事业”

新东方教育科技集团董事长兼总裁俞敏洪与大学生展开的一场对话，透过大学生就业、择业中的热门话题，传递着诸多人生经验，对很多大学生会有启发。

关于面试：“面试中愿意弯腰捡两张纸的细节，摆明了他的踏实认真和仔细，老板是不能不用你的”

学生：我在就业时发现一个问题，就是去面试时不知道如何展示自己。

俞敏洪：在面试以前接受一些面试技巧的培训，这是必要的。比如说如何面对老板，怎样做到有问必答，答得恰到好处，包括眼神脸色到底应该怎么展示。

但这只是一个表面上的东西。真正实在的内核，是把你真实的自我展现出来。曾经有家大公司面试时，故意在地上放两张纸，所有的学生进去面试，都不去捡那两张纸，夸夸其谈说自己有什么才能。结果最后走进去一个学生，一句话没说，把两张纸捡起来放在总经理的桌上，然后才开始回答总经理的问题。结果总经理什么问题都没问，说“我录取的就是你”。为什么？细节！愿意弯腰捡两张纸这个细节，就摆明了他做事的踏实认真和仔细，当你的品德和特质露出来的时候，老板是不能不用你的。

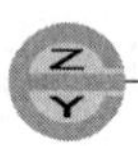

关于第一份工作:“只顾耕耘不问收获是做第一份工作时最重要的心态”

学生:即将毕业的一个大学生,应该以怎样的心态来面对第一份工作的成败与否?

俞敏洪:你面对第一份工作时,就不要去想成败,而是应该去想我怎么样全力以赴地把这份工作做好。你全力以赴以后做成功了,那表明你做这件事情是合适的。如果说全力以赴以后依然做失败了,也很正常,因为你没有工作经验,也许这份工作不适合你做。只顾耕耘不回收获,是做第一份工作时最重要的心态。

现在这一代年轻人,大部分来自独生子女家庭,从小到大得到了父母较多的呵护。一旦面临找不到工作之类的考验,心里会有很多失落感。我想告诉大家几个要点:

第一,苦难让人成就自己;第二,你失去东西的同时另外一件事情一定在得到,这就是得失。所以我常常说失业能够知道生活的艰辛,失恋能够知道感情的珍贵。

其实我最担心的不是大学生的就业,而是大学生的心智和知识结构。我觉得浮躁本身不算一件坏事,为什么?因为只有一个想要往前走的国家和人,才能存在浮躁,浮躁表明我们是一个充满了生命活力的国家。不浮躁死水一潭,就表明社会结构秩序已经全部完成,甚至带有某种意义上的僵化。但是大学生浮躁不是一个好事,因为大学生活这四年,大学生除了为工作做好准备,还应该得到心灵净化和心灵提升。

关于专业:“就业、职业、事业做好了,失业就永远找不到你”

学生:我的专业是国学,一个非常非常冷的专业。我们专业的学生就业形势不是很好,您对我们的建议是什么?

俞敏洪:大学生毕业以后首先就是要工作。我把它叫作先就业再职业再事业!先就业就是赶快先找一份工作,不要父母养活了。所谓的职业就是一辈子我想做的职业,当你职业做到一定程度,比如说你做了会计,最后自己出来开一个会计事务所,这就变成你的事业了。你把前面的就业、职业和事业做好了,失业就永远找不到你。现在的大学生,最关键的问题就是自己所学的专

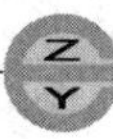

业和未来工作不对接。解决的方法呢，第一就是大学生学专业的时候，和未来工作对接要思考得更多，尽可能在未来找工作的时候，能够把自己在学校所学的专业用上。第二个情况，中国经济的发展速度比较快，各种中小企业和大型企业都在不断成长，招人的需求还是比较旺盛的。我建议，大学生有一个比较切实的心态，先找到工作再谋求发展，最后再去寻求自己的事业。

学生：我是去年毕业的学生，今年也在做传媒。很多人失业了或者说是没有找到工作会选择回学校继续读书，您觉得合适吗？

俞敏洪：这是一种逃避。已经找到了工作，在工作中有很多心得体会，未来自己喜欢这个工作，发现自己专业知识和综合能力还不够，这个时候，可以继续回去读书。大家进入社会以后一定要学会锻炼自己强大的心理承受能力。一堆面粉放在案板上，你用手去一拍这堆面粉就散了，这就是我们现在的心理承受能力。你把它加点水揉一下，你再拍就不一定散了，但是还是一堆很松软的面粉。如果说你再不断地给它加水，把它揉到最后，就变成了一个面团，你再怎么拍都不散了。你继续给它揉，它就不仅仅是一堆面团了，你即使用手给它拉，它也不断，这就变成拉面了。人的神经承受能力一定要达到这种状态，你才能去参与社会，在社会中间奋斗。遇到一点点事情就拍案而起的人，肯定是没有度量和心胸的人，找工作一次被拒绝就不找了，那你说你能找到第二个工作吗？

关于职业规划："人生用六个字来表达，第一个叫经历，第二个叫体验，第三个叫升华"

学生：有数据显示：三分之二的大学生没有自己准确的奋斗目标和职业规划。您是如何规划自己的人生达到事业的巅峰的？

俞敏洪：对于现代大学生来说，确定自己一辈子事业的年龄是从二十岁到三十岁，所以中间可以做无数调整。我们现在很多人，为什么每天干活没劲呢？因为工作本身不是一个目标。有的人把工作本身变成了一个自己每个月能够拿点工资，每天来上八小时班，完成我的任务就算完了的一件事情。如果这样的话，你的生命也同样失去了目标。有目标就意味着我心中有一个梦想，我想去实现。

我觉得人生用六个字来表达比较恰当。第一个叫作经历,第二个叫作体验,第三个叫作升华。一辈子有很多不同的活法,你可以很懒散地过一辈子,什么也不做地活下去,也可以做出惊天动地的事业来。你可以一辈子呆在一个城市里,也可以一辈子走遍全世界。所有这一切的决定,全是来自你自己的这颗心。因为人是随着心来动的,你心想走到哪里,你人就可以走到哪里。大多数人一辈子只生活在一个地方,生活在一种习惯中间,生活在一种思想的禁锢之下,而没有任何创新,没有任何创意,没有任何激发自己生命的那种动感和令自己感动的生活状态。其实仔细想想,你找不到工作是一件幸运的事情,因为你的生命得到了甜酸苦辣的体验。未来你找到一份工作的时候,你知道这份工作是多么的来之不易、多么值得你去珍惜。如果我们有了这样一种心态,你找得到工作、找不到工作又有什么关系呢?

学生:我去年夏天毕业时,选择了一家电视制作公司,这个工作不是待遇最好的,但的确是我当时最喜欢的。但是这份工作我只做了四个月,就跳槽去了另外一家公司,这是一个比较著名的韩国企业,他们当时给的职位、待遇更好,所以我受到了诱惑,可是去了之后我发现,我完全不能胜任市场部经理这个工作,最后辞职了。

俞敏洪:你是否问过自己,你到底喜欢做什么?当然第二份工作作为一种尝试,虽然最后你发现不适合,但其实是一种收获。我曾经遇到一个学生,她本来是商学院毕业的,也能找到这方面的工作,但是她偏偏对电视节目主持人特别感兴趣,所以她就申请去为天津电视台制作组的人拎包,扛机器,帮着收拾东西,而且没有工资。她的工作心态非常好也非常努力。一年后,大家觉得这小姑娘不错,就开始给她开工资了。后来又发现这个小姑娘说话也挺到位,所以就在小的新闻节目采访时候让她出镜,后来她就变成了天津电视台很好的节目主持人之一。当你决定了一辈子干什么以后,你就要坚定不移地干下去,就不要随便地换。你可以像一条河流一样越流越宽阔,但是千万不要再想去变成另外一条河流或者变成一座高山。有了这样的一个目标以后,你的生命就不会摇晃,这样你才能够做成事情。伟大与平凡的不同之处就在于,一个平凡的人每天过着琐碎的生活,但是他把琐碎堆砌出来,还是一堆琐碎的生命。所谓伟大的人,

是把一堆琐碎的事情，通过一个伟大的目标，每天积累起来以后，变成一个伟大的事业。

相关链接

俞敏洪感言

➢ 每一位同学在大学的时候要做的四件事情：第一就是一定要学到很必要的知识；第二要学会交到很好的朋友；第三如果有可能的话，体验一下爱情；第四要为未来就业做好准备。

➢ 摔倒了十次就再也不愿爬起来，他就永远是失败，但是他哪怕是摔倒了一万次，他第一万零一次继续站起来，往前走实在站不起来了，我爬也要爬着往前走，这就叫成功。

➢ 这个世界上失去什么东西都不可怕，唯一可怕的是失去你的心，失去你的勇气。只要你坚韧不拔地奋斗，只要你眼睛看向未来，生命就永远属于你，生命的辉煌也一定永远属于你。

➢ 凡是想要一下子把一件事情干成的人，就算他干成这件事情他也没有基础，因为这等于是沙滩上造房子，最后一定会倒塌。只有慢慢地一步一步把事情干成，每一步都给自己打下坚实的基础，每一步都给自己一个良好的交代，再重新向未来更高去走一步的人，他才能够把事情真正地做成功。

➢ 人生的道路，其实是很不平坦的，靠你一个人绝对走不完的。这个世界上只有你跟别人在一起，为了同一个目标，一起做事情的时候，才能把这件事情做成。一个人的力量很有限，但是一群人的力量是无限的。当五个手指伸出来的时候，它是五个指头。但是当你把五个手指握起来的时候，它是一个拳头。未来除了是你自己成功，一定要跟别人一起成功，跟别人团结在一起，形成“我们”，你才能够把事情做成功！

复习思考题

一、单项选择题

1. 一国国内在一定时期内生产的所有最终产品和劳务的市场价值根据价格变化调整后的数值为(　　)。

A. 国民生产总值　　　　　　B. 实际国内生产总值
C. 名义国内生产总值　　　　D. 潜在国内生产总值

2. 下面不计入国内生产总值核算的是(　　)。
A. 出口到国外的一批货物
B. 政府给贫困家庭发放的一笔救济金
C. 经纪人为一座旧房买卖收取的一笔佣金
D. 保险公司收到一笔家庭财产保险费

3. 当煤炭有多种用途时,作为最终产品的是(　　)。
A. 家庭用于做饭和取暖
B. 餐厅用于做饭
C. 供热公司用于供应暖气
D. 化工厂作为原料

4. 下面应该计入国内生产总值核算的是(　　)。
A. 购买一辆用过的旧自行车
B. 购买普通股票
C. 汽车制造厂买进十吨钢板
D. 银行向某企业收取一笔贷款利息

5. 已知某国的资本品存量在年初为 10 000 亿元,它在本年度产生了 2 500 亿元的资本品,资本消耗折旧是 2 000 亿元,该国在本年度的总投资和净投资分别是(　　)。
A. 2 500 亿元和 500 亿元
B. 12 500 亿元和 10 500 亿元
C. 2 500 亿元和 2 000 亿元
D. 7 500 亿元和 8 000 亿元

6. 下列项目中,不属于政府购买的是(　　)。
A. 地方政府办三所学校
B. 政府给低收入者提供的一笔住房补贴
C. 政府购买一批军火
D. 政府给公务人员增加的工资

7. 如果个人收入等于 570 美元,而个人所得税等于 90 美元,消费等于 430 美元,利息支付总额为 10 美元,个人储蓄为 40 美元,个人可支配收入则等于(　　)。
A. 500 美元　　　　　　B. 480 美元

C. 470 美元　　D. 400 美元

8. 经济学上的投资是指（　　）。

A. 企业增加一笔存货　　B. 建造一座住宅

C. 企业购买一台计算机　　D. 以上都是

9. 某计算机助理工程师不满意现在某工厂的工作环境，辞职准备去一家信息技术公司找工作，这种情况的失业属于（　　）。

A. 周期性失业　　B. 结构性失业

C. 古典失业　　D. 自愿失业

10. 技术的进步造成部分人的素质不适应工作的要求，由此产生的失业是（　　）。

A. 自愿失业　　B. 结构性失业

C. 需求不足的失业　　D. 周期性失业

11. 当经济中只存在（　　）时，该经济被认为实现了充分就业。

A. 摩擦性失业和季节性失业

B. 结构性失业和季节性失业

C. 周期性失业

D. 自然失业

12. 奥肯定理说明：（　　）。

A. 失业率增加 1%，现实国民收入减少 2.5%

B. 失业率增加 1%，现实国民收入增加 2.5%

C. 失业率减少 1%，现实国民收入减少 2.5%

D. 失业率减少 2.5%，现实国民收入增加 1%

13. 要缓和结构性失业，应该实行（　　）。

A. 财政政策　　B. 人力政策

C. 收入政策　　D. 货币政策

14. 要对付需求不足引起的失业，应该选择（　　）。

A. 财政政策与货币政策　　B. 人力政策

C. 收入政策　　D. 控制人口政策

15. 通货膨胀是（　　）。

A. 一般物价水平普遍而持续的上涨

B. 货币发行量超过流通中的黄金量

C. 货币发行量超过流通中商品的价值量

D. 以上都是

16. 需求拉上的通货膨胀(　　)。

A. 通常用于描述某种供给因素所引起的价格波动

B. 表示经济制度已调整过的预期通货膨胀率

C. 总需求过度增长而引起的通货膨胀

D. 以上均不是

17. 在下列引起通货膨胀的原因中,哪一个最可能是成本推进的通货膨胀的原因(　　)。

A. 银行贷款的扩张　　B. 预算赤字

C. 世界性商品价格的上涨　　D. 投资增加

18. 假如经济发生了严重的通货膨胀,受害者将是(　　)。

A. 债权人　　B. 退休金领取者

C. 债务人　　D. 答案A和B所指的人

19. 如果存100元一年期定期储蓄,年利率3%,这一年通货膨胀率1%,则你的实际补偿为(　　)。

A. 4%　　B. 2%

C. −2%　　D. −4%

20. (　　)可以称为温和的通货膨胀。

A. 10%之内的通货膨胀率

B. 10%−99%的通货膨胀率

C. 100%以上的通货膨胀率

D. 0%的通货膨胀率

21. 根据菲利普斯曲线,降低失业率的办法是(　　)。

A. 减少货币供应量　　B. 增加货币供应量

C. 增加税收　　D. 减少政府购买

22. 经济周期的四个阶段依次是(　　)。

A. 繁荣、衰退、萧条、复苏　　B. 繁荣、萧条、衰退、复苏

C. 复苏、萧条、衰退、繁荣　　D. 萧条、衰退、复苏、繁荣

23. 对经济增长最关键的因素是(　　)。

A. 资本　　B. 技术

C. 自然资源　　D. 劳动力素质

24. 财政政策是指(　　)。

A. 政府管理价格的手段

B. 周期性变动的预算

C. 为使政府收支相抵的手段

D. 利用税收、支出和债务管理等政策来实现宏观经济目标

25. 属于紧缩性财政政策工具的是(　　)。

A. 减少政府支出和减少税收

B. 减少政府支出和增加税收

C. 增加政府支出和减少税收

D. 增加政府支出和增加税收

26. 扩张型财政政策对经济的影响是(　　)。

A. 缓和了经济萧条但增加了政府债务

B. 缓和了经济萧条也减轻了政府债务

C. 加剧了通货膨胀但减轻了政府债务

D. 缓和了通货膨胀但增加了政府债务

27. 在经济过热时,政府应该采取(　　)的财政政策。

A. 减少政府财政支出　　B. 增加财政支出

C. 扩大财政赤字　　D. 减少税收

28. 我国中央银行货币政策调控的最终目标是(　　)。

A. 以经济增长为首要目标

B. 以币值稳定为主要目标

C. 保持物价稳定,并以此促进国际收支平衡

D. 保持币值稳定,并以此促进经济增长

29. 目前,西方各国运用得比较多且十分灵活有效的货币政策工具为(　　)。

A. 法定存款准备金　　B. 再贴现政策

C. 公开市场业务　　D. 窗口指导

30. 下列货币政策操作中,引起货币供应量增加的是(　　)。

A. 提高法定存款准备金率　　B. 提高再贴现率

C. 降低再贴现率　　D. 中央银行卖出债券

31. 中央银行降低法定存款准备金率时,则商业银行(　　)。

A. 可贷资金量减少　　B. 可贷资金量增加

C. 可贷资金量不受影响　　D. 可贷资金量不确定

32. 一般来说，中央银行提高再贴现率时，会使商业银行(　　)。

A. 提高贷款利率　　B. 降低贷款利率
C. 贷款利率升降不确定　　D. 贷款利率不受影响

33. 中央银行在公开市场上大量抛售有价证券，意味着货币政策(　　)。

A. 放松　　B. 收紧
C. 不变　　D. 不一定

34. 政府宏观调控的四大目标之间存在矛盾，任何一个国家要想同时实现这四大目标是很困难的，但其中(　　)是一致的。

A. 充分就业与经济增长
B. 经济增长与国际收支平衡
C. 物价稳定与经济增长
D. 充分就业与物价稳定

二、应用分析题

1. 下列每一种交易会影响 GDP 的哪一部分(如果有影响的话)？解释之。

(1) 家庭购买了一台新冰箱；
(2) 美的公司从存货中出售了一台空调；
(3) 你买了一碗兰州拉面；
(4) 你的父母买了一瓶法国进口红酒；
(5) 某市铺设了一条高速公路；
(6) 摩托罗拉公司扩大了其在天津的工厂。

2. 什么是自然失业率？哪些因素影响自然失业率的高低？

3. 摩擦性失业与结构性失业相比，哪一种失业问题更严重些？

4. 最低工资法能更好地解释青少年的失业还是大学毕业生的失业，为什么？

5. 通货膨胀的经济效应有哪些？如何治理？

6. 下图中有一个完整的经济周期，请划分出其中的各阶段，并说明各个阶段的特征。

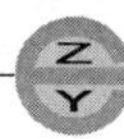

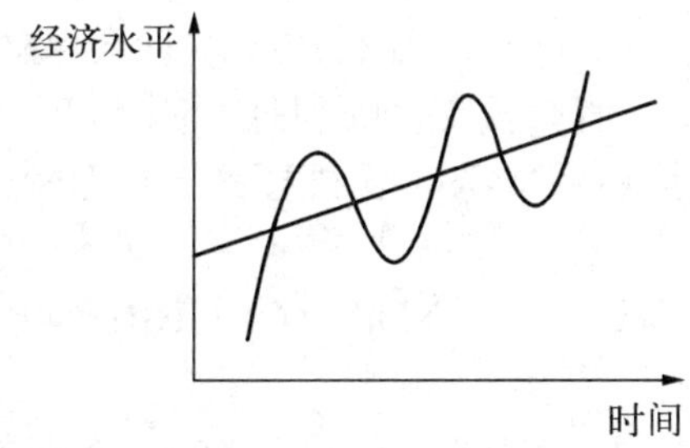

三、计算题

1. 下表是牛奶和蜂蜜之间的一些数据：

年　份	牛奶的价格（美元）	牛奶量（品脱）	蜂蜜的价格（美元）	蜂蜜量（品脱）
2005	1	100	2	50
2006	1	200	2	100
2007	2	200	4	100

(1) 以 2005 年作为基年，计算每年的名义 GDP、实际 GDP、GDP 平减指数。

(2) 计算 2006 年和 2007 年和上一年度相比名义 GDP、实际 GDP 和 GDP 平减指数变动的百分比。对每一年，确定没有发生变动的量，解释其原因。

(3) 在 2006 年或者 2007 年，经济福利增加了吗？解释之。

2. 已知某国在某年度的有关国民收入的统计资料如下：

工资：100 亿元；间接税：10 亿元；利息：10 亿元；消费支出：90 亿元；租金：30 亿元；投资支出：60 亿元；利润：20 亿元；政府采购：30 亿元；出口额：60 亿元；进口额：70 亿元。

要求：

(1) 按收入法计算 GDP；

(2) 按支出法计算 GDP。

3. 假设某国某年有下列国民收入统计资料：

资本消耗：356.4，雇员报酬：1 866.3，企业支付的利息：

264.9,间接税:266.3,个人租金收入:34.1,公司利润:164.8,非公司企业主收入:120.3,红利:66.4,社会保险税:253.0,个人所得税:402.1,消费者支付的利息:64.4,政府支付的利息:105.1,政府转移支付:347.5,国外要素支付净额:78.5,个人消费支出:1991.9。

请计算:(1) NI;(2) NDP;(3) GDP;(4) PI;(5) DPI;(6) 个人储蓄。

4. 2008年2月美国劳工统计局宣布,在所有美国成年人中,就业者为14 599.3万,失业者为738.1万,非劳动力为7 943.6万。用这些信息计算:

(1) 成年人口;

(2) 劳动力人口;

(3) 劳动力参工率;

(4) 失业率。

5. 若某一经济体的价格水平2005年为107.9,2006年为111.5,2007年为114.5,问2006年和2007年通货膨胀率各是多少?若人们对2008年的通货膨胀率预期是按前两年通货膨胀率的算术平均来形成,设2008年的利率为6%,问该年的实际利率为多少?

四、案例分析题

资料一:

1988年8—9月份全国各地发生的挤兑、提款、抢购风潮,标志着通货膨胀预期在我国的形成。居民消费价格指数,从1987年的7.3%上涨到1988年的18.8%,1989年为18%。由于中央政府在经济整顿中对通货膨胀进行了治理,1990年的居民消费价格指数上涨了3.1%,1991年只上涨了3.4%。但是,由于靠行政手段推动经济增长,出现了“经济过热”,于是,1992年,居民消费价格指数达到6.4%,1993年再次快速攀升至14.7%,1994年达到改革以来的最高点——24.1%。这时,中央决定把反通胀作为今后一个时期国家宏观调控的主要目标,采取了一系列措施,致使1995年的居民消费价格指数下降为17.1%,1996年继续下降至8.3%,1997年只有2.8%,实现了经济“软着陆”,即“低通胀、高增长”。

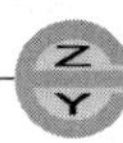

资料二：

随着市场经济的发展，社会各类商品的供给逐步大于需求，加上亚洲金融危机的影响等多种制约因素，1998 年我国的居民消费价格指数下降至负数，为－0.8%，1999 年为－0.14%，2000 年虽然转为正数，但也只有 0.4%，2001 年不到 2%。这样，从 1997 年 10 月份，全国零售物价指数首次出现负增长(－0.4%)，以后持续 6 个月保持这一趋势。从 1997 年下半年开始到 1999 年 7 月，我国物价已经连续 22 个月下降，物价不振，商品积压严重。而且，到 2002 年末，这种现象还没有完全消失，这在建国历史中也是没有出现过的。按照经济学的解释，这是轻微的通货紧缩。

资料三：

2008 年 12 月 8 日，继美国、欧元区、日本等西方主要经济体确认经济陷入衰退之后，国际货币基金组织发表报告称，2009 年中国经济增速仍有望达到 9.3%。尽管出口增长放缓，但受投资和消费稳定增长的推动，中国经济仍将保持活力。在经受国际金融海啸冲击和国内特大自然灾害影响的大背景下，中国作为外贸依存度超过 60% 的国家，能够保持经济平稳较快发展，足以说明国家一系列宏观调控政策的调整及时有效。

面对错综复杂的国内外形势，2008 年，中国宏观调控政策经历了迅速而大幅度的调整：从年初的“双防”政策(防止经济过热、防通胀)到年中的“一保一控”(保增长控通胀)，年底再转向“保增长、扩内需、调结构”。随着美国次贷危机升级为世界金融危机，西方主要经济体陷入衰退，国内房地产、钢铁、汽车等重要支柱产业产销大幅度下滑。保证中国经济保持平稳较快增长成为当前和以后一段时期我国宏观调控的首要任务。2008 年 11 月 9 日，国务院常务会议宣布对宏观经济政策进行重大调整，财政政策从“稳健”转为“积极”，货币政策从“从紧”转为“适度宽松”。

阅读材料后回答下列问题：

(1) 什么是通货膨胀、经济过热和“软着陆”？

(2) 在经济过热、通货膨胀的情况下，应该采取什么样的财政政策和货币政策实现经济的“软着陆”？财政政策和货币政策的具体内容如何运用?

(3) 什么是通货紧缩?在市场疲软、通货紧缩的情况下,应该采取什么样的财政政策和货币政策?具体内容是如何运用的?

(4) 结合你对政策的了解,简述我国政府当下宏观经济政策目标及具体采取的调控举措。

实训项目

一、实训目标

1. 学会运用宏观经济数据分析实际问题;
2. 锻炼经济数据资料的检索和分析处理能力;
3. 建立对国家宏观调控采用的财政政策与货币政策的感性认识。

二、实训项目与要求

1. 数据比较——宏观经济数据的比较(★辅助素材)

项目要求:

(1) 浏览相应城市的统计局官方网站。

(2) 在该市近五年的国民经济与社会发展统计公报中查找教师要求的数据资料。

(3) 通过描绘趋势线对城市的经济与社会发展作出评价。

(4) 教师对各小组的数据处理与分析结果进行归纳和点评。

2. 讨论——如何跑赢 CPI

项目要求:

(1) 调查我国历年通货膨胀的相关数据。

(2) 分小组交流讨论“如何跑赢 CPI”,撰写报告。

(3) 教师对各小组归纳内容进行点评。

3. 数据分析——区域经济周期与经济增长分析(★辅助素材)

项目要求:

(1) 查找相应地区或城市的 GDP 数据。

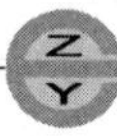

(2) 记录该地区或城市历年的经济增长数据资料。

(3) 通过描绘趋势线对区域的经济周期与增长做出分析与判断。

(4) 教师对各小组的数据处理与分析结果进行归纳和点评。

4. 网上冲浪——搜集并归纳中国1998年以来的宏观经济政策(★辅助素材)

项目要求：

(1) 提供给学生相关网站。

(2) 认真研读网络资料，对大量信息进行筛选和比较。

(3) 小组交流和讨论，归纳我国1998年以来宏观经政策的实施。

(4) 教师对各小组归纳内容进行点评。

学习领域七

国际经济学

——国际贸易与国际金融

了解贸易如何改变人们的状况，透视全球化进程中愈演愈烈的贸易摩擦，了解货币及货币制度，分析人民币汇率变动及未来走势，了解人民币有望成为国际硬通货这一事实。

学习目标

- 了解绝对优势与比较优势；
- 了解人民币汇率及其变动；
- 了解货币及其职能；
- 了解人民币国际化进程。

关键词汇索引

绝对优势　比较优势　汇率　货币　货币制度　金本位　银本位　复本位　硬通货

第一节　贸易能使每个人状况更好

一、牧牛人和农民——贸易能使每个人状况更好

曼昆的《经济学原理》一书总结了经济学非常重要的一条原理——贸易(Trade)能使每个人状况更好。该原理清晰地解释了人们为什么与他们周围的人交易，一个国家为什么与其他国家交易。曼昆在他的书中运用了一个简单的经济模型进行解释：假设世界上只有两个人，牧牛人和种土豆的农民——他们每人都既喜欢吃牛肉，又喜欢吃土豆。如果牧牛人只能生产牛肉，而农民只能生产土豆，那么，贸易的好处是最明显的。在一个方案中，牧牛人和农民可能选择“老死不相往来”。但在吃了几个月烤牛肉、煮牛肉、炸牛肉和烧牛肉之后，牧牛人肯定觉得自己并不怎么惬意；同样，一直吃土豆泥、炸土豆、烤土豆和用贝壳烘土豆的农民肯定也有同感。如果采取另一个方案，牛肉和土豆之间展开贸易，这时每个人就都可以有汉堡包和炸薯条了。也就是说，每个人的状况都比贸易之前更好了，两个人进行贸易，则双方在合理的价格下实现了“双赢”。

二、乔丹和杰尼弗——“绝对优势”与“比较优势”

当比较一个人、一个企业或一个国家与另一个人、另一个企业或另一个国家的生产率时，经济学家通常是看“*绝对优势*”(Absolute Advantage)。当生产者生产一种物品所需要的投入量较少，就可以说明该生产者在生产这种物品中有绝对优势。但是，还有另一种比较方法，我们可以不比较所需要的投入，而是比较机会成本，即为了得到某种东西而放弃的其他东西。为了分析贸易的好处，经济学家提出了“*比较优势*”(Comparative Advantage)的概念，即生产一种物品之机会成本较少的生产者具有比较优势。

☞**绝对优势(Absolute Advantage)** 生产物品所需要的投入量较少。

☞**比较优势(Comparative Advantage)** 生产物品的机会成本较少。

我们看下面的例子：

迈克尔·乔丹(Michael Jordan)是一名优秀的运动员。但是，他很可能在其他活动中也出类拔萃，这里假设乔丹修剪自己的草坪比其他任何人都快。但是仅仅因为他能迅速地修剪草

坪,就意味着他应该自己修剪草坪吗?

为了回答这个问题,我们需要应用机会成本和比较优势的概念。比如说,乔丹用 2 小时能修剪完草坪。在同样的 2 小时里,他可以拍一部运动鞋的电视商业广告并赚到 1 万美元(这就是他去剪草坪而不去拍广告所付出的代价,即机会成本)。与他相比,住在乔丹隔壁的小姑娘杰尼弗要用 4 小时才能修剪完乔丹家的草坪。在这同样的 4 小时中,她可以在麦当劳工作并赚到 20 美元。

在这个例子中,乔丹在修剪草坪上有绝对优势,因为他可以用更少的时间干完这个活。但杰尼弗在修剪草坪上有比较优势,因为她的机会成本低。但是,如果乔丹和杰尼弗之间展开贸易,对双方就更有好处。乔丹不应该修剪草坪,而应该去拍商业广告片,他应该雇佣杰尼弗来修剪草坪。显然,只要乔丹支付给杰尼弗的钱大于 20 美元而低于 1 万美元,双方的状况都会更好。

乔丹与杰尼弗的收入矩阵:

	剪草坪	做广告/麦当劳	最佳选择
乔　丹	40 美元	1 万美元	做广告
杰尼弗	多于 20 美元	20 美元	剪草坪

国际贸易的好处也是显而易见的。当一国允许贸易并成为一种物品的出口者时,该物品的国内生产者状况变好,而该物品的国内消费者状况变坏,只要赢家的收益超过了输家的损失,贸易就增加了该国的经济福利。而当一国允许贸易并成为一种物品的进口者时,该物品的国内消费者状况变好,而该物品的国内生产者状况变坏,只要赢家的收益超过了输家的损失,贸易同样增加了该国的经济福利。因为贸易的好处是依据比较优势,而不是绝对优势。即使一国在生产每一种物品上都比另一国强,这个国家仍然能从与别国的贸易中获益。

贸易可以使每个人状况更好。了解这个基本的经济学原理,对我们做出正确的经济决策是非常有益的。谁也不见得什么都做,而每个人都去做自己最有效率的事,把有些业务外包出去，把有些产品购买进来，以此来达到自己的效益最大化。人与人之间、企业与企业之间、地区与地区之间、国家与国家之间，甚至于地球人和神秘的外星人之间，不是都可以多开展些贸易吗？

三、从中美贸易摩擦再看“比较优势”

1. 中美贸易摩擦愈演愈烈

近一段时间以来，由美国单方面挑起的中美贸易摩擦呈现出愈演愈烈之势：从对我国彩电征收高额反倾销税，到突然提出对中国的几类纺织品实行新配额；从对来自中国的可锻铸铁管件征收反倾销税，到对中国产的木制卧室家具进行反倾销诉讼。这些在短时期内密集推出、专门针对中国产品的种种贸易歧视政策，凸显了美国贸易保护主义思潮的日渐抬头。

美国针对中国产品堆砌的贸易壁垒，不仅因其严重影响了中美正常贸易往来而受到我国社会各界的强烈抵制，同时也因其轻率践踏了WTO框架下的国际自由贸易规则，从而受到全球经济界的广泛批评。就连美国联邦储备委员会主席格林斯潘也发出警告，认为这种贸易保护主义做法将使全球经济的灵活性受到侵蚀。

尽管经济界和理论界人士排除了现阶段在两国之间发生大规模贸易战的可能性，但大家还是认为，一些发达国家出于遏制我国经济和对外贸易发展的目的，以及一些发展中国家对本国产业安全的过激性防卫和对本国企业的过度呵护，我国企业今后将会面临越来越复杂的国际贸易环境。如果我们不能正确看待贸易摩擦的根源，并从中找到一些应对之策，今后将会遭遇到更多的类似摩擦。

2. 透视贸易摩擦的根源

纵观近年来中国曾经遭遇和正在经历的贸易歧视，绝大部分都集中于劳动密集型产品。不管是中日、中韩之间围绕农产品引发的贸易纠纷，还是中美、中欧之间围绕制造业产品所引发的贸易摩擦阴云，其发端都是贸易摩擦的发起国以种种证据和理由，指责中国产品因为“低价倾销”或者质量问题，严重影响了该国同类产业的正常市场竞争，进而导致相关企业的利益受损和产业工人的失业。

从全球范围来看,大凡贸易保护的对象,也大多集中于劳动密集型和资本密集型产品。之所以出现这种格局,是因为这两类产品往往属于制造业的范畴,一般不具备较高的技术含量,而且往往具有极强的替代性,其对生产国经济的贡献,主要是吸纳大量的就业工人,这就使得这些贸易保护国敢于视国际贸易规则于不顾,单方面设置进口壁垒。相反,如果进口产品属于该国难以生产的高技术产品,或者是该国不屑生产的重污染型产品,他们往往就会具有极强的进口依赖,而此时,他们恐惧的是出口国的出口限制。由于贸易歧视政策维护了该国一些特定产业和相关阶层群体的利益,因此在一定范围内受到了热烈吹捧。

尽管绝大多数贸易摩擦最终都会在当事双方的沟通磋商或是在有关国际贸易仲裁机构的公允裁决下得以消弭,但事后反观这些影响面极大的贸易摩擦风云,不管每一个回合的周期长短,莫不使牵涉其中的众多企业受到一定程度的利益伤害乃至巨大的机会损失。基于这个认识,为了争取一个持久、稳定的出口贸易环境,尽可能减少不必要的贸易摩擦成本,确有必要重新思考我们基于"比较优势"理论的出口战略取向。

3. "比较优势"不等于"竞争优势"

长期以来,我们一直把"劳动力成本优势"视为对外贸易中的"比较优势",并相应地大力发展起了诸如纺织企业等众多以出口为导向的劳动密集型企业。但是随着高新技术产品日益成为世界贸易的主要品种,再加上国际市场上劳动密集型产品严重供过于求,我国的劳动密集型产品在国际市场上的竞争力正日渐下降,它们赖以生存的低成本"比较优势"越来越不成其为"优势"。更何况,如今在国际市场上,即便是劳动密集型产品,其市场竞争优势也不再像过去那样仅仅简单地局限于"成本价格",而是涵括了价格、质地、工艺、原料、科技嫁接等多方面的综合竞争因素。

"比较优势不等于竞争优势",跳出过度依赖劳动密集型产品出口结构的惯性思维,已势在必行。这种战略调整,不但有助于我国跳出"比较优势陷阱"——过于强调劳动力成本优势,忽略出口结构中的非价格因素,同时也将使更多的企业因此而减

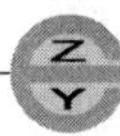

少不必要的贸易摩擦损失。

> 即问即答：请列举日常生活中我国根据比较优势和其他国家进行贸易的商品。

第二节　1 美元等于 8.26 人民币元的时代已经过去

一、人民币升值的过程

2005 年 7 月 21 日，迫于美国的强大压力，也为了给中国经济发展营造一个好的外部环境，中国政府终于做出了一个人民币升值的决定。1 美元兑换人民币从8.27元先后突破 8.2、8.1、8.0元关口，升值幅度达 3%。进入 2006 年，人民币*汇率*（Rate of Exchange）经历了从缓步上升到快跑，再到“加速跑”的过程。5 月 15 日，人民币汇率中间价首度突破 8 元；7 月 20 日，人民币汇率中间价再次“破 8”后一路向下，从此告别了这个关键的位置。来自中国外汇交易中心的数据显示，2006 年人民币的月平均汇率已从 1 月份的8.0688升值至 11 月份的 7.8652。

汇率（Rate of Exchange） 又称外币汇率，指两种货币之间的兑换比率，是以一种货币表示另一种货币的价格、以一定单位外币为标准来计算应付多少单位本币的汇率标价方法，称为直接标价法，又叫应付标价法。在国际外汇市场上，包括中国在内的世界上绝大多数国家目前都采用这种标价法。

2007 年，人民币升值趋势已经明朗化，在震荡中不断改写汇改以来历史新高。1 月 11 日人民币对美元7.80关口告破，13 年来首次贵过港币；3 月 8 日保尔森访华，人民币突破 7.73 关口；5 月 8 日第二次中美战略经济对话前夕，人民币突破 7.70 关口；10 月 24 日 G7 财长会议举行后，人民币突破 7.50 关口，全年升值 6.5%。2008 年 4 月 10 日人民币中间价破 7.000 大关，从此人民币汇率进入“6”时代。之后继续升值转折出现在 7 月中旬。8 月份，人民币升值速度明显下降。到了 10 月份，甚至出现了单月走势略有贬值的情况。12 月初，人民币汇率更是出现了罕见的连续四日“跌停”。

2009 年来美元对人民币中间价绝大多数时间内均保持在 6.82—6.83 的狭小区间内窄幅波动，相邻两个交易日的中间价差异一般都不超过 20 个基点。2010 年全年人民币对美元中间价累计升值 2 055 个基点,升值幅度超过 3%。人民币汇率在 6 月和 9 月连续冲破了 6.8 和 6.7 两个大关,创下 2005 年汇改以来新高。2010 年 12 月 31 日人民币对美元中间价为 6.6227 元。

2011 年人民币对美元连破 6.6、6.5、6.4 三大关口,8 月中旬迈进"6.3 时代"。中国外汇交易中心公布的数据显示,仅 8 月份 23 个交易日中,人民币汇率共 11 次创下汇改以来新高。2012 年,人民币汇率如同坐了一轮过山车,从上半年一边倒的贬值预期到 10 月份之后即期市场汇率频频触及涨停,市场升值和贬值预期交替出现。趋势的逆转为近年所罕见。以人民币对美元汇率开盘中间价计算,2011 年最后一个交易日开盘中间价为 6.3009,在 2012 年 5 月 2 日创出年内最高点 6.2670 后,8 月 16 日创年内最低点 6.3495,12 月 31 日最后一个交易日为 6.2855,全年人民币升值幅度为 0.25%。2005 年 7 月至 2013 年 7 月美元兑人民币汇率中间价走势如图 7-1 所示。

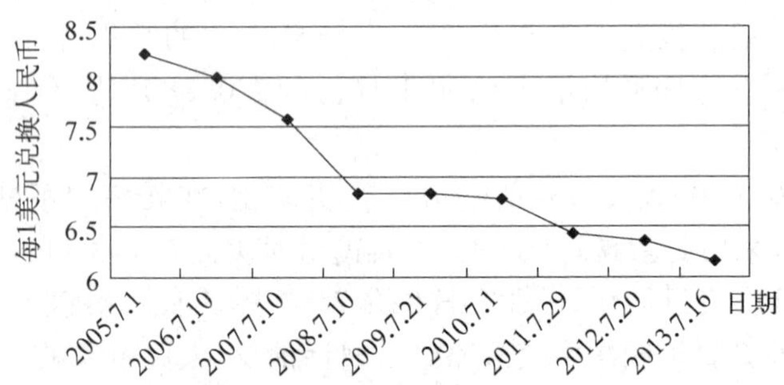

图 7-1　2005—2013 年美元对人民币汇率走势图

2013 年,人民币汇率仍继续在震荡中上升,10 月 10 日人民币兑美元汇率中间价创汇改以来新高,为 6.1415。不管将来如何,从 2005 年 7 月汇改以来,人民币对美元累计升值幅度已超过 30%。有一点更为确定的是,1 美元等于 8.26 元人民币的时代已经一去不复返。

二、人民币升值的动力

为什么人民币兑美元汇率一直处于持续升值的过程中？除了某些国家要求人民币升值的外部压力外，是否具有某些特定的内在动力呢？经济人士认为，中国经济的持续复苏、日本和欧洲量化宽松政策的持续以及美国经济复苏的不确定性，均给人民币带来了升值压力。从 2008 年 10 月，美联储启动第一次量化宽松货币政策以来，欧盟、日本、英国、澳大利亚等发达经济体纷纷效仿。而日本新任央行行长黑田东彦上台后推出的量化宽松政策可谓登峰造极，全然不顾可能产生的副作用。虽然黑田东彦表示，日本央行的大规模定量宽松政策的目标并不是打压日元汇率，而是为了实现国内经济目标，但外汇市场的反应仍然很强烈。由于美元兑日元升值，人民币兑日元也出现大幅升值。

对于新兴经济体和发展中国家而言，除了需要担心汇率被人为抬升，还需提防输入性通货膨胀的抬高。根据 IMF 的统计，在实行宽松货币政策的 2009—2012 年，发达国家平均通胀率分别为 0.1%、1.6%、2.7%和 2.0%（同期美国的通胀率为负 0.4%、1.5%、3.0%和 1.7%）；而新兴市场与发展中国家平均通胀率分别为 5.2%、6.1%、7.2%和 6.1%（同期中国的通胀率分别为负 0.7%、3.3%、5.4%和 2.6%）。也就是说，发达国家作为宽松货币政策的始作俑者和主要实行者，由于其深陷流动性陷阱，货币供应量的大幅增加并没有在其国内转化为通货膨胀压力，但这种压力却转嫁给了新兴市场和发展中国家。平均而言，新兴市场和发展中国家的通胀率较发达国家高 4—5 个百分点。

此外，短期国际资本的流入即“热钱”是近期人民币持续快速升值的主要推手。2011 年三季度以来，中国经济逐步走出增长低谷，经济指标出现温和改善，与西方各国疲弱的发展态势相比，投资者更加看好中国经济，因此资金流向中国或停留在中国的意愿较之前强烈。年初以来，外汇流入资金异常汹涌。人民币升值预期与“热钱”流入之间存在自我强化的正反馈，即“人民币升值预期→吸引热钱流入→强化人民币升值预期”。在近期人民币对美元现汇升值的同时，央行中间价频频高开以及可能扩大汇率波幅的传闻更加坚定了投资者的升值预期。

对中国而言,短期调整汇率政策、加强资金流入管理、深化金融体系改革,中长期调整经济结构、加速推进人民币国际化,都应成为选项。2013 年鉴于中国仍然不俗的经济增速,以及央行加大人民币汇率弹性的承诺,人民币汇率可能有温和升值,但波动性会加大。

三、人民币升值的影响

人民币持续升值对我们的生活有哪些影响呢?可以说是几家欢喜几家愁!喜的是出国留学旅游更省钱,愁的是利润下滑、企业出口很受伤。

人民币汇率走高,留学费用下降可观。以美元为例,按照 2012 年 4 月的现钞卖出价,市民在银行兑换 10 000 美元需要 63 194 元人民币;而 2013 年 4 月兑换 10 000 美元只需要 62 034 元人民币,一年的时间里,兑换成本就下降了 1 160 元。

对于游客而言,人民币升值带来的最直观好处就是买东西更加便宜。以港币为例,昨日 100 港币的现钞卖出价为 79.9 元人民币,对于游客来说,意味着在香港每一次使用人民币银联卡刷卡消费时,都可以无形中享受到汇率带来的"8 折"优惠。

在留学生和游客喜笑颜开的同时,出口企业却愁眉不展。人民币的升值会给部分企业,尤其是从事农产品、低端纺织业等一些劳动密集型企业的利润造成一定的影响。2013 年一季度,外贸形势较去年有所好转,但是进入 4 月以来,很多外贸企业对于连续走高的人民币汇率"很受伤"。根据人民币汇率走势图测算,2013 年元旦至今,100 万美元能兑换的人民币,已经缩水了 3.5 万元。出口企业多采用美元结算,对于出口企业来说,每次人民币汇率的升高,就等于在他们的利润中割了一块肉。特别是企业碰到周期长的订单就头疼,汇率走势没办法控制,很有可能带来严重损失。从目前情况来看,发达国家货币贬值的趋势仍有可能延续,我国出口企业今后面临的挑战依然十分严重。我国企业应该及时关注外汇变化,更灵活地签订出口合同,运用一些汇率避险产品,尽量减少汇率带来的贸易风险。

业内人士认为,在全球经济疲弱的情况下,发达国家希望采用宽松的货币政策刺激经济，但是这一做法直接导致货币贬值，并增加本国产品的竞争力和出口优势，也扰乱了我国出口贸易的正常环境。从目前情况来看，发达国家货币贬值的趋势仍有可能延续，我国出口企业今后面临的挑战依然十分严重。我国企业应该及时关注外汇变化，更灵活地签订出口合同，运用一些汇率避险产品，尽量减少汇率带来的贸易风险。

四、稳定才是最合理

2008 年以来人民币汇率走势由年初对美元汇率大幅升值，到 9 月份雷曼兄弟破产后的升值趋缓，再到 12 月初的连续跌停，此行情一波三折，一度让人们猜不透、摸不着。人民币汇率之所以走出如此行情，与 2008 年风云变幻的国际经济形势密切相关。9 月份雷曼兄弟破产后，发端于美国的次贷危机逐步转化为全球金融危机，并向实体经济迅速蔓延。在美国、日本和欧盟纷纷陷入衰退后，市场恐慌情绪浓重，出于收益方面的考虑，市场投资者追捧美元，带动美元走强。正是在这样的国际经济大背景下，人民币升值步伐开始见缓，甚至一度出现与其他非美货币相同的贬值行情。

然而，人民币贬值也有风险。如果长时间大幅贬值将不可避免地导致竞争性货币贬值，导致欧美国家要求人民币升值的政治压力以及严厉的报复性贸易政策和贸易保护主义。因此我们可以预期人民币只会呈现短期的阶段性贬值，贬值幅度在 7.0—7.3，之后将呈现双边震荡态势。只要中国经济不出现大的衰退，7.5 以上的贬值可能性较小。长期来看，人民币或贬或升是不应设定政策范围的，而应该改革汇率形成机制。本来，汇改后，如果人民币小幅升值的步伐达到一定程度，出口导向型经济模式在升值压力作用下能够顺利完成转型升级，通过不断放宽汇率浮动范围，人民币汇率是有望达到（有管理的）自由浮动目标的。然而金融危机的爆发以及金融危机向经济危机转化，突然加大了中国外向型经济转型升级的难度，在内需消费型经济机制远没有形成而外部需求突然大幅萎缩时，中国经济面临模式突然中断与失灵的风险。也正是在这样的背景下，人民币才一反单边升值走势而出现贬值，期望以此缓解外向型经济模式中断的风险。

面对全球金融寒冬下严峻的经济形势,人民币汇率既不大升也不大贬。人民币继续升值显然难以为继,因为继续升值将使原本已增长乏力的出口雪上加霜。人民币大幅贬值可能会引发资本加速外流,不利于稳定金融市场。在上述情况下,人民币汇率保持基本稳定才是最佳选择。

即问即答:人民币升值会对我们的生活产生哪些影响?

第三节 人民币有望成为国际硬通货

一、纳粹战俘营里的货币与中国的货币制度

二战期间,在纳粹的战俘集中营中流通着一种特殊的商品货币:香烟。当时的红十字会设法向战俘营提供各种人道主义物品,如食物、香烟、衣服等。由于数量有限,这些物品只能根据某种平均主义的原则在战俘之间进行分配,而无法顾及每个战俘的特定爱好。但是人与人之间的偏好有所不同,有人喜欢巧克力,有人喜欢奶酪,还有人更想得到一包香烟。因此这种分配显然缺乏效率,战俘们有进行交换的需要。但是即使在战俘营这样一个狭小的范围内,物物交换也显得非常不方便。因为它要求交易双方恰巧都想要对方的东西。为了使交换能够顺利地进行,需要有一种充当交易媒介的商品,即货币。那么,在战俘营中,究竟哪一种物品适合做交易媒介呢?许多战俘营都不约而同地选择香烟来扮演这一角色。战俘们用香烟来进行计价和交易,如一根香肠值 10 根香烟,一件衬衣值 80 根香烟,替别人洗一件衣服可以换得两根香烟。有了这样一种记账单位和交易媒介后,战俘之间的交换就方便多了。

☞货币(Money) 从商品中分离出来固定地充当一般等价物的商品。

为什么是香烟充当起战俘营里的货币,而不是其他商品,如食物或衣服呢?

众所周知,*货币*(Money)是固定充当一般等价物的特殊商

品。经济学家认为，货币的职能主要有三种：第一，交换媒介，即作为一种便于交换的工具，这是最基本的功能；第二，计价单位，即用来表示其他一切商品的价格，这是作为货币的必要条件，采用这种通用的计价单位可以极大地方便经济生活；第三，贮藏手段，即作为保存财富的一种方式，这是作为交换媒介的延伸。

香烟之所以会成为战俘营中流行的“货币”，是因为它容易标准化，且具有可分性，同时不易变质。这些特点正和作为“货币”的职能要求相一致，香烟就理所当然地成为当时的“货币”。

1. 货币形态的演变

香烟自然是一种实物货币，有别于我们今天使用的纸质货币。下面我们来了解一下货币演变历经的形态：

(1) 实物货币。

物物交换开始的时代，就出现了货币。在原始社会，人们用以物易物的方式，交换自己所需要的物资，比如一头羊换一把石斧。但是有时受到交换物资种类的限制，不得不寻找一种能够为交换双方都接受的物品，这种物品就是最原始的货币。牲畜、盐、稀有的贝壳、珍稀鸟类羽毛、宝石等不容易大量获取的物品都曾被作为货币使用过。

(2) 金属货币。

经过长年的自然淘汰，在绝大多数社会里，作为货币使用的物品逐渐被金属所取代。使用金属货币的好处是它的制造需要人工，无法从自然界大量获取，同时还容易分割和储存。数量稀少的金、银和冶炼困难的铜都成为当时主要的货币金属。马克思的“金银天然不是货币，但货币天然是金银”，一语点破金银充当一般等价物所具备的天然属性，即体积小、价值大、质地均匀、易分割、久藏不坏且便于收藏。

(3) 纸币。

随着经济的进一步发展，金属货币同样显示出其使用上的不便。在大额交易中需要使用大量的金属硬币，其重量和体积都令人烦恼。金属货币使用中还会出现磨损的问题。据不完全统计，自从人类使用黄金作为货币以来，已经有超过两万吨的黄金在铸币厂里或在人们的手中、钱袋中和衣物口袋中被磨损掉，于是作为金属货币象征符号的纸币出现了。世界上最早的纸币出现在宋朝年间的中国四川地区,俗称“交子”。目前世界上共有两百多种纸币,流通于世界193个独立国家和其他地区。作为各国货币主币的纸币,精美、多侧面地反映了该国历史文化的横断面,沟通了世界各国人民的经济交往。目前世界上比较重要的纸币包括美元、欧元、人民币、日元和英镑等。

(4) 电子货币。

电子货币是指在零售支付机制中,通过销售终端、不同的电子设备之间以及在公开网络上执行支付功能的“储值卡”或“预付支付机制”。电子货币的出现方便了人们外出购物和消费。现在电子货币通常在专用网络上传输,通过设在银行、商场等地的ATM机器进行处理,完成货币支付操作。近年来,随着Internet商业化的发展,网上消费、家庭银行、个人理财、网上投资交易等网上金融服务也已经开始在世界范围内开展。这些金融服务都是通过电子货币在Internet上及时进行电子支付与结算。随着互联网的高速发展以及网购的普及,电子货币支付将越来越流行。

回顾货币的发展历程,经历了以物易物——以贝壳代替物——以金属为钱币——纸币,再到今天出现的塑料卡、电子流货币等货币替代物多种形式。会不会有一天,我们不再需要用纸币作为货币了呢?

2. 中国的货币制度

(1) 货币制度的形成和演变。

在金银成为货币一般形态的情况下,各国为了从法律上规范货币的使用和流通,纷纷制定具体的货币制度,并确定一种基础货币用于计算,即货币的本位。

☞**货币制度(Monetary System)** 指国家对货币的有关要素、货币流通的组织与管理等加以规定所形成的制度。

所谓*货币制度*(Monetary System),就是由国家成文法、非成文法,政府法规、规章、条例,以及行业公约、惯例所规范的有关货币的方方面面,具体包括:① 货币单位的确定:“名”与“值”—— 本币和辅币;② 对钞票发行和存款货币创造的管理;③ 对不同种类货币支付能力的规定;④ 其他,如实名制、反洗钱等规定。

从历史发展来看,各国曾实行过不同的货币本位制度,主要

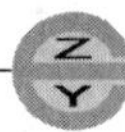

有两类：金属本位和信用货币本位。其中，金属本位又分为金本位、银本位、复本位。

金本位制（Gold Standard）是指以黄金作为本位货币的货币制度。从英国1813年首先确立金本位起，一直到1930年左右，世界上大多数国家都经历过金本位制。*银本位制*（Silver Standard）是以白银作为本位货币的货币制度。事实上银本位并不十分流行，主要在一些经济不发达的国家，如中国，原因在于银矿的分布广，开采成本低。中国在1910—1935年实行银本位制，这种货币本位最大的缺点是价格不稳定，20世纪30年代以后世界上已没有国家再用这种货币本位制度了。

复本位制（Bimetallic Standard）是指一国同时规定两种金属——金和银作为本位货币。在复本位制下，金和银都可以自由买卖、自由铸造和自由输出入。在这种制度下，16世纪英国银行家T·格雷欣发现了一种现象：在金属货币流通条件下，如果在同一地区同时流通两种货币，则价值相对低的劣币会把价值相对高的良币排挤出流通领域，这就是著名的“格雷欣定律”。早在人类给金钱以一定的币值时起，这一法则就开始起作用了。追溯到古罗马时代，人们就习惯从金银钱币上切下一角，这意味着在货币充当买卖媒介时，货币的价值含量减小了。古罗马人很快就觉察到货币越变越轻。当他们知道货币减轻的真相时，就把足值的金银货币积存起来，专门用那些不足值的货币。这个例子说明：“坏”钱把“好”钱从流通领域中排挤出去了。为控制劣币驱逐良币这一现象的蔓延，政府发行了带锯齿的货币，足值货币的边缘都有细小的沟槽。如果货币边缘的沟槽被挫平了，人们就知道这枚货币被动过手脚。在采用金、银复本位制时，这一定律也同样适用。当时，金和银都是法定货币，在法律上按一定比价，具有相同的价值。但在现实情况中，金子比银子更为贵重，人们必然地储存更有价值的金子而使用相对来说价值较低的银子，就会出现银子把金子驱逐出流通市场的现象。大多数人都有过这样的经历，当钱包里既有新钱又有旧钱的时候，大家都愿意把旧钱花出去买东西，留下“新票”。道理很简单，出于对新钱的偏好。所以，从各国实行复本位制的情况看，复本位制下金币和银币并不能同时流通。

☞**金本位制（Gold Standard）**是指以黄金作为本位货币的货币制度。

☞**银本位制（Silver Standard）**是指以白银作为本位货币的货币制度。

☞**复本位制（Bimetallic Standard）**是指以金、银两种特定铸币同时作为本位货币，并规定其币值对比的货币制度。

20 世纪 30 年代经济危机和货币危机的爆发导致信用货币本位制度的广泛实行。其主要特征是：① 在流通中执行货币职能的是纸币和银行存款。② 各国货币规定的含金量仅是名义的,不能按此单位兑换黄金。③ 黄金不再是一国货币发行的准备。在信用本位制度下,一国的货币不能兑换成黄金,故称为不兑现货币制度。其供应量取决于一国政府对经济发展或其他因素的判断而制订的货币政策。

(2) 我国货币制度的建立和实施。

人民币是我国于 1948 年 12 月在合并与收兑当时各个革命根据地和解放区货币的基础上建立起来的,它是我国现行的唯一合法货币。1948 年 12 月 1 日,华北银行、北海银行和西北农民银行合并成立了中国人民银行,同时正式发行人民币作为全国统一的货币。人民币发行后,在通过逐步收兑、统一解放区货币的基础上,又迅速收兑了原国民党政府发行的伪法币、金圆券乃至银行券,并排除了当时尚有流通的金银外币等,从而建立了以人民币为唯一合法货币的、统一的货币制度。主要内容有：

① 人民币主币的单位为“元”,辅币的单位为“角”和“分”;1 元分为 10 角,1 角分为 10 分。

② 人民币没有含金量的规定,它属于不兑现的信用货币。人民币的发行保证是国家拥有的商品物资,黄金外汇储备主要是作为国际收支的准备金。

③ 人民币是我国唯一合法的货币,严禁伪造、变造和破坏国家货币。

④ 人民币的发行实行高度集中统一,中国人民银行是人民币唯一合法的发行机构并集中管理货币发行基金。

⑤ 人民币对外国货币的汇率,由国家外汇管理局统一制定,每日公布,一切外汇买卖和国际结算都据此执行。

二、人民币“区域硬通货”特征显现

当前国家间经济竞争的最高表现形式就是货币竞争。如果人民币实现国际化,对其他货币的替代性增强,将不仅改变储备货币的分配格局及其相关的铸币税利益,而且会对西方国家的地缘政治格局产生深远的影响。

人民币国际化是指人民币跨越国界在境外流通，成为国际上普遍认可的计价、结算及储备货币。人民币国际化包括以下三方面含义：第一，人民币现金在境外享有一定的流通度；第二，以人民币计价的金融产品成为国际各主要金融机构包括中央银行的投资工具；第三，国际贸易中以人民币结算的交易要达到一定的比重。这三方面是衡量货币包括人民币国际化的通用标准，其中最主要的是后面两点。

人民币在东南亚地区已经成了仅次于美元、欧元、日元的又一个"硬通货"。在西南边境地区，人民币有"小美元"之称，被当作*硬通货*（Hard Currency）使用，流通范围较广。在老挝东北部人民币完全可以替代本币在境内流通，最远深入到老挝首都万象一带。而在中缅边贸及旅游活动中，缅甸禅邦重镇小勐拉，每年流出、流入的人民币达 10 多亿元。

☞**硬通货（Hard Currency）**指国际信用较好、币值稳定、汇价呈坚挺状态的货币。

人民币在越南流通范围也非常广，已经在越南全境流通。越南国家银行已经开展了人民币存储业务。在西北地区人民币主要是在中亚五国、俄罗斯地区和巴基斯坦流通。目前人民币跨境流通量最大的是哈萨克斯坦，大约有 10 多亿元人民币。在中亚其他国家流通的人民币总共也有 10 多亿元。

在我国东北地区，人民币主要是跨境流通到俄罗斯和朝鲜以及蒙古国。特别是蒙古国，已经把人民币作为主要外国货币。蒙古国的各个银行都开展了人民币储蓄业务。在与蒙古国的边境贸易中，人民币现金交易量占双边全部交易量的 1/3 左右。

人民币在中国香港可以通过多种途径自由兑换。与在周边其他国家和地区不同的是，人民币在香港被用来作为投资的一种储备货币。另外，在中国澳门地区人民币也被广泛使用。

三、金融危机催生人民币国际化征程

1. 金融危机催生人民币国际化

2008 年金融危机全面爆发后，"人民币国际化"这一词汇屡屡见诸报端。金融危机使人们意识到美元"一币独大"的国际货币体系的弊端，以及改革国际货币体系的重要性，同时也坚定了中国推进人民币国际化的决心。

20 世纪以来，美联储为了刺激本国经济增长，大量发行货币并实行宽松的货币政策，终于导致了这场起源于美国次级债市场的全球性金融危机，从而给全世界的投资者造成巨大损失，全球经济也因此一蹶不振。正当世界各国协调一致、努力抵御危机的时候，美联储却不顾及自己在国际货币体系中的责任和地位，通过大规模购入美国国债增加市场美元供应，这意味着美元币值将不断走弱，意味着包括中国在内的众多债权国将再次为美国政府的救市买单。

种种迹象越来越清楚地表明，加快人民币国际化步伐，不仅可为我国在将来国际货币体系改革中获得更多发言权，而且有利于保持国内经济政策的独立性，保持国内经济的稳定，同时，也是中国跻身于世界经济强国的必要条件。

2. 人民币国际化征程图逐步展现

光大银行董事长唐双宁用两个“三步走”刻画出人民币国际化的路径：一是地域的“三步走”，目前人民币在周边地区以“硬通货”的形式出现，已经实现了准周边化，将来人民币可以由准周边化发展为正式周边化，进而发展为正式区域化及准国际化，最终人民币将真正实现国际化。二是货币职能的“三步走”，即结算货币、投资货币、储备货币。配合地域的“三步走”，人民币可依次成为周边国家贸易结算货币和区域性的投资货币，最后将成为国际储备货币，为全球各国所接受。

2009 年上半年，我国先后与周边国家和地区签署 6 500 亿元货币互换协议，随后在上海市和广东省广州、深圳、珠海、东莞 4 个城市开展跨境贸易人民币结算试点，扩大人民币在国际贸易体系中的使用范围和地位。之后，人民币国际化征程图逐步展开。

2013 年，中国人民银行与欧洲中央银行正式签署规模为 3 500亿元人民币/450 亿欧元的中欧双边本币互换协议，有效期三年，经双方同意可展期。这是我国央行与全球第二大货币当局签订本币互换协议，凸显出人民币国际地位的进一步增强，这将拉动当地人民币离岸市场发展，进而加快推动人民币国际化进程。

2013 年 10 月 15 日，第五次中英经济财金对话在北京举行，国务院副总理马凯与英国财政大臣奥斯本在新闻发布会上

表示，中国和英国同意人民币与英镑直接交易。近年来人民币国际化的步伐逐渐加快，跟不同国家的货币直接交易就是一个重要途径。至今，英镑成为继美元、日元和澳元之后，第四个与人民币直接兑换的货币。

北京大学金融系副主任吕随启对中新网财经频道表示，两国货币直接交易说明人民币的国际影响力在提高，国际结算范围在扩大，标志着人民币国际化进程又向前迈了一步；对于企业来说，对外的贸易投资更加便利，降低了汇兑和交易成本；此外，也为以后人民币与其他货币直接交易提供参照，未来人民币直接交易的货币肯定会扩大到其他地区。

当然，专家也指出，人民币国际化虽然已提上日程，但前路漫漫，仍然存在许多障碍。

四、人民币国际化道路上仍障碍重重

目前影响人民币国际化的主要因素包括：人民币国际流通量增长不足；国内金融市场深度、广度和国际标准化程度不足；国际化过程中人民币对外价值可能发生巨大变动，妨碍经济政策自主性。其中，人民币国际流通量不足将成为最大问题。因为在金本位的黄金时代，英国虽然存在庞大的经常项目顺差，却通过资本输出向世界各地输出了大量英镑；布雷顿森林体系建立之后，美国通过经常项目逆差向世界提供了美元流动性。尽管中国已经成为全世界贸易顺差最大国之一，但对外直接投资规模仍然较小。而且，纵观全球主要国家的货币国际化的实践，一国货币国际化进程要求该货币发行国应具备以下条件：占有全球经济较大份额的经济实力；政治上高度稳定；宏观经济环境的稳定和完善的市场经济体系；经济的可持续发展能力。从中国的发展状况来看，推动人民币国际化仍存在诸多不足。

经济实力有待进一步加强。与货币国际化程度相对较高的国家相比，中国的经济实力还有一定的差距。同时，中国的宏观经济环境仍存在一些突出的问题。因此，现阶段大规模推动人民币国际化进程的基础并不稳固。现有经济体制有待于进一步完善。中国市场经济体制建设初见成效，但仍存在难以支撑人民币迅速实施国际化进程的诸多问题。如利率市场化问题、人民币汇率机制完善问题、资本项目可自由兑换问题等。总之,中国的人民币国际化还有较长的路要走。

即问即答:火爆全球的电子货币——比特币是货币还是商品?互联网虚拟货币是否会逆袭现实经济?

相关链接

比特币(英语:Bitcoin,简写:BTC,货币符号:฿)是一种用户自治、全球通用的加密电子货币。其概念由中本聪(Satoshi Nakamoto,化名)在2008年提出。与传统货币不同,比特币运行机制不依赖中央银行、政府、企业的支持或者信用担保,而是依赖对等网络中种子文件达成的网络协议,去中心化、自我完善的货币体制,理论上确保了任何人、机构或政府都不可能操控比特币的货币总量,或者制造通货膨胀。它的货币总量按照设计预定的速率逐步增加,增加速度逐步放缓,并最终在2140年达到2 100万个的极限。比特币的使用途径很多,通过电子货币交易所、服务商和个人等渠道,就能兑换为当地的现金或金币;也可以直接使用它购买物品和服务。随着接受比特币支付的个人、组织、商家和企业的迅速增长,其汇率在四年内上涨了数千倍。截止到2013年3月30日,全部发行的比特币按市价换算为美元后,总值突破为10亿美元。虽然比特币是目前使用最为广泛的一种电子货币,除部分国家对虚拟货币有明文规定外,还没有任何国家对比特币的发行做出法律的规范和保障。

阅读材料

全球经济一体化进程中的中国

本学习领域开篇提到的乔丹和杰尼弗两个人,他们需要衡量彼此的绝对优势和比较优势,从而考虑进行贸易,达到资源的最佳配置和利益双赢,实现同等时间获取价值最大化的目标;同

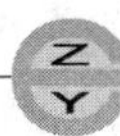

样，大到家庭，牧牛人和种土豆的农民需要贸易，再大到国家，亦是如此。中国需要购买美国先进的技术设备，美国需要购买中国物美价廉的服装用品等。贸易带给个人、家庭和国家说不完的好处。

既是贸易，就存在买卖，你买我的纺织品，我买你的飞机，彼此交易，得到自己需要的东西，进而提高人们的收入，改善人们的生活。如果是国家，一国从外国买进产品叫作进口，卖出产品给外国叫作出口。为了实现自身财富的增加以及经济的发展，每个国家都希望出口大于进口。如果出口大于进口，就叫作贸易顺差；反之，就是贸易逆差。各国为了保护国内产品的出口和财富在本国的流通，实现贸易顺差，通常会设定一些贸易障碍，限制外国产品的进口，就是所谓的贸易壁垒。比如，有的国家对进口商品收取通关税，这种壁垒叫作关税壁垒；还有的国家对指定商品限制数量或提高技术认证要求或对国内的产品提供各种补贴，进而变相地设立障碍，限制进口，这就是非关税壁垒。过度的贸易保护和人为障碍的设定，可能带来经济的极大萧条，为了打破这种局面，推进各国之间贸易的自由化，1946 年联合国召开了第一次关于削减关税的会议。经过多次谈判，美国等 23 个国家于 1947 年 10 月 30 日在日内瓦签订了"关税及贸易总协定"(General Agreement on Tariffs and Trade；GATT)。当时，中国是作为最早签约的缔约国之一。从 1948—1995 年，GATT 一直作为管理国际贸易的唯一多边机构，成功地促进和保证了大部分世界贸易的自由化，仅削减关税一项就促进了世界贸易在五六十年代的高速增长。

然而，随着时间的推移，GATT 在许多领域(比如服务贸易和知识产权等方面)已力不从心。经过多轮的谈判回合，于 1995 年 1 月 1 日在日内瓦成立了众所周知的世界贸易组织(World Trade Organization；WTO)。WTO 继承了 GATT 贸易自由化的思想，并更加规范化。2001 年 12 月 11 日中国正式加入 WTO，成为其第 143 个成员。作为 WTO 成员国，各成员国之间可享受其他国家提供的关税减让，享受其他国家取消或减少非关税措施带来的好处，可利用世贸组织解决贸易争端，可获得他国提供的贸易资料，可彼此享有最惠国待遇，消除贸易中被歧视的现象。中国加入 WTO 后,可以享有所有老成员国都有的优惠待遇,在世贸组织的保障机制下,实现多边贸易的自由化。所以,虽然我们作为 WTO 的成员国之一,受制于 WTO 的规则制约,然而历史证明,WTO 的加入对我国绝对是利大于弊。不光是中国从自由贸易中受益匪浅,世界其他各国也深深体验到打破壁垒、实现贸易自由的好处。所以,两个或多个国家,通过政府协商缔结条约,建立了多个经济联盟组织,以打破世界各国经济要素的不平衡,推动经济的发展。这就是所谓的全球经济一体化。

众所周知,随着科学技术的进步和生产的发展,没有哪一个国家能够拥有发展本国经济所必需的全部资源、资金和技术,也没有哪一个国家能够生产自己所需要的一切产品,因此必须进行交流和相互合作。近 50 年来新技术革命的发展,又把世界各国的交往推到了一个新阶段。地球上的空间距离"缩短了",信息的"时间差"也趋于消失。这种局面不仅大大改变了人类的生活条件,而且加快了经济生活的国际化,使世界变得空前开放了。开放的世界使世界各国原有的"一国经济"正在走向"世界经济",从而形成了"全球相互依赖"的经济格局。可以说,全球经济一体化的出现是历史发展的必然趋势。

在全球经济一体化的具体实践中,出现了自由贸易区、关税同盟、共同市场和经济联盟这四种一体化程度越来越高的形式。在欧洲,欧盟(European Union;EU)于 1993 年正式成立,以实现欧洲经济的一体化;在北美,美国、加拿大和墨西哥于 1994 年 1 月 1 日正式成立了北美自由贸易区(NAFTA);在亚洲,中国于 1991 年 11 月以主权国家身份正式加入了亚太经合组织(Asia-Pacific Economic Cooperation;APEC)。亚太经合组织现包括日本、韩国等 21 个成员国;在东南亚,由印度尼西亚、马来西亚、菲律宾、新加坡和泰国于 1967 年 8 月成立了东南亚国家联盟,简称东盟(Association of Southeast Asian Nations;ASEAN)。除此之外,还有诸如南方共同市场、美洲自由贸易区、南亚区域合作联盟、独联体国家等多个大大小小的经济贸易组织。

世界三大经贸组织——欧盟、北美自由贸易区以及亚太经合组织,和中国最密切相关的是亚太经合组织 APEC。中国加

入 APEC，和成员国一同商讨全球及区域的经济议题，促进成员间经济的相互依存，减少区域贸易和投资壁垒，维护本地区人民的共同利益。如果 WTO 是中国在全球化进程中里程碑式的一页，那么比 WTO 更加松散的 APEC 也在世界经济一体化中发挥着至为重要的作用。诚然，由于各国经济发展的不同，经贸组织及其发挥的作用也不是一成不变的。虽说美国在组建 NAFTA 的同期，也加入了 APEC，但是对其关注很低。2007 年爆发的金融危机，至今斩不断、理还乱的欧洲金融灾难，以及美国历史最低水平的经济复苏势头，APEC 又再次引起美国的经济战略规划家们的注意。在 APEC 框架内，新加坡、新西兰、智利、文莱于 2005 年签署了一个多边自贸协定——“跨太平洋伙伴关系协定”(TPP)。这本来只是一个普通的贸易协定，但自从 2009 年美国奥巴马政府正式宣布加入谈判后，便“反客为主”，不仅使得 TPP 扩员提速，同时还借助 TPP 已有协议，全方位主导谈判议程。目前 TPP 已拥有包括日本、越南、马来西亚、加拿大等在内的 12 个谈判方。2013 年，日本加入 TPP 谈判后，TPP 谈判国的国内生产总值(GDP)将占到全球的近 40%，占世界贸易总额的约三分之一，有可能会成为经济规模最大的自贸区。与传统的全球贸易机制不同，TPP 的一个主要吸引力便是百分百的关税减免，即成员国 90%的货物关税立刻免除，所有产品关税将在 12 年内免除。此外，与 WTO 采取的不痛不痒的申诉机制不同，TPP 成员一旦有违背协议内容的行为出现，其资格会自动失效。毋庸置疑，TPP 将对亚太经济合作与一体化以及东亚经济一体化进程产生了巨大的影响，同时，它也正在对中国的区域合作等外交战略产生一系列的冲击和影响。面对 TPP 这位不速之客，中国要怎么面对呢？有的学者说 TPP 的出现是一个威胁，可能会架空 APEC；有的学者说 TPP 不过是一个经贸协定，不会影响到 APEC；有的学者说这是一次新的挑战，可能会改写新的经济格局，会改写 WTO 在历史中的角色；有的学者说这是一个机遇，中国可以考虑加入 TPP。但是在看到 TPP 成员国享有极大优惠的同时，也要意识到加入 TPP 的门槛不是一般得高。比如，协议要求降低环保产品关税；降低 GDP 能耗；国有企业在买卖商品和服务时，必须以商业方式进行运作等。

鉴于这些较高的要求,中国一旦接受,就预示着在一些领域将进行"大动作"改革。当然,经济全球化是必然趋势,所以无论是否接受加入TPP,中国都必须推动经济、政治方面的改革。当前重点要解决的问题有:国有企业及公平竞争,知识产权保护(网上版权的保护);政策透明度;政府采购;投资、规制一致化;金融业与国际接轨;人民币的国际化,等等。这些改革都需要时间和努力,需要一步步地向前走。

在我国经济转型的这个关键时期,2013年7月3日我国成立了上海自贸区。上海自贸区的建立是中国积极主动对外开放的"试验田"。自贸区是一块"境内关外"的地方,将不受中国关内的制度影响,政策上参照TPP要求建立和经营企业。在这里,我国将进行全面开放金融服务业、资本项目并实现人民币国际化的先期实验。

中国参与经济全球化任重而道远,依然面临着许多长期和艰难的挑战。虽然全球化路途不平坦,但成功是为有准备的挑战者提供的,历史也总是被敢于挑战的人改写的。在全球化的大趋势下,我国的企业和企业家要更新思想,关注全球化进程中的变数,不断创新,勇敢迎接未来,真正把自己融入全球经济一体化的浪潮中。

资料来源:根据一系列的相关资料整理

复习思考题

一、单项选择题

1. 下列行为不属于贸易的是(　　)。

A. 过节时朋友互送礼物

B. 小明拿铅笔跟同座交换橡皮

C. 鲁迅在当铺当掉家什

D. 医生给木匠看完病后让木匠给他修板凳

2. 中欧"衬衫换飞机"式的贸易说明(　　)。

A. 欧洲不能生产衬衫

B. 中国不能生产飞机

C. 中国在衬衫生产上有比较优势

D. 欧洲在飞机生产上有绝对优势

3. 货币之所以具有价值尺度职能，是因为(　　)。

A. 货币本身有价值

B. 货币是商品交换的媒介

C. 货币是一般等价物

D. 货币是商品交换发展的产物

4. 我国一城市居民状告某大商场售货员拒收他用以购货的小面值人民币，结果胜诉，这是因为(　　)。

A. 人民法院应保护消费者的利益

B. 人民币是货币符号，它本身有价值

C. 人民币具有流通手段的职能

D. 人民币是我国发行的强制使用的货币符号

5. 货币在(　　)时执行流通手段的职能。

A. 商品买卖　　B. 缴纳税款

C. 支付工资　　D. 表现商品价值

6. 历史上最早出现的货币形态是(　　)。

A. 实物货币　　B. 信用货币

C. 表征货币　　D. 电子货币

7. 如果金银的法定比价为 1∶13，而市场比价为 1∶15，这时充斥市场的将是(　　)。

A. 银币　　B. 金币

C. 金币与银币并存　　D. 都不是

8. 历史上最早的货币制度是(　　)。

A. 金本位制　　B. 银本位制

C. 金银复本位制　　D. 金块本位制

9. 以下几种外币资产中，不是外汇的是(　　)。

A. 美元　　B. 英镑

C. 港元　　D. 越南盾

10. 2013 年 10 月 10 日人民币兑美元汇率中间价创汇改以来新高，为 6.141 5，美元对人民币交易价格调整为 1 美元兑 6.141 5 元人民币，这一变化带来的直接影响是(　　)。

A. 中国产品在国际市场上的价格竞争力提升

B. 国内企业的国际生存空间得以扩大

C. 有利于降低进口产品的成本

D. 百姓的购买力普遍降低

二、应用分析题

1. 中国对于美国的比较优势有哪些？美国对于中国的绝对优势有哪些？请举例说明。

2. 指出下列各种资产在货币的三种特征中具有哪些特性：

(1) 一栋房子；

(2) 可以在娱乐园玩一天的门票；

(3) 纽约市居民持有的美元；

(4) 一幅油画；

(5) 黄金。

3. 什么是"劣币驱逐良币"规律？试举例说明。

4. 什么是货币制度？其主要构成要素有哪些？

5. 简述人民币升值对中国经济的利弊。

三、案例分析题

中美贸易不平衡问题：中国加入 WTO 后，中美两国的贸易达到了相当规模。对美贸易已成为中国对外贸易的重要构成，对拉动中国经济持续稳定增长具有重要意义。同时，由于对美国的贸易顺差逐年递增以及美国经济衰退导致其制造业就业人数大幅下降，中美贸易不平衡问题日益突出。美国经济学家斯蒂格里茨用经济模型证明，一个国家与另一个国家的经常项目收支逆差如果超过 GNP 的 1.5%，两国之间就会发生"激烈摩擦"；若是超过 2%就会引起报复措施；如果对一国的贸易顺差超过该国贸易额的 25%—30%，那就不仅是经济问题，而且成为政治问题。2007 年中国贸易顺差达到中美贸易额的 54.05%，就中美贸易不平衡规模而言，这个问题已经演变成美国国内的政治问题。

据此案例说明：

(1) 中美为什么会有贸易不平衡问题？

(2) 美国为什么向中国政府施压，让人民币升值？

(3) 通过本学习领域的学习，你认为应该如何平衡中美贸易？

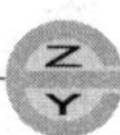

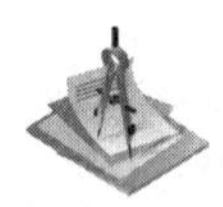

实训项目

一、实训目标

1. 对经济全球化有具体的认识；
2. 锻炼经济数据资料的检索和分析处理能力。

二、实训项目与要求

1. 网上冲浪——搜集经济全球化的相关资料

项目要求：

(1) 浏览东方财富网、搜狐财经、新浪财经等网站。

(2) 对浏览的财经信息进行整理和分析。

(3) 小组交流和讨论，应用所学知识分析经济全球化的影响。

(4) 教师对讨论结果进行归纳和点评。

2. 观察与分析——人民币汇率的实时变动(★辅助素材)

项目要求：

(1) 查询并记录最新的人民币外汇牌价，对比不同外币与人民币的兑换比率。

(2) 选取某个时间段(年份或月份)，记录人民币对美元汇率中间价变化情况，绘制相应的趋势线。

(3) 应用所学知识分析人民币汇率的变化与走势。

(4) 教师对观察与分析的结果进行点评。

本书学习精要

学习领域一
走进经济学——像经济学家一样思考

经济学基于人类欲望的无限性和满足欲望的经济资源的稀缺性这一矛盾而产生。经济学所说的稀缺性(Scarcity)指物品或资源,相对于人类无限欲望来说,总是不足的状态。在既定的经济资源和生产技术水平下所能达到的两种产品最大产量组合的曲线,被称为生产可能性边界(Production Possibility Frontier; PPF)。大炮与黄油的矛盾引出稀缺的资源不仅存在合理配置的问题,还存在充分利用的问题。微观经济学(Microeconomics)研究家庭和企业如何做出决策,以及如何在市场上相互交易,解决经济资源的合理配置问题;而宏观经济学(Macroeconomics)研究整体经济现象,包括通货膨胀、失业和经济增长,解决经济资源的充分利用问题,两者共同构成了经济学(Economics)的完整概念,它是研究如何合理配置和充分利用稀缺资源,以更好地满足人类无限欲望的一门社会科学。

稀缺性决定了每一个社会和个人总是面临权衡取舍。社会面临的一个很重要的权衡取舍就是选择何种经济体制。自给经济(Self-supporting Economy)的特征是每个家庭生产他们消费的大部分物品,在这种体制下,资源配置和利用由居民的直接消费所决定,经济效率低下。计划经济(Planned Economy)又称指令型经济,是对生产、资源分配以及产品消费由计划当局事先指令的经济体制。实践证明,这种体制不能解决资源的有效配置问题,效率较低。市场经济(Market Economy)体制为一只“看不见的手”所指引,资源配置和利用由完全自由竞争的市场中的价格机制来解决。这种体制的缺点是不能很好地解决资源的利

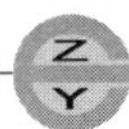

用和公平的缺失问题。混合经济(Mixed Economy)是指生产资料的私人所有和国家所有相结合,以市场调节经济为主,政府适当干预的经济体制。混合经济是对市场经济的改进。在这种经济体制下,效率和公平可以得到较好的协调。

从经济学方法论的角度来说,经济学家分析问题可以选择实证分析方法或规范分析方法。实证分析(Positive Analysis)描述经济现象"是什么"以及社会经济问题实际上是如何解决的。即找出经济事实的真相及其隐藏的因果关系,致力于解释现实。规范分析(Normative Analysis)则对已有的经济现象、经济运行状态做出是非曲直的主观价值判断,力求回答"应该是什么"的问题。实证经济学和规范经济学是在经济目标的不同层次上进行研究,功效各异但互为补充。

随着人类社会的不断发展,经济学一直在变化着,产生了许多不同的经济学说和流派。从最初的重商主义到 1776 年标示真正意义西方经济学开始的《国民财富的性质和原因的研究》(简称《国富论》)的发表,到微观经济学的兴起、宏观经济学的产生,再到新古典主义经济学派的问世,描画出了经济学一百多年的发展轨迹,微观经济学、宏观经济学和新古典主义经济学派也成为经济学百年发展的三个里程碑式的成就。

西方经济学作为一种理论形态讫今已有近三百年的历史,在此期间,涌现出许多著名的经济学家,他们的理论思想为人类社会的发展和繁荣做出了巨大的贡献。本书沿着经济史的长河历数了从马克思到凯恩斯十位经济学家的生平和贡献。诺贝尔经济学奖被称为当代经济学家的"王冠"。获奖经济学家的理论基本上可以代表西方经济学的主要成就和最高水平,20 世纪以来,数学在经济学中的应用已经达到了登峰造极的程度,此外,研究领域的非经济化也成为经济学发展的新趋势。

学习领域二
生活经济学——经济领域热点(焦点)问题透视

垄断 (Monopoly)指唯一的卖者在一个或多个市场,通过一个或多个阶段,根据自己的利益需求,调节价格与产量,面对竞争性的消费者。垄断会降低经济效率,并可能限制技术创新。

由于垄断存在弊端,西方国家制定了相应的反垄断政策,并颁布了一系列反垄断法。同时还通过强行分割、降低产业进入壁垒来改善市场结构,实现反垄断目标。自然垄断(Natural Monopoly)是一种自然条件,它恰好使市场只能容纳一个有最适度规模的公司。铁路、航空、邮电、煤气、供电供水等公用事业大多具有自然垄断的特征。对这一类部门,政府采用管制的方法来抑制垄断行为,其中主要是价格管制,通过制定合理的收费标准,以消除不合理的垄断利润并提高资源配置效率。

外部性(Externalities)指社会成员(包括组织和个人)从事经济活动时,其成本与后果不完全由该行为人承担,也即行为举动与行为后果存在不一致性。从外部性产生的领域来看,外部性可以分为生产的外部性和消费的外部性。从产生的结果来看,外部性可以分为正外部性(Positive Externalities)和负外部性(Negative Externalities)。一个人在自己的生产和消费活动中产生了一种对他人的影响。如果是好的影响,就叫正外部性,或者叫外部经济;如果是不好的影响,就叫负外部性,或者叫外部不经济。一般而言,存在外部不经济的情况下,私人活动的水平要高于社会所要求的最优水平;而存在外部经济的情况下,私人活动水平却低于社会所要求的最优水平。政府解决外部性的三种方法包括:对造成外部效应的经济行为人征收庇古税;通过将受外部效应关联影响的企业合并实现外部效应“内部化”;产权界定清晰的前提下通过市场交易和谈判解决负外部性。

现实中的经济物品可以分成两类:私人物品与公共物品。私人物品(Private Goods)是指由市场提供给个人享用的物品。公共物品(Public Goods)是指政府向社会和个人提供的服务的总称。由于公共物品具有非竞争性和非排他性的特征,导致现实中公共物品的消费出现搭便车(Free Riding)现象,市场配置公共物品出现失灵。在许多情况下,必须由政府对公共物品进行干预和管理。政府一方面利用税收获得生产公共物品的经费,使得免费乘客无形中买了票,另一方面可将公共物品提供给全体社会成员,使公共物品得到最大限度的利用。

目前在对收入分配问题的研究中,人们普遍采用国际公认的基尼系数作为衡量尺度。基尼系数介于0—1之间,系数越

大，表示分配越不均等。按照国际上通行的标准，0.4 作为贫富差距警戒线，基尼系数大于这一数值的国家或地区往往容易出现社会动荡。自 2000 年开始，我国的基尼系数已越过 0.4 的警戒线，并逐年上升，收入分配失衡问题已经凸显，引起了经济学者和政府的高度重视，社会主义收入蛋糕在做大的同时也必须分好！

学习领域三
消费经济学——做个明明白白的消费者

供需分析是经济学家独有的也是最基本的思考问题的方式。一种商品的需求(Demand)是指消费者在一定时期内，在不同价格水平下愿意并且能够购买的数量。影响需求的因素主要包括：商品本身的价格、消费者的收入、相关商品的价格、消费者的主观偏好及对未来的预期。当其他条件不变时，一种商品的价格和需求量呈反向变动，即需求量随着价格下降而增加，随着价格上升而减少，称为需求定理(Law of Demand)。供给(Supply)是指厂商(生产者)在某一特定时期内，在不同价格水平下愿意并且能够出售的商品数量。一种商品的价格和生产者对它的供给量呈同向变动，这是供给定理(Law of Supply)。影响供给的因素除了价格之外，还包括生产成本、技术以及生产者对未来的预期等。

将某种商品的市场需求与市场供给结合起来，需求量与供给量相等时的市场价格被称为均衡价格(Equilibrium Price)。在均衡价格水平下，买者愿意而且能够购买的商品数量刚好与卖者愿意而且能够出售的数量相等，供给与需求这两种决定价格的力量处于平衡状态，我们称之为市场均衡(Market Equilibrium)。相等的供需量称为均衡产量(Equilibrium Quantity)。在大多数自由的市场上，产品过剩和短缺都只是暂时的，任何一种产品需求与供给随着价格的调整都将达到平衡。在需求与供给发生变动时，均衡价格与均衡数量会随之发生变化，供求定理(Law of Supply and Demand)说明了这种变化遵循的一般规律；当分析某个事件如何影响一个市场，均衡价格与均衡数量发生怎样的变化时，我们可以按照三步走的方法，运用供求曲线图作出准确形象的分析。供求模型是一种十分有用的经济分析工具!

在市场经济体制中,消费者依据效用最大化的原则做购买的决策,生产者依据利润最大化的原则做销售决策。市场就在需求和供给之间,根据价格的自然变动,引导资源向着最有效率的方面配置。这时的市场就像一只"看不见的手",在价格机制、供求机制和竞争机制的相互作用下,推动着消费者和生产者做出各自的决策。当经济个体自私地追求个人利益时,他或她像被一只看不见的手所引导而去实现了公众的最佳福利。

幸福=效用/欲望。西方经济学家用效用(Utility)来表示消费者从消费物品中得到的主观享受或满足。效用会因人、因时、因地而异。我们把消费者从增加一单位商品消费中得到的满足程度称为边际效用(Marginal Utility),而把消费者消费一定数量的某种商品所获得的总满足程度称为总效用(Total Utility)。随着消费商品数量不断增加,消费者从增加的一单位商品消费中得到的满足程度即边际效用会逐渐下降,这就是边际效用递减规律(The Law of Diminishing Marginal Utility)。"钻石与水的价值悖论"及"物以稀为贵"的道理正在于此。

消费者均衡(Consumer's Equilibrium)是研究消费者行为的核心,它指消费者在收入既定和商品价格既定的情况下,购买一定数量的各种商品,获得最大的满足程度,实现总效用最大化。运用基数效用论下的边际效用分析法与序数效用论下的无差异曲线分析法分析消费者均衡得出相同的结论:两种商品的边际替代率或边际效用之比等于两种商品的价格之比时,消费者的总效用最大,不再调整两种商品的购买数量,实现消费者均衡。消费者剩余(Consumer Surplus)是指消费者为获得一种商品所愿意支付的价格与他为该商品实际支付的价格之间的差额。消费者剩余根源于递减的边际效用,消费者剩余衡量的是消费者从某一物品的购买中所得到的超过他们所为之支付的那部分额外效用。

现实生活中的市场普遍存在信息不对称(Asymmetric Information),它指一些人比另外一些人具有更多的经济信息。在非对称信息条件下,原有的市场均衡就可能导致低效率。主要涉及信号和逆向选择、合同与道德风险等。逆向选择

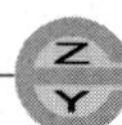

(Adverse Selection)是指在由于买卖双方信息不对称和市场价格下降产生的劣等商品驱逐优质品,进而出现市场交易和产品平均质量下降的现象。道德风险(Moral Hazard)意指从事经济活动的人在最大限度地增进自身效用的同时做出不利于他人的行动。或者说是:当签约一方不完全承担风险后果时所采取的自身效用最大化的自私行为。

消费者在日常消费决策中应擦亮眼睛,买东西时不看广告,要看性价比,谨记理性消费的“5W 原则”:Why(为什么要买)、What(买什么)、When(什么时间去买)、Where(到什么地方去买)以及 Who(什么人去买),精打细算,做个理性的消费者!

学习领域四
管理经济学——投入、产出、成本与收益

企业(Firm)是指从事生产、流通、服务等经济活动,以生产或服务满足社会需要,实行自主经营、独立核算、依法设立的一种盈利性的经济组织。企业(Firm)按不同的标准可以划分为不同类型。经济学假定所有的企业都是理性的经济人,即企业从事生产的目的就是追求利润最大化。公司(Company)是依照公司法设立的以盈利为目的的企业法人。公司的概念小于企业。

生产(Production)就是企业对各种生产要素进行组合以制成产品的行为,是把投入转化为产出的过程。生产中投入的各种资源统称为生产要素(Production Factor),即劳动、资本、土地与企业家才能。劳动(Labor)是指劳动者所提供的服务,可以分为体力劳动和脑力劳动。资本(Capital)是指生产中所使用的资金。它包括两种形式:有形的物质资本和无形的人力资本。在生产理论中指的主要是物质资本。土地(Land)是指生产中所使用的各种自然资源,是在自然界所存在的,如土地、水、自然状态的矿藏、森林等。企业家才能(Entrepreneurship)是指企业家对整个生产过程的组织与管理工作,包括经营能力、组织能力、管理能力、创新能力。

生产函数(Production Function)是指在技术水平不变的情况下,反映一定时期内生产要素的数量与某种组合和它所能生产出来的最大产品产量之间依存关系的函数。它反映企业生产过程中投入和产出之间的技术数量关系,可表示为 Q=f(L, K, N, E, …)。厂商的长期生产函数可简化表示为 Q=f(L, K);厂商的短期生产函数可表示为 Q=f(L, $\bar{K}$),也可简化表示为Q=f(L)。

在短期生产中,总产量(Total Production; TP)是指在资本投入量既定条件下由可变要素劳动投入所生产的产量总和。平均产量(Average Production; AP)是指平均每个单位劳动所生产的产量。边际产量(Marginal Production; MP)指增加或减少一单位劳动所带来的产出量的变化。在技术水平不变的条件下,当把一种可变的生产要素投入到一种或几种不变的生产要素中时,最初这种生产要素的增加会使产量增加,但当它的增加超过一定限度时,所带来的产量增加量是递减的,最终还会使总产量绝对减少,我们称之为边际产量递减规律(The Law of Diminishing Marginal Production),又称边际报酬递减规律。群众总结的经验"三三见九,不如二五一十"正是对边际产量递减规律的形象说明。短期生产中,基于总产量、平均产量与边际产量的相关变动规律可知,可变要素投入的合理区间为Ⅱ区域,这一区域的特征是:平均产量开始下降,边际产量小于平均产量且递减,但仍大于零,总产量以递减的比率增加到最大。

在长期生产中,生产函数中的劳动与资本要素投入数量都可变,我们运用等产量线与等成本线分析得出生产者均衡条件为:生产者用单位货币购买的各种生产要素的边际产量相等,即所购买的各种生产要素的边际产量与它们的价格之比相等,均衡点对应为等产量线与等成本线的切点。长期生产中,如果企业内部各种生产要素按比例变化,必将带来产量的变化,引出规模报酬(Return to Scale)问题。企业规模报酬变化可以分为规模报酬递增、规模报酬不变和规模报酬递减三种情况。在长期生产中,随着生产规模的变化,企业规模报酬也在发生变化,原因在于规模经济与规模不经济。规模经济(Economies of Scale)指企业由于扩大生产规模而使经济效益得到提高。规模经济分为外在经济和内在经济两种。外在经济是指整个行业生产规模扩大和产量增加后,给个别企业带来产量和收益的增加。引起外在经济的原因是:个别企业可以从整个行业的扩大中得到更加方便的交通辅助设施、更多的信息与更好的人才,从而使

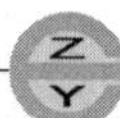

产量与收益增加。内在经济是指企业在生产规模扩大时，由自身所引起的产量和收益的增加。规模不经济(Diseconomies of Scale)指企业生产扩张到一定规模以后，继续扩大生产规模，会导致经济效益下降。规模不经济分为外在不经济和内在不经济两种。对一个企业来说，长期中劳动和资本两种要素的增加应该适度。在确定适度规模时应该考虑到的因素主要是行业的技术特点和市场条件。

成本与利润在经济学家和会计师眼中是不一样的。会计成本(Accounting Cost)又称显性成本，是指企业在生产经营中实际支出的货币成本，也就是企业记录在会计账面上的客观的和有形的支出。销售收入减去会计成本就是会计利润。经济成本(Economics Cost)是企业使用的所有资源的机会成本。包括会计成本，也包括会计账面没有体现的厂商使用自有要素的机会成本，即隐性成本。销售收入减去经济成本得到经济利润。只有考虑到机会成本的经济利润最大化才是真正的利润最大化。

“虽然很高的固定成本是企业亏损的原因，但永远不会是企业停业的原因。”短期经营中，企业的总成本还可以划分为用于购买固定要素的固定成本(Fixed Cost；FC)以及用于购买可变要素的可变成本(Variable Cost；VC)。企业经营收入等于可变成本的一点称为企业的停止营业点，如收入小于可变成本，则企业必须停业。

企业实现利润最大化(Maximum of Economics Profits)即企业总收益减去总成本后的经济利润达到最大，其遵循的生产原则应为边际收益等于边际成本，即 MR＝MC，这一条件适用于所有类型的市场。在现实经营中，企业利润增长点可以经由利润的来源、生成过程以及产出形式三种途径寻找。

学习领域五
营销经济学——抓住市场扩大效益

市场(Market)是指从事某一特定的商品买卖的交易场所或接触点。市场可以是一个有形的买卖商品的场所，也可以是一个利用现代化通信工具进行商品交易的接触点。与市场密切联系的另一概念——行业(Industry)，是指为同一产品或类似产品市场生产和提供产品的厂商集合。经济学按照行业内部企业之间竞争程度强弱将市场划分为四种类型：完全竞争市场、垄断竞争市场、寡头垄断市场和完全垄断市场。

完全竞争市场(Perfect Competitive Market)，即没有任何垄断因素，竞争充分且不受任何阻碍和干扰的市场结构。其特征包括：市场上有无数的买者和卖者；同一行业中的每一个厂商生产的产品是完全无差别的；厂商进入或退出一个行业是完全自由的；市场中每一个买者和卖者都掌握与自己的经济决策有关的全部信息。完全竞争市场是一种理想化的经济模型，在现实中农产品市场比较接近这种类型。

完全垄断市场(Complete Monopoly Market)，也叫纯粹垄断市场，一般简称垄断市场，是指一种产品的生产和销售完全由一家厂商所控制的市场结构。完全垄断的特征：独家经营；产品不能替代；厂商独自决定价格，通常会实行差别定价或价格歧视；要素不能自由流动。完全垄断的形成原因包括政府准入、技术封锁、掌控关键资源、规模经济等。在现实中，大多数垄断都要受到政府或政府机构某种方式的调节。在完全垄断市场上厂商可以运用价格歧视来获得利润。价格歧视(Price Discrimination)，实质上是一种价格差异，通常指商品或服务的提供者在向不同的接受者提供相同等级、相同质量的商品或服务时，在接受者之间实行不同的销售价格或收费标准。价格歧视按照程度分为三类：一级价格歧视(First-degree Price Discrimination)，又称作完全价格歧视，即假定垄断者知道每一个消费者对任何数量的产品所要支付的最大货币量，并以此决定其价格，所确定的价格正好等于消费者对产品的需求价格，因而获得每个消费者的全部消费剩余。二级价格歧视(Second degree Price Discrimination)，即垄断厂商了解消费者的需求曲线，把这种需求曲线分为不同段，根据不同购买量，确定不同价格，垄断者获得一部分而不是全部的消费者剩余。三级价格歧视(Third degree Price Discrimination)，指垄断厂商对不同市场的不同消费者实行不同的价格，在实行高价格的市场上获得超额利润。

完全竞争市场与完全垄断市场都是属于市场结构中极端的市场类型，在现实经济中，大多数行业的市场结构都属于兼

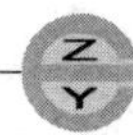

有竞争与垄断因素的不完全竞争市场类型。垄断竞争市场(Monopolistic Competition Market)指既有垄断因素又有竞争因素,是处于完全竞争与完全垄断之间、更接近于前者的一种市场结构。市场中有许多厂商,他们生产和销售的是同种产品,但这些产品又存在一定的差别,厂商进退市场比较容易。在垄断竞争市场中,厂商之间竞争激烈。如果采取价格竞争最终将导致厂商的经济利润消失,因此大部分垄断竞争厂商都希望通过差异化策略来刺激产品的需求,这种差异竞争一般通过产品、服务和品牌三个方面来体现。寡头垄断市场(Oligopoly Market)也同时包含垄断因素和竞争因素,但更接近于完全垄断。在寡头垄断市场上只有少数几家厂商提供该行业全部或大部分产品,每个厂家的产量占市场总量相当大的份额,对市场价格和产量有举足轻重的影响。寡头厂商之间存在较强的相互依存关系,厂商决策的结果不仅依赖于其决策本身,还取决于竞争对手的反应,一般运用博弈论的知识对寡头厂商相互依存的策略进行研究。博弈论(Game Theory)是两人或多人在平等的对局中各自利用对方的策略变换自己的对抗策略,达到取胜目标的理论。寡头垄断市场中,串谋与竞争对于寡头厂商而言是相互矛盾的,博弈论中经典的"囚徒困境"形象地说明了这一点。

定价策略是企业营销策略组合的重要构成。在企业的实际营销活动中,必须根据产品的需求价格弹性来选择价格策略,灵活地进行价格调整。需求价格弹性(Price Elasticity of Demand)又称需求弹性或价格弹性,指需求量变动对于价格变动的反应程度,用需求量变动的百分比除以价格变动的百分比计算需求价格弹性系数 Ed 来度量。一般认为,生活必需品的需求是缺乏价格弹性的,而价格较高的消费品需求是富有价格弹性的。分析消费者对于价格策略的预期反应和企业价格策略的预期效果可以更好地指导企业产品价格的制定以及产品价格的调整。在企业定价的过程中,除了经济学方面的因素,心理学的因素也不容忽视。心理定价策略一般包括尾数定价、整数定价、习惯定价、声望定价和最小单位定价等具体形式。企业根据具体的市场环境、产品条件、市场供求、企业目标等灵活地运用适当的定价策略和技巧,制定最终的销售价格,以期达到扩大销售、实现利润

最大化的目的。

学习领域六
民生经济学——居民的钱口袋和国家的宏观调控

国内生产总值(Gross Domestic Products;GDP)代表一国(或一个地区)所有常住单位在一定时期内生产活动(包括产品和劳务)的最终成果,是国民经济各行业的核算期内新创造价值与固定资产转移价值的总和。没有 GDP 万万不能,当然 GDP 也并非万能。GDP 主要可以通过三种核算方法计算得到:生产法、收入法和支出法。支出法也称使用法,是从最终使用的角度衡量核算期内生产的所有最终产品和服务的价值。绝大多数国家在计算 GDP 的时候都采用这种方法,支出法下 GDP=居民消费+固定资本形成总额+存货增加+政府购买+货物和服务的净出口,表示为 $GDP=C+I+G+(X-M)$。近年来,我国正在积极开展绿色 GDP 核算的研究。绿色 GDP(Green GDP)是指一个国家或地区在考虑了自然资源(主要包括土地、森林、矿产、水和海洋)与环境因素(包括生态环境、自然环境、人文环境等)影响之后经济活动的最终成果,即将经济活动中所付出的资源耗减成本和环境降级成本从 GDP 中予以扣除。它实质上代表了国民经济增长的净正效应。绿色 GDP 占 GDP 的比重越高,表明国民经济增长的正面效应越高。

国民收入核算体系中还有其他一系列总量指标,各种指标从不同方面反映了国民收入总量的变化。其他总量指标与 GDP 之间的换算如下:

GDP+国外要素支付净额=GNP

GNP-折旧=NNP

NNP-间接税-企业转移支付+政府对企业的补助金=NI

NI-公司未分配利润-企业所得税-社会保险税+政府对居民的转移支付+政府向居民支付的利息=PI

PI-个人所得税=DPI

DPI=消费+储蓄

失业(Unemployment)指在劳动力年龄范围内,有就业能力并且有就业要求的人口没有就业机会的经济现象。衡量经济中

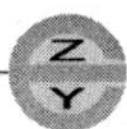

失业状况的最基本指标是失业率。由于劳动力是经济社会中重要的资源，当出现失业时，意味着经济资源存在浪费和闲置。充分就业(Full Employment)作为国家宏观经济调控要实现的目标之一，并非指失业率等于零，它是指生产要素(包含劳动)都有机会以自己愿意的报酬参加生产的状态。如果一个经济体已消除由于总需求不足而引起的“非自愿周期性失业”，仅限于由于经济中某些难以避免的原因所引起的自然失业(Natural Unemployment)的话，就是实现了充分就业。中国官方公布的失业率数字为城镇登记失业率，一定程度上它低估了社会的真实失业程度。鉴于失业率正在成为度量宏观经济运行状况的重要指标，中国迫切需要一个与国际接轨的调查失业率。期待中国失业率统计与国际接轨的一天早些到来！

通货膨胀(Inflation)是指一般价格总水平的持续和显著的上涨过程；通货紧缩(Deflation)则是指一般价格总水平的持续和显著的下降过程。通货膨胀率是衡量通货膨胀与紧缩程度的指标，它被定义为一般价格水平在单位时期内的变动率，一般价格水平在实践中通常使用价格指数。消费物价指数(Consumer Price Index; CPI)又称零售物价指数或生活费用指数，它是反映与居民生活有关的商品及劳务的物价变动指标，通常作为观察通货膨胀水平的重要指标。与西方国家相比，中国的CPI在编制和信息发布方面还存有一定程度的不可回避的局限性。考察通货膨胀的成因，主要有需求拉上、成本推进、供求混合与结构性等几个方面。一般来说，不平衡和未被预期到的通货膨胀将通过收入和财富再分配效应、就业和产量效应、扭曲价格信号进而对经济效率产生影响。无论是发达国家还是发展中国家，都不同程度地存在着失业与通货膨胀问题，菲利普斯曲线表明了失业率和通货膨胀率之间的变动规律，为政府实施经济干预提供了一份可供选择的菜单。

经济扩张与经济紧缩交替更迭、循环往复的经济波动现象被经济学家称为经济周期(Business Cycle)。每一个经济周期都可以细分为四个阶段：繁荣、衰退、萧条和复苏。其中繁荣、萧条是两个主要阶段，而衰退和复苏是两个过渡性阶段。长期以来各国都把经济增长视为重要的政策目标。经济增长

(Economic growth)即在一个较长的时间跨度上,一个国家人均产出(或人均收入)水平的持续增加。从历史来看,经济增长成功的国家大多抓住经济浪潮带来的机遇。以信息技术革命为基础的第四次浪潮给我国带来了巨大的机遇,期待我国能调整经济增长的步伐,深化改革,使经济增长更富有活力和效率。

为保证国民经济的持续、快速、协调、健康发展,政府需采取调控手段对宏观经济运行进行干预和调节。在我国,政府宏观调控的四大目标是:促进经济增长、充分就业、稳定物价和国际收支平衡,其中促进经济增长是最重要的目标。中央政府为达到既定的目标对财政收入、财政支出和公债所作出的决策,即财政政策(Fiscal Policy),它是国家干预和调节经济活动的重要手段之一。财政政策在国民经济中发挥着"自动稳定器"的功能,无须经常变动政府政策而有助于经济自动趋向稳定,财政政策的宏观调控仍需充分发挥相机抉择的灵活性以弥补自动稳定器的不足。中央银行(Central Bank)是国家赋予其制定和执行货币政策,对国民经济进行宏观调控,对金融机构乃至金融业进行监督管理的特殊的金融机构。货币政策(Monetary Policy)是中央银行采取各种金融方针和调节措施以达到特定的宏观经济目标的政策。一般性的货币政策工具包括公开市场业务(Open Market Operations)、存款准备金政策(Reserve Policy)和再贴现政策(Rediscount Policy)。

财政政策与货币政策的不同组合效应如下:第一,松的财政和松的货币,即"双松"政策:松的财政政策通过减少税收和扩大政府支出规模增加社会总需求;松的货币政策通过降低法定准备金率、降低再贴现率和在公开市场买进有价证券而扩大信贷支出的规模,增加货币的供给。在社会总需求严重不足、生产能力和生产资源未得到充分利用的情况下,利用"双松"政策配合,可以刺激经济的增长,扩大就业,但却会带来通货膨胀的风险。第二,紧的财政与紧的货币,即"双紧"政策:紧的财政政策通过增加税收、削减政府支出规模等限制消费与投资,抑制社会总需求;紧的货币政策通过提高法定准备率、提高再贴现率、公开市场卖出有价证券来压缩支出的规模,减少货币的供给。这种政策组合可以有效地制止需求膨胀与通货膨胀,但可能会

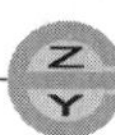

带来经济停滞的后果。第三，紧的财政和松的货币：紧的财政可以抑制社会总需求，防止经济过旺和制止通货膨胀；松的货币在于保持经济的适度增长。这种政策组合的效应就是在控制通货膨胀的同时，保持适度的经济增长；但如果货币政策过松，也难以制止通货膨胀。第四，松的财政和紧的货币：松的财政政策在于刺激需求，对克服经济萧条较为有效；紧的货币政策可以避免过高的通货膨胀率。这种政策组合的效应是在保持经济适度增长的同时尽可能地避免通货膨胀；但长期运用这种政策组合，会积累起大量的财政赤字。政府采取何种松紧搭配政策，取决于宏观经济的运行状况及其所要达到的政策目标。一般来说，如果社会总需求明显小于总供给，就应采取松的政策措施，以扩大社会的总需求；而如果社会总需求明显大于总供给，就应采取紧的政策措施，以抑制社会总需求的增长。

学习领域七
国际经济学——国际贸易与国际金融

当比较一个人、一个企业或一个国家的生产率时，经济学家通常是看"绝对优势"(Absolute Advantage)。当生产者生产一种物品所需要的投入量较少，就可以说明该生产者在生产这种物品中有绝对优势。为了分析贸易的好处，经济学家提出了"比较优势"(Comparative Advantage)的概念，即生产一种物品机会成本较少的生产者具有比较优势。长期以来，我国一直把"劳动力成本优势"视为对外贸易中的"比较优势"。随着高新技术产品日益成为世界贸易的主要品种，我国的劳动密集型产品在国际市场上的竞争力日渐下降，它们赖以生存的低成本"比较优势"越来越不成其为"优势"。我国必须跳出"比较优势陷阱"，不再过份依赖强调劳动力成本优势，而是更多地关注出口结构中的非价格因素，从而使更多的企业减少不必要的贸易摩擦损失。

2005 年 7 月 21 日，迫于美国的强大压力，也为了给中国经济发展营造一个好的外部环境，中国政府做出人民币升值的决定。1 美元兑换人民币从 8.27 元先后突破 8.2、8.1、8.0 元关口。时至 2013 年 10 月 10 日，人民币兑美元汇率中间价已达 6.1415，创汇改以来新高，1 美元等于 8.26 元人民币的时代已一去不复返。中国经济的持续复苏、日本和欧洲量化宽松政策的持续以及美国经济复苏的不确定性,均给人民币带来升值压力。此外,短期国际资本的流入即“热钱”也是人民币持续快速升值的主要推手。人民币持续升值对我们的生活产生的影响,可以说是几家欢喜几家愁,喜的是出国留学旅游更省钱,愁的是利润下滑、企业出口很受伤。我国出口企业应及时关注外汇变化,更灵活地签订出口合同,合理运用汇率避险产品,尽量减少汇率带来的贸易风险。

众所周知,货币是充当一般等价物的特殊商品。货币的职能主要有交换媒介、计价单位和贮藏手段三种。在金银成为货币一般形态的情况下,各国为了从法律上规范货币的使用和流通,纷纷制定具体的货币制度,并确定一种基础货币用于计算,即货币的本位。从历史发展来看,各国曾实行过不同的货币本位制度,主要有两类:金属本位和信用货币本位。其中,金属本位又分为金本位、银本位、复本位。当前国家间经济竞争的最高表现形式就是货币竞争。人民币国际化是指人民币跨越国界在境外流通,成为国际上普遍认可的计价、结算及储备货币。在人民币“区域硬通货”特征显现的基础上,金融危机进一步催生了人民币的国际化征程。虽然“三步走”形象刻画出人民币国际化的路径,但前路漫漫,人民币国际化还很多障碍需要跨越。

复习思考题答案详解

学习领域一

一、单项选择题

1. B 2. B 3. B 4. A 5. B 6. A

二、应用分析题

1.

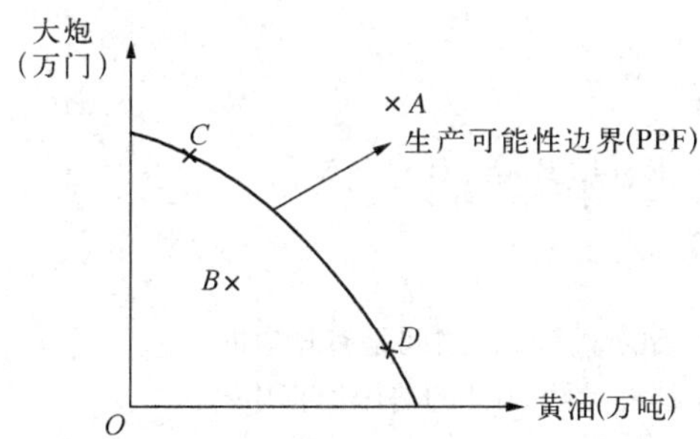

2. 微观命题:(1)(2)(3) 宏观命题:(4)

3. 实证分析:(2)(4) 规范分析:(1)(3)

4. 微观经济学,马歇尔,《经济学原理》;宏观经济学,凯恩斯,《通论》;新古典主义学派,弗里德曼和卢卡斯。

5. 避免将时间花在琐碎的多数问题上,因为就算你花了80%的时间,你也只能取得20%的成效:你应该将时间花于重要的少数问题上,因为掌握了这些重要的少数问题,你只花20%的时间,即可取得80%的成效,比如学习。

6.

(1) 机会成本:为了得到某种东西而放弃的东西。即把一定资源投入到某一用途后所放弃的在其他用途中能获得的最大利益。

(2) 经营五金店一年的机会成本最基本包括姑妈辞去的会计师工作所赚取的5万元年薪,还应该包括五金店经营过程中投入的自有资源如房产、资金的机会成本。

(3) 不应该。因为收益远小于机会成本,开店将亏损。

7. 商场与超市延长营业时间的边际收益大于边际成本,因为延长营业时间额外多支出的成本即边际成本变化不大,而晚上尤其是假期的人流量大,交易量会随着时间的延长而增加,故边际收益大于边际成本,有利可图。银行延长营业时间的边际收益小于其边际成本,因为银行主要利润来自贷款、对公金融服务等白天开展的业务,晚上主要是零散储户业务,延长营业时间边际收益小。

8. 1999 年的生活水平是 1990 年的 6 倍,意味着人均可支配收入的大幅增加,可以在吃、穿、住、行方面实现高质量和数量的方便与舒适。同时,随着生活水平的提高,消费结构也发生了变化,恩格尔系数变小,人们的可支配收入可以更加优化,不仅满足基本的生存需要,还可以有娱乐、休闲、保健、旅游、教育等更高和更好的消费,呈现出多样化的趋势和特点。讨论家庭生活:可分组自由探讨,略。

学习领域二

一、单项选择题

1. B　2. A　3. D　4. B　5. B　6. A

二、应用分析题

1.

(1) 美铝与再生铝的生产厂商之间是有竞争的。

(2) 美铝公司控制着大约 90%的美国原铝生产。

(3) 汉德法官以美铝违反了《谢尔曼法》第一条,最终判定该公司构成垄断。根据此案判决确立的原则,只要限制竞争的行为对美国国内市场产生了影响效果,则无论行为在何地发生,均可以适用美国反托拉斯法。“此即所谓的从效果理论角度的域外适用。”

2. 公共物品是指政府向社会和个人提供的服务的总称。而私人物品是指由市场提供给个人享用的物品。公共物品与私人物品相比消费具有非竞争性和非排他性。非竞争性指一个人对公共物品的享用并不影响其他人的享用,非排他性指对公共物品的消费权或享用权不是归某个人独有,而是由整个社会共同所有。由于公共物品这样的特殊性,市场机制并不能向对私人物品一样,对公共物品的生产、销售定价和消费等方面充分发挥市场的自动调节作用。在许多情况下,必须由政府出面对公共物品进行干预和管理。

3. 经济学上定义该类现象为外部性。外部性指社会成员(包括组织和个人)从事经济活动时,其成本与后果不完全由该行为人承担,也即行为举动与行为后果的不一致性。题目中提及的几种现象属于负外部性,又可

称为外部不经济，指某个经济行为主体的活动使他人或社会受损，而造成外部不经济的人却没有为此承担成本。解决该类问题可以通过征收庇古税、企业合并使得外部效应“内部化”和清晰界定产权通过市场交易和谈判的方法来解决。

4. 在社会主义市场经济中，市场机制在国家宏观调控中对资源配置起基础性作用，是价值规律调节商品生产和流通的主要形式。我国实行按劳分配为主体、多种分配方式并存的分配制度，所以个人收入方式来源多样化，随着非公有制经济的发展，所以个人收入必然不平等。收入分配均等化的实现可以通过大力发展生产力，做大社会主义收入蛋糕；加快农村经济的发展，不断增加农民的收入；加强宏观调控，实现区域经济协调发展；规范收入分配关系，调节收入差距这些举措逐步实现。

5.

(1) 出于关注效率动机，可能某地只有一家有线电视台，由于没有竞争者，有线电视台会向有线频道的消费者收取高出市场均衡价格的价格，这是垄断。垄断市场不能使稀缺资源得到最有效的配置。在这种情况下，规定有线电视频道的价格会提高市场效率。

(2) 出于关注平等的动机，政府这样做是想把经济蛋糕更公平地分给每一个人。

(3) 出于关注效率的动机，因为公共场所中的吸烟行为会污染空气，影响周围不吸烟者的身体健康，对社会产生了有害的外部性，而外部性正是市场失灵的一种情况，而这也正是政府在公共场所禁止吸烟的原因。

(4) 出于关注效率的动机，美孚石油公司在美国石油业中属于规模最大的公司之一，占有相当大的市场份额，很容易形成市场垄断。垄断市场的效率低于竞争市场的效率。因此，政府出于关注效率的动机分解它。

(5) 出于关注平等的动机，让高收入者多缴税，低收入者少缴税，有助于社会财富在社会成员中更公平地分配。

(6) 出于关注效率的动机，市场失灵是市场外部性造成的。酒后开车对其他人的生命造成威胁，禁止酒后开车可以提高人们的安全保障。

学习领域三

一、单项选择题

1. C 2. A 3. B 4. B 5. D 6. C 7. D 8. C 9. C 10. A 11. A 12. B 13. D 14. B

二、应用分析题

1. 运用供求图分析下列事件对家用旅行车市场的影响：

(1)

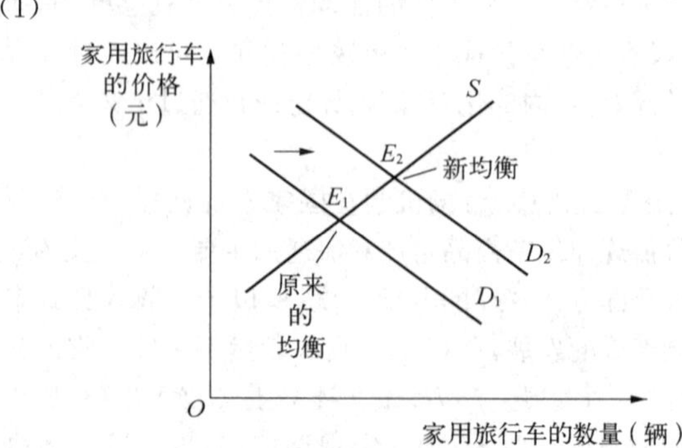

结论：P_E上涨；Q_E增加

(2)

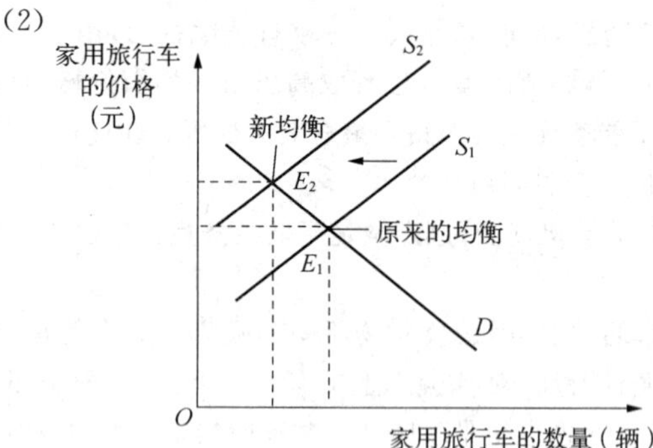

结论：P_E上涨；Q_E减少

(3)

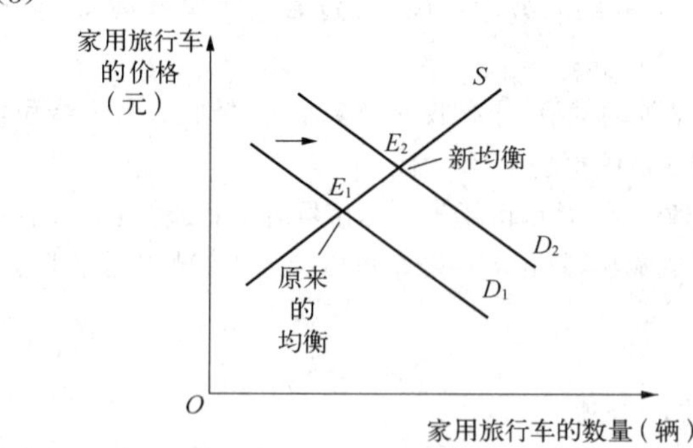

结论：P_E上涨；Q_E增加

(4)

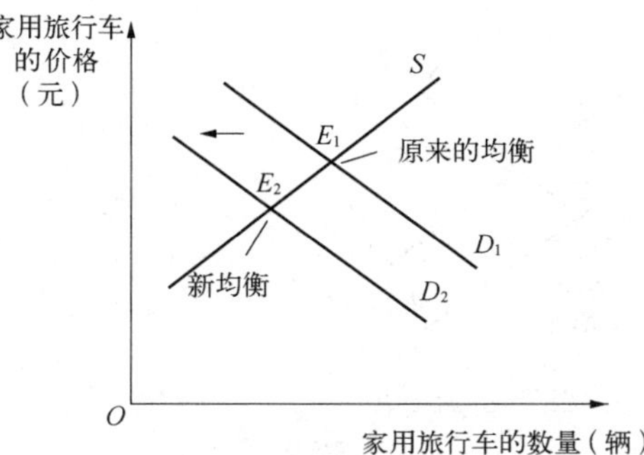

结论：P_E下降；Q_E减少

2. 运用供求图说明下列事件对运动衫市场的影响：

(1)

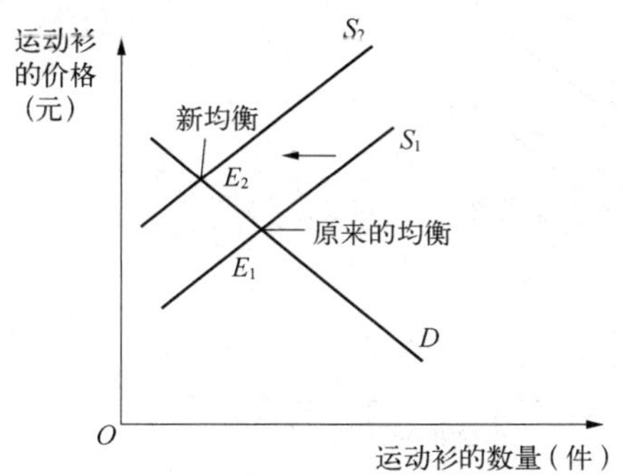

结论：P_E上涨；Q_E减少

(2)

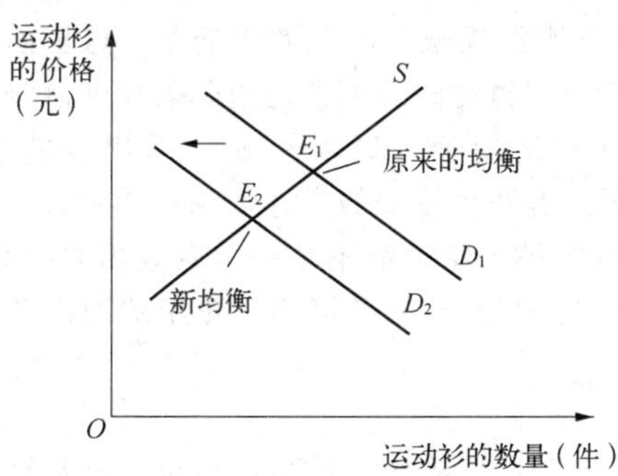

结论：P_E下降；Q_E减少

(3)

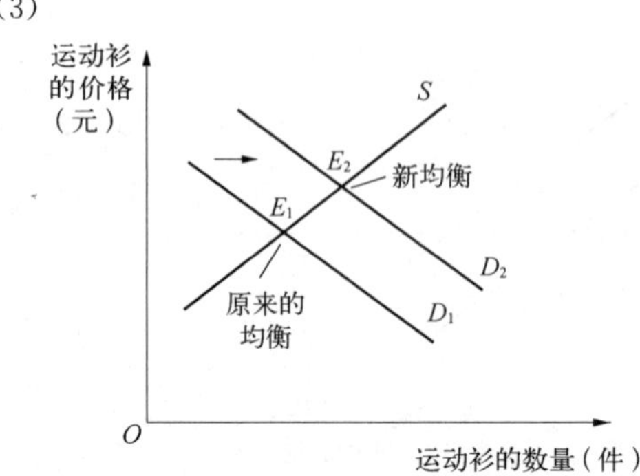

结论：P_E上涨;Q_E增加

(4)

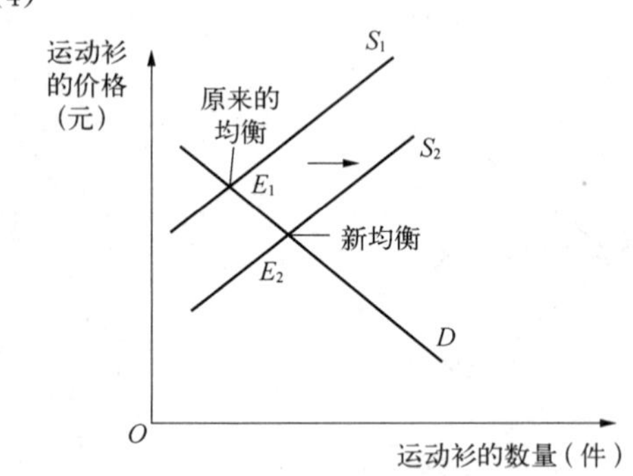

结论：P_E下降;Q_E增加

3. 不违背边际效用递减规律。因为边际效用是指物品的消费量每增加或减少一个单位所增加或减少的总效用的量。这里的单位是指一完整的商品单位，这种完整的商品单位是边际效用递减规律有效性的前提。比如，这个定律适用于一双鞋子，但不适用于单只鞋子。对于四个轮子而言，必须是有四个轮子的车才成为一单位。三个轮子不能构成一辆四轮车，因而每个轮子都不是一个有效用的物品，增加一个轮子才能使车子有用。因此不能说第四个轮子的边际效用超过第三个轮子。

4.

(1) 可口可乐和百事可乐互为完全替代商品，替代比例为 1∶1 且固定不变，相应的无差异曲线为斜率 -1 的直线。

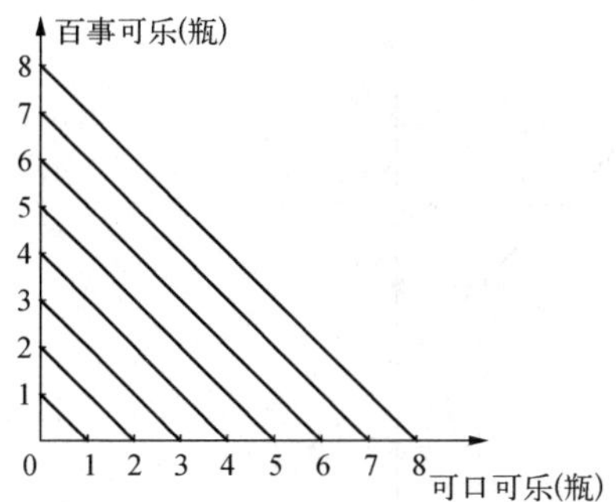

(2) 眼镜片和眼镜架为完全互补商品,必须按固定比例同时被使用,相应的无差异曲线为直角形状。

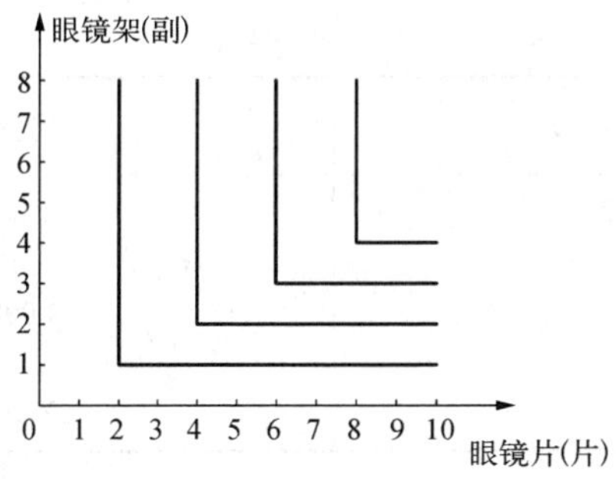

5. 信息不对称是指交易中交易一方比另一方掌握更多的经济信息。在非对称信息条件下,原有的市场均衡可能导致低效率:一方面,由于交易双方信息不对称和市场价格下降产生的劣等商品驱逐优质品,进而出现市场交易和产品平均质量下降的逆向选择现象。另一方面,由于交易双方信息不对称,一方当事人(掌握信息更充分的一方)可能在最大限度地增进自身效用的同时做出不利于另外一方的行动。产生道德风险也称道德危机。保险市场上逆向选择与道德风险的区别在于:逆向选择基于交易的一方隐藏其私下信息(hidden information),发生在保险契约签订之前;道德风险中所隐藏的是行动(hidden action),且发生在保险契约签订以后。

三、计算题

1.

(1)

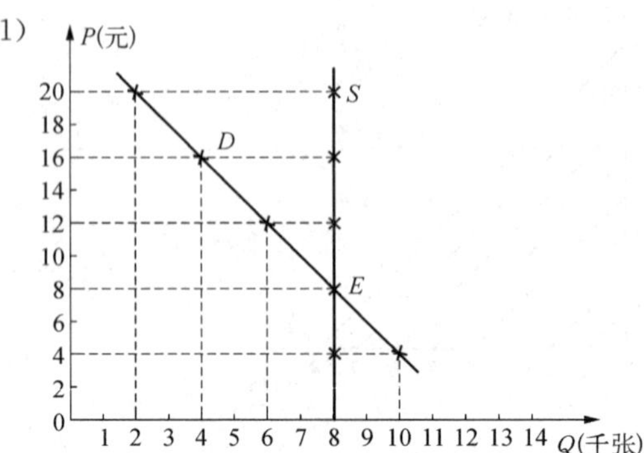

供给曲线是一条垂直于横轴而非从左下方向右上方倾斜的线,因为篮球票的供给是个常量 8 000 张,不随着价格的变动而变动。

(2) 由图示均衡点 E 可知:篮球票的均衡价格是 8 元,均衡数量是 8 000 张。

(3)

价格(元)	需求量(张)
4	14 000
8	11 000
12	**8 000**
16	5 000
20	2 000

新的均衡价格是 12 元,均衡数量是 8 000 张。

2.

(1) 消费第二个面包时的边际效用是 10。

(2) 消费三个面包的总效用是 35。

3. 先把复习时间分别为 1、2、3、4、5、6 小时,经济学、数学、统计学相应的边际效用(分数增加)计算出来,并列成下表:

小时数	1	2	3	4	5	6
经济学 MU	14	11	10	8	5	2
数学 MU	12	10	8	7	6	5
统计学 MU	10	8	2	1	1	1

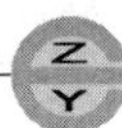

根据上表，经济学用 3 小时，每小时的边际效用是 10 分；数学用 2 小时，每小时的边际效用是 10 分；统计学用 1 小时，每小时的边际效用也是 10 分，而且所用总时间：3 小时＋2 小时＋1 小时＝6 小时。由消费者均衡条件可知，他把 6 小时作如上的分配时，总分最高。

4.

(1) 消费者的收入：$M = P_1X_1 = 2 \times 30 = 60$ 元($X_2 = 0$)

(2) 商品 2 的价格：$P_2 = \dfrac{M}{X_2} = 60 \div 20 = 3$ 元($X_1 = 0$)

(3) 预算线方程：$M = P_1X_1 + P_2X_2 \quad 60 = 2X_1 + 3X_2$ or $X_2 = -\dfrac{2}{3}X_1 + 20$

(4) 预算线斜率：$k = -\dfrac{2}{3}$

(5) E 点为均衡点，均衡点边际替代率数值等于预算线斜率的绝对值，即 $MRS_{12} = |k| = \dfrac{2}{3}$

学习领域四

一、单项选择题

1. C 2. A 3. C 4. A 5. D 6. A 7. D 8. A 9. C 10. B

二、应用分析题

1. 以劳动量 OL 为横轴，产量 TP、AP、MP 为纵轴，总产量曲线 TP、平均产量曲线 AP 和边际产量曲线 MP 之间的关系图如下：

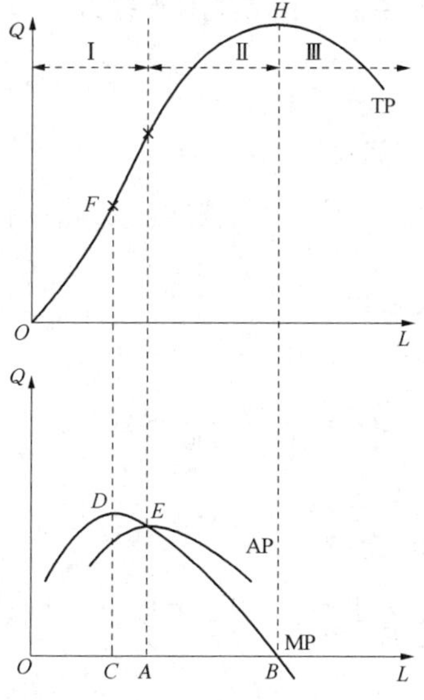

短期生产过程可以划分为三个区域:

Ⅰ区域是劳动量从零增加到 A 的阶段,此为第一阶段。这时平均产量呈上升趋势,并且边际产量大于平均产量,这说明在此阶段,相对于不变的资本量而言,劳动量投入不足,所以劳动量的增加不仅可以使资本得到充分利用,而且还使产量递增。由此看来,劳动投入量最少要增加到 A 点为止,否则资本无法得到充分利用。Ⅱ区域是劳动量从 A 增加到 B 这一阶段,这时平均产量开始下降,边际产量小于平均产量且递减,但仍大于零,所以总产量仍增加,但是以递减的比率增加。当劳动投入量增加到 B 点时,边际产量为零,总产量达到最大。Ⅲ区域是劳动增加到 B 点以后,这一阶段劳动的边际产量为负值,即继续增加劳动投入不但不会增加产量,反而会使总产量绝对减少,因此厂商也不会把劳动的投入确定在这一区域内。

理性的生产者必然选择在第二阶段组织生产,即只有Ⅱ区域才是可变要素劳动的合理投入区域。

2. 他的理由不成立。因为使用企业利润虽然不需要支付利息,但是仍然存在机会成本。至于应该选择哪一个筹资子方案要视具体情况而定,首先要看扩大生产投资的回报率。一种是大于 10%,一种是小于 10%,小于 10%的时候显然从银行贷款是不合适的,如果大于 10%,仍要分析公司现有的资产回报率,如果资产回报率大于 10%显然用银行贷款来投资扩大生产是更便宜的,如果小于 10%则用公司的盈利是更合理的。

3. 同意。首先如果不开面馆的话,其旺市商铺可以用于出租获得租金;第二,一家三口如果不做面馆,出去工作,可以获得不菲的薪资,这些都是一家人开面馆的机会成本。就目前条件来看机会成本明显大于面馆所得收入,所以开面馆是不值得的,不是理性行为。

三、计算题

1.

(1) 如定价为 600 元,

$$Q=\frac{F}{P-V}=\frac{4\ 000}{600-500}=40(\text{人})$$

即保本的旅客数为 40 人。

如定价为 700 元,

$$Q=\frac{4\ 000}{700-500}=20(\text{人})$$

即保本的旅客数为 20 人。

(2) 如定价为 600 元,

$$Q=\frac{F+\pi}{P-V}=\frac{4\ 000+1\ 000}{600-500}=50(\text{人})$$

即保目标利润的旅客人数应为 50 人。

如定价为 700 元，

$$Q = \frac{4\ 000 + 1\ 000}{700 - 500} = 25(\text{人})$$

即保目标利润的旅客人数应为 25 人。

(3) 如定价为 600 元，

$$\pi = 600 \times 50 - 500 \times 50 - 4\ 000 = 1\ 000(\text{元})$$

即往返一次的利润是 1 000 元。

如定价为 700 元，

$$\pi = 700 \times 50 - 500 \times 50 - 4\ 000 = 6\ 000(\text{元})$$

即往返一次的利润是 6 000 元。

2. $TC = Q^3 - 6Q^2 + 17Q + 66$，$VC = Q^3 - 6Q^2 + 17Q$，$FC = 66$，$AC = \frac{TC}{Q} = Q^2 - 6Q + 17 + \frac{66}{Q}$

$AFC = \frac{FC}{Q} = \frac{66}{Q}$，$AVC = \frac{VC}{Q} = Q^2 - 6Q + 17$，$MC = \frac{dTC}{dQ} = 3Q^2 - 12Q + 17$，当 $Q = 3$ 时，AVC 最小，数值为 8。

3. 王经理应该接受这笔业务。理由如下：

短期决策不考虑固定成本(视为沉没成本，不可收回)，只要把可变成本收回，就可继续经营。即只要价格高于可变成本，王经理就应该接受这笔业务，反之不接受。根据财务科提供的数据资料可以测算每间客房的可变成本为 6＋6＋5＝17 元，远远小于收益 30 元(固定成本为 16.4＋17.39＝33.79 元，视为沉没成本)，故王经理应该接受这笔业务。

4. $TR = P \times Q = 19 \times (4.073L - 0.829L^2)$　$MR = \frac{dTR}{dL} = 19 \times 4.073L - 19 \times 2 \times 0.829L$

$TC = \frac{L \times 70 \times 1\ 000}{10\ 000}$　$MC = \frac{dTC}{dL} = 7$

利润最大化原则 $MR = MC$　即 $19 \times 4.073L - 19 \times 2 \times 0.829L = 7$

$L = 2.234$ 千人，每天上岗的最佳人数为 2 234 人。

四、案例分析题

(1) 一个行业或一个厂商生产规模过大或过小都是不利的，每个行业或厂商都应根据自己生产的特点确定一个适度规模。厂商选择适度规模的原则，是尽可能使生产规模处在规模收益不变阶段。如果一个厂商的规模收益是递增的，则说明该厂商的生产规模过小，此时应扩大规模以取得规模收益递增的利益，直到规模收益不变为止。如果一个厂商的规模收益是递减的，则说明厂商的生产规模过大，此时应缩小生产规模以减少规模过大的损失,直到规模收益不变为止。

(2) 适度规模从大到小:钢铁业、服装业、饮食业。结合确定企业适度规模考虑的因素分析:钢铁业、服装业、饮食业三个行业所需要的投资量从大到小,所用的设备复杂及先进程度逐渐减弱,市场需求量从大到小,产品标准化程度从高到低。

学习领域五

一、单项选择题

1. D　2. C　3. D　4. C　5. C　6. C　7. A　8. D　9. C　10. C　11. B　12. A

二、应用分析题

1. 这种说法不对。完全竞争市场是一种没有任何垄断因素和政府干预的市场结构,这种市场的特点包括:有无数的买者和卖者,众多卖者提供的产品是完全无差别的,每个买者和卖者都是市场均衡价格的被动接受者,毫无定价权。家电行业通过广告、售后服务、产品外形设计等手段开展激烈的竞争,但都是为了将自己的产品与其他制造者的产品差异化,攫取差异化定价的垄断利润,所以家电行业更接近垄断竞争或寡头垄断市场,而非完全竞争市场。

2. 养鸡场提供的产品鸡蛋是完全同质、没有任何差异的,鸡蛋的价格也是由市场供需决定的均衡价格,基本无差异;而包子铺出售的包子是差异化产品,可以实现差别化定价,故属于垄断竞争市场。要使包子铺立于不败之地,必须实行差异化策略,并力求差异最大化。具体策略可从产品差别化、服务差异化、品牌差别化三个方面考虑。

3.

广告战		B	
		做广告	不做广告
A	做广告	30,30	50,20
	不做广告	20,50	40,40

博弈结果:广告战不可避免。

4.

智猪博弈		小　　猪	
		按钮	等待
大猪	按钮	5,1	4,4
	等待	9,−1	0,0

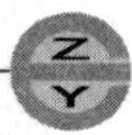

博弈结果：大猪按钮，小猪始终在食槽旁等待。

5.

(1) 自来水　完全垄断市场

(2) 瓶装饮用水　垄断竞争市场

(3) 可乐　寡头垄断市场

(4) 啤酒　寡头垄断市场

自来水产业属于公用事业，接近自然垄断，通常一个城市或一定区域范围内自来水是完全垄断的。瓶装水市场是垄断竞争市场。在这一市场上有许多生产瓶装水的厂商，而且每一厂商产出的瓶装水在品牌和包装上都有不同，即产品有一些差异。可乐市场是寡头垄断市场。在这一市场上只有有限的几家厂商控制大部分的市场份额。啤酒市场是寡头垄断市场。在这一市场上只有有限的几家厂商控制大部分的市场份额。

6.

(1) 侦探小说更富有价格弹性，商品的可替代性或重要性

(2) 贝多芬音乐唱片更富有价格弹性，商品的定义范围

(3) 在未来 5 年乘坐地铁更富有价格弹性，考察时间

(4) 生啤酒更富有价格弹性，可替代性或重要性

三、计算题

1. 设价格应提高 ΔP 元，E_d = 价格变动的百分比/需求量变动的百分比 $=\dfrac{\Delta P/12}{|-20\%|}=0.4$，故 $\Delta P=6$ 元

2.

(1) $E_d=1.2$　价格提高 3%，所以需求量相应减少，且减少百分比为 3.6%(3%×1.2)

(2) $E_m=3.0$　收入增加 2%，所以需求量相应增加，且增加百分比为 6%(2%×3.0)

(3) 价格提高 8%，需求量相应减少 9.6%(8%×1.2)；收入增加 10%，需求量相应增加 30%(10%×3.0)，正负抵消，需求量最终为增加，增加百分比为 20.4%；2006 年新汽车销售量估算：800×(1+20.4%)=963.2 万辆

学习领域六

一、单项选择题

1. B　2. B　3. A　4. D　5. A　6. B　7. C　8. D　9. D　10. B
11. D　12. A　13. B　14. A　15. D　16. C　17. C　18. D　19. B

20. A　21. B　22. A　23. B　24. D　25. B　26. A　27. A　28. D
29. C　30. C　31. B　32. A　33. B　34. A

二、应用分析题

1.

(1) 家庭购买了一台新冰箱。

家庭购买了一台新冰箱会增加 GDP 中的消费(C)部分,因为家庭用于家用电器的支出计算在消费的耐用品类中。

(2) 美的公司从其存货中出售了一台空调。

美的公司从其存货中出售了一台空调会减少现期 GDP 中的投资,因为销售存货时,企业的存货投资是负的,因而减少了当期的 GDP。

(3) 你买了一碗兰州拉面。

买了一碗兰州拉面会增加 GDP 中的消费(C),因为用于购买食品的支出计算在消费的非耐用品类中。

(4) 你的父母购买了一瓶法国进口红酒。

父母购买了一瓶法国红酒会减少 GDP 中的净出口(NX),因为法国红酒是进口食品,它的购买增加了中国的进口。

(5) 某市铺设了一条高速公路。

某市铺设了一条高速公路增加了 GDP 中的政府购买(G),因为修建高速公路是政府的行为。

(6) 摩托罗拉公司扩大其在天津的工厂。

摩托罗拉公司扩大其在天津的工厂增加了 GDP 中的净出口(NX),因为摩托罗拉公司是一家美国企业,它在中国的投资减少了中国对美国摩托罗拉手机的进口,使 NX 增加。

2. 自然失业率即指充分就业下的失业率。自然失业是由于经济中某些难以避免的原因所引起的失业,在任何动态市场经济中这种失业都是必然存在的。自然失业率为摩擦性失业、结构性失业、季节性失业和求职性失业率的总和。自然失业率的大小取决于劳动力市场的结构特征,并且随时间的推移不断变化,技术进步的速度、劳动力和劳动生产率增长的速度、获取劳动力市场信息的费用和寻业的成本都将影响自然失业率的大小。

3. 摩擦性失业和结构性失业都属于自然失业,是不可避免的。摩擦性失业是由信息不完全和不对称导致的;结构型失业则是由于经济结构变化导致的,比如技术更新或者消费者偏好发生变化。摩擦性失业与结构性失业相比,应该是结构性失业问题更严重。原因是结构性失业在性质上是长期性的,通常起源于劳动力的需求方,而摩擦性失业在性质上是过渡性或短期性的,通常起源于劳动力的供给方。

4. 最低工资法能更好地解释青少年的失业。由于绝大多数大学毕业

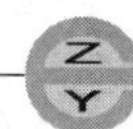

生的工资高于最低工资水平，因而最低工资法并不是大学毕业生失业的主要原因。最低工资法通常主要是限制了劳动力中最不熟练工人和经验最少的工人，如青少年，因为青少年的均衡工资通常低于最低工资。结果雇主就会减少对青少年劳动力的需求，青少年失业增加。

5. 通货膨胀的效应：(1) 收入和财富分配效应；(2) 就业和产量效应；(3) 损害经济效率的影响，增加菜单成本、皮鞋成本。通货膨胀的治理：严重的通货膨胀对于经济发展和社会稳定是极其不利的，政府可以采取的反通胀政策主要有财政政策、货币政策、收入政策与供给政策。主要措施有：控制货币供应量，减轻货币贬值和通货膨胀的压力；运用紧缩的货币与财政政策调节和控制社会总需求；有效控制工资增长率，平抑成本推动型通货膨胀；此外，增加商品有效供给，调整经济结构，使商品供求实现均衡，对于平抑结构型和需求拉上型通货膨胀也比较有效。

6.

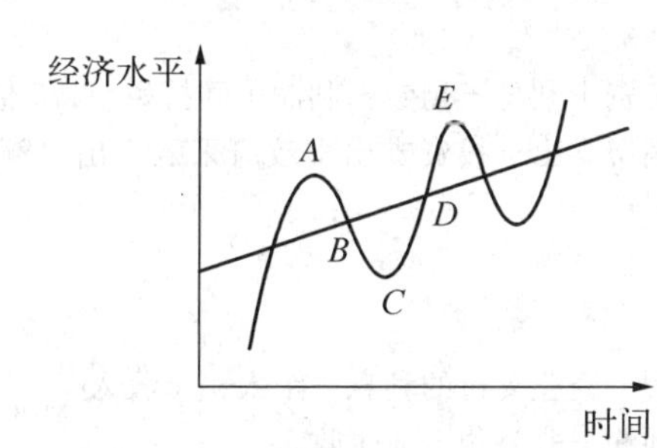

A—B 为衰退，B—C 为萧条，C—D 为复苏，D—E 为繁荣。其中正斜率的直线是经济的长期增长趋势线。

从 D 到 E，繁荣：这个阶段经济形势很好，就业机会充分，工厂加班加点，利润丰厚，人们对未来乐观。从 B 到 C，萧条：这个阶段生产急剧减少，投资减少，工作相当难找，工厂生产能力闲置，利润微薄，人们对未来很悲观。从 A 到 B，衰退：是从繁荣到萧条的过渡期，这个阶段是经济出现停滞或负增长的时期。严重的经济衰退会被定义为经济萧条，毁灭性的经济衰退则被称为经济崩溃。在经济衰退中，一些企业破产，退出商海；一些企业亏损，陷入困境，寻求新的出路；一些企业顶住恶劣的气候，在逆境中站稳了脚跟，并求得新的生存和发展。这就是市场经济下“优胜劣汰”的企业生存法则。从 C 到 D，复苏：是从萧条到繁荣的过渡期，这个阶段经济开始从谷底上升。复苏阶段的特征包括：被磨损的机器设备开始更新，就业率、收入以及消费开始上升，由于投资增加促进生产和销售的增加，使企业利润有所提高，从而使人们开始对前景寄予希望，由悲观转为乐观，原先不肯进行的风险投资这时也开始出现。随着需求的增加，生产不断扩张，萧条时期闲置的设备及劳动和其他生产资源开始陆续使用。

三、计算题

1.

(1) 以2005年作为基年时，2005年的名义GDP是200美元，实际GDP是200美元，GDP平减指数是100％；2006年的名义GDP是400美元，实际GDP是400美元，GDP平减指数是100％；2007年的名义GDP是800美元，实际GDP是400美元，GDP平减指数是200％。

(2) 从2005—2006年，名义GDP增加了100％，实际GDP增加了100％，GDP平减指数未变；从2006—2007年，名义GDP增加了100％，实际GDP未变，因而GDP平减指数增加了100％。

(3) 在2006年，经济福利增加了，因为实际GDP增加了100％；而在2007年，经济福利没有增加，因为实际GDP没有增加，仅是由于物价上升了100％而使名义GDP增加了100％。

2.

(1) 收入法GDP＝工资＋利息＋租金＋利润＋间接税＝170亿元

(2) 支出法GDP＝消费支出＋投资支出＋政府采购＋出口额－进口额＝170亿元

3.

(1) NI

国民收入＝雇员报酬＋企业支付的利息＋个人租金收入
　　　　＋公司利润＋非公司企业主收入
　　　　＝1 866.3＋264.9＋34.1＋164.8＋120.3
　　　　＝2 450.4(亿美元)

(2) NDP

国内生产净值＝国民收入＋间接税－国外要素支付净额
　　　　　　＝2 450.4＋266.3－78.5
　　　　　　＝2 638.2(亿美元)

(3) GDP

国内生产总值＝国内生产净值＋资本消耗补偿
　　　　　　＝2 638.2＋356.4
　　　　　　＝2 994.6(亿美元)

(4) PI

个人收入＝国民收入－公司利润－社会保险税＋政府支付的利息
　　　　＋政府的转移支付＋红利
　　　　＝2 450.4－164.8－253.0＋347.5＋105.1＋66.4
　　　　＝2 551.7(亿美元)

(5) DPI

个人可支配收入＝个人收入－个人所得税

＝2 551.7－402.1

＝2 149.6(亿美元)

(6) 个人储蓄＝个人可支配收入－消费者支付的利息

－个人消费支出

＝2 149.6－64.4－1 991.9

＝93.3(亿美元)

4.

(1) 成年人口＝就业者＋失业者＋非劳动力

＝14 599.3＋738.1＋7 943.6＝23 281 万

(2) 劳动力＝就业者＋失业者＝14 599.3＋738.1＝15 337.4 万

(3) 劳动力参工率$=\dfrac{\text{劳动力}}{\text{成年人口}}\times 100\%$

$=\dfrac{15\ 337.4}{23\ 281}\times 100\%$

$=65.88\%$

(4) 失业率$=\dfrac{\text{失业人数}}{\text{劳动力}}\times 100\%$

$=\dfrac{738.1}{15\ 337.4}\times 100\%=4.81\%$

5.

2006 年的通货膨胀率$=\dfrac{111.5-107.9}{107.9}\times 100\%$

$=3.34\%$

2007 年的通货膨胀率$=\dfrac{114.5-111.5}{111.5}\times 100\%=2.69\%$

预期 2008 年的通货膨胀率$=\dfrac{3.34\%+2.69\%}{2}=3.015\%$

2008 年实际利率＝ 名义利率－通货膨胀率＝ 6%－3.015%

＝2.985%

四、案例分析题

(1) 通货膨胀是指一般价格总水平的持续和显著的上涨过程。经济过热是指经济要素总需求超过总供给，GDP 增速过快，并由此引发物价指数全面持续上涨。一般来说，当经济增长速度过快，出现了严重的通货膨胀时，一国就要利用紧缩性政策来压制通胀，但是此时社会总需求会下降，从而经济速度增长变缓或者出现负增长，这就可以形象地称为经济“着陆”。如果一国实行的政策过紧，出现大幅度通胀后，紧接着会出现大规模的通货紧缩，导致失业增加，经济速度下滑过快，这叫作经济“硬着陆”。如果一国较好地实行了紧缩政策,使得过快增长的经济速度平稳地下降到一个合适的水平,而没有出现大规模的通缩和失业,就可以叫作经济“软着陆”。也即案例中的“低通胀,高增长”。

(2) 在经济过热和通货膨胀的情况下,为实现经济的“软着陆”,可以采取中性(适度扩张)的财政政策和紧缩性的货币政策。财政政策工具运用:结构性减税、增加政府采购与转移支付;货币政策工具运用:提高存款准备金率、提高再贴现率,公开市场中卖出有价证券以回笼货币。

(3) 通货紧缩是指一般价格总水平的持续和显著的下降过程。在市场疲软、通货紧缩的情况下,应该采取扩张性的财政与货币政策。财政政策工具运用:减税、大幅增加政府采购与转移支付;货币政策工具运用:公开市场中买进有价证券以投放货币、降低存款准备金率、降低再贴现率。

(4) 略。

学习领域七

一、单项选择题

1. A 2. C 3. A 4. D 5. A 6. A 7. A 8. A 9. C 10. C

二、应用分析题

1. 中国对比美国的比较优势:劳动力成本低且较丰富,具有竞争力优势;制造具有比较优势;超大规模的市场优势。

美国对比中国的绝对优势:

美国科技发达,装备先进,具有世界领先的技术水平和生产效率。研发投入高,促进科技创新,农业科技领域投资高,农业机械化优势明显;能源丰富且独立;引领世界新材料技术和制造的革命。网络的发展,使信息传递的费用近乎于零。高技术合成材料也日新月异,碳纤维、石墨烯以及各种新型合金材料层出不穷。

美国对中国出口商品主要有通过技术规模生产的粮食、大豆等农产品,机械设备、电器及电子产品仪器仪表、计算机与通信技术、汽车、医疗仪器及器械、存储部件等,中国对美国出口商品有以劳动力为优势的服装及衣着附件、织物制服装、家具及其零件、鞋、玩具等。

2.

(1) 一栋房子——交换、贮藏

(2) 可以在娱乐园玩一天的门票——交换、计价

(3) 纽约市居民持有的美元——交换、计价、贮藏

(4) 一幅油画——交换、贮藏

(5) 黄金——计价、贮藏

3. 这是复本位制下一种货币排挤另一种货币的现象。追溯到古罗马

时代，人们就习惯从金银钱币上切下一角，这就意味着在货币充当买卖媒介时，货币的价值含量就减小了。古罗马人不是傻瓜，他们很快就觉察到货币越变越轻。当他们知道货币减轻的真相时，就把足值的金银货币积存起来，专门用那些不足值的货币。这个例子说明：坏钱把好钱从流通领域中排挤出去了。为控制这一现象的蔓延，政府发行了带锯齿货币，足值货币的边缘都有细小的沟槽。如果货币边缘的沟槽被挫平，人们就知道这枚货币被动过手脚。比如说，在软件市场上的经济秩序和法规约束尚不完善时，或者不能很好协调工作时，盗版软件影响正版软件的制作、销售等，从而危害软件业健康发展的趋势。这种趋势雷同于"劣币驱逐良币"，可称为"盗版驱逐正版"，是一种非正常的市场状态。

4. 货币制度是由国家成文法、非成文法，政府法规、规章、条例以及行业公约、惯例所规范的有关货币的方方面面，包括：(1) 货币单位的确定：名与值—本币与辅币；(2) 对钞票发行和存款货币创造的管理；(3) 对不同种类货币支付能力的规定等。

5. 人民币升值的益处有：增强我国的购买力，我们购买外国的商品，等于是别人打七八折的价钱卖给我们；同样道理，我国对外国进行投资或购买外国资产都会比以前便宜。人民币的一次升值会导致大量的资金进入中国，这足以抵消或超出因投资成本加大而减少的投资额；由于劳动力成本低的优势被人民币升值所抵消，还可以促使中国的产业结构从劳动密集型向高附加值为主的方向转化；可以为人民币走向世界打下基础，为以后人民币成为国际流通货币铺好道路。

人民币升值的弊端有：国家的外汇储备随着升值幅度相应损失；国家的出口产品会因为人民币升值受到一定的影响，因为人民币升值，相对于外国进口商来讲是成本增加，出口的数量有所减少；会一定程度地影响我国的劳务输出，很小程度地影响外国投资；银行坏账上升，带来失业问题，FDI(外国直接投资)下降，农村地区发生通货紧缩，人民币的对外作用削弱，中国对 WTO 的承诺难以实现，进而带来东南亚地区的金融不稳定，以及亚洲经济的放缓；人民币升值会抑制我国出口。而我国的主要出口对象是美国。而近几年美国属于贸易逆差。升值会减缓这种情况。

三、案例分析题

(1) 国家之间的贸易不平衡是一种常态，各国能做到的不是控制不平衡现象，而是尽量降低不平衡的程度。同样，中国和美国之间的贸易主要表现在中国对美国的货物贸易顺差，美国对中国的服务和资本贸易顺差，这也和两国的比较优势有关。中国在生产劳动密集型产品方面具有很强的成本优势，而且生产的劳动密集型产品大多是生活必需品，这就导致了美国必然大量进口中国生产的劳动密集型产品；美国生产的高技术产品属于高档产品,由于中国居民收入水平比较低,对美国生产的高端产品的需求也就非常低。这种因为收入水平的巨大差异而导致的两国对贸易产品需求的不对称性是造成两国贸易不平衡的长期因素。

(2) 简单来说就是美国想通过人民币升值,增加中国企业的经营成本,从而推高中国产品在海外销售的价格,那么出口到美国的产品必然会涨价,出口量就会相应减少;根本原因,可能还涉及美国以此来控制中国金融体系,阻止人民币成为区域性国际货币。

(3) 美国如果把双边贸易不平衡的原因简单地推给中方,不重视自己的内因,不重视控制本国的过度消费和过度进口的欲望,不努力扩大市场的对外开放和增加出口,不仅对对方不公平,而且也会使贸易不平衡问题更加严重。因此,解决中美贸易不平衡问题的最好途径是双方共同致力于消除产生这些问题的因素,在双边市场共同促进自由贸易。

实训项目实施辅助素材

案例 “人生离不开选择”

关于作出决策的第一课可以归纳为一句谚语:“天下没有免费的午餐。”为了得到我们喜爱的一件东西,通常就不得不放弃另一件我们喜爱的东西。作出决策要求我们在一个目标与另一个目标之间有所取舍。

我们考虑一个学生必须决定如何配置她的最宝贵的资源——时间。她可以把所有的时间用于学习经济学;她可以把所有的时间用于学习心理学;她也可以把时间分配在这两个学科上。她把某一个小时用于学习一门课时,她就必须放弃本来可以学习另一门课的一小时。而且,对于她用于学习一门课的每一个小时,她都要放弃本来可用于睡眠、骑车、看电视或打工赚点零花钱的时间。

还可以考虑父母决定如何使用自己的家庭收入。他们可以购买食物、衣服,或全家度假。或者他们也可以为退休或孩子的大学教育储蓄一部分收入。当他们选择把额外的一元用于上述物品中的一种时,他们在某种其他物品上就要少花一元。

当人们组成社会时,他们面临各种不同的交替关系。典型的交替关系是“大炮与黄油”之间的交替。我们把更多的钱用于国防(大炮)以保卫我们的国家免受外国入侵时,我们能用于提高国内生活水平的个人物品(黄油)的消费就少了。在现代社会里,同样重要的是清洁的环境和高收入水平之间的交替关系。要求企业减少污染的法律增加了生产物品与劳务的成本。由于成本高,结果这些企业赚的利润少了,支付的工资低了,收取的价格高了,或者是这三种结果的某种结合。因此,尽管污染管制给予我们的好处是更清洁的环境,以及由此引起的健康水平提高,但其代价是企业所有者、工人和消费者的收入减少。

社会面临的另一种交替关系是效率与平等之间的交替。效率是指社会能从其稀缺资源中得到最多东西;平等是指这些资源的成果公平地分配给社会成员。换句话说,效率是指经济蛋糕的大小,而平等是指如何分割这块蛋糕。在设计政府政策的时候,这两个目标往往是不一致的。

例如,我们来考虑目的在于实现更平等地分配经济福利的政策。某些这类政策,例如,福利制度或失业保障,是要帮助那些最需要帮助的社会成员。另一些政策,例如,个人所得税,是要求经济上成功的人士对政府的支持比其他人更多。虽然这些政策对实现更大的平等有好处,但它以降低效率为代价。当政府把富人的收入再分配给穷人时,就减少了对辛勤工作的奖励;结果,人们工作少了,生产的物品与劳务也少了。换句话说,当政府想要把经济蛋糕切为更均等的小块时,这块蛋糕也就变小了。

认识到人们面临交替关系本身并没有告诉我们,人们将会或应该作出什么决策。一个学生不应该仅仅由于要增加用于学习经济学的时间而放弃心理学的学习。社会不应该仅仅由于环境控制降低了我们的物质生活水平而不再保护环境。也不应该仅仅由于帮助穷人扭曲了工作激励而忽视了他们。然而,认识到生活中的交替关系是重要的,因为人们只有了解他们可以得到的选择,才能作出更好的决策。

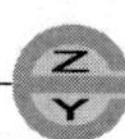

背景材料 “黄牛存在的理由”

每当节假日人们要乘车外出时，总会遇到“一票难求”的情况，于是人们习惯性地痛骂“票贩子”。实际上真的是票贩子让车票变得紧俏吗？

“早起晚睡，通宵达旦，欲与黄牛试比高。数钞票，看人山人海，一票难求。”这是曾在网络盛传的恶搞《沁园春·买票》中的一句词。“黄牛”这个名词对于中国人来说并不陌生，尤其是从事春节火车倒票的“黄牛党”，更是让广大老百姓深恶痛绝。尽管国家一再严管，却仍然无济于事。这是为什么？很明显，为了钱！那些“黄牛党”之所以如此辛苦地甚至冒着犯法的危险从事这项买卖，自然是有利可图，而且这个“利”还不小。

我们都知道，一件东西，它的价格是由价值决定的。也就是说，在通常情况下，它能卖多少钱，取决于它“值”多少钱。打个比方，你就是再牛，也不可能把白菜卖出轿车的价格，这是由它的价值决定的。讲到这，也许你会问：那么平常卖100元的火车票，它的价值应该就是100元啊！为什么黄牛卖200元，甚至是卖300元，也会有人抢着买呢？生活常识告诉我们：平时的火车票基本能满足乘客需求，票正好够卖。但春节时大家都挤在一块回家，火车票太紧俏。那么，导致这种现象的根本原因是什么呢？用经济学来解释，就是我们刚刚学习过的经济学名词：供需。用一句话概括就是：当供过于求时，价格就会下降；当供不应求时，价格就会上涨。

案例 “从当当网看新规模经济”

大学的校门口每到中午之时就会有很多的快递车从四面八方驶来,学生们还有部分老师则早已守候在此。其中有一辆车被团团围住,甚至快递员站在车前,如老师上课点名一般依次派发快件,这一辆车就是当当网的配送车。作为当当网的忠实顾客,我也经常在这个取书的队伍中。几次排在取书队伍的最后,得以与快递员有短暂的交谈,得知通过他派送的当当网图书及其他商品一日价值五六千至上万元不等。这仅仅是中国七百余所大学之一。

由图书出版业的李国庆和华尔街金融业的俞渝夫妇创立于20世纪90年代末互联网泡沫经济时代中的当当网,显然绝非泡沫,也绝非普通的夫妻店。时至今日,当当网已经是全球最大的中文网上图书音像商城。当当网不仅是一个“网站”,也是由30万种产品、660万顾客、十大物流中心(北京、上海、广州、成都、武汉、郑州、无锡、沈阳、福州、济南)组成的覆盖全中国的一张“大网”,2012年当当网年销售额达到40亿元。规模越大、客户越多、利润越大——当当网的这个盈利规则让我们想到了一个词叫“规模经济”。那么当当网的盈利模式是不是规模经济呢?

一、新旧规模经济的区别

1776年,经济学之父亚当·斯密提出:“企业的成长过程就是不断获取规模经济利益的过程”。规模经济指企业产品的数量增多,单位成本却下降,长期平均成本随产量的增加而递减的经济。就当当网而言,销售的产品数量越多,其网上销售系统建设费用就平摊在越多产品上,平均单位成本就越低。当当网是符合规模经济的定义的。可以肯定,当当网的盈利模式就是规模经济。但“规模经济”是两百多年前提出的话题,是工业时代的企业的发展模式,信息时代的今天又提“规模经济”是否过时了呢?

亚当·斯密用扣针厂的故事来解释规模经济。生产一枚扣针需18道工序,10个工人每人分别承担一两道工序,每天可生产48 000枚扣针,人均每天生产4 800枚。若工人各自独立完

成生产，他们中的任何一个人，一天连20枚也生产不出来。而且大扣针厂比小扣针厂的人均产量更高、每枚扣针的平均成本更低。扣针厂与当当网同样符合“规模经济”的定义，但很多方面又大相径庭。

1. 主营业务不同

扣针厂的主营业务是生产，当当网的主营业务是销售。“规模经济”中的“产品”常常指“生产的产品”。最早的规模经济出现在工业时代，当时企业关注的焦点问题是如何能高效地生产出产品。而在生产力高度发展、社会物资极大丰富的今天，企业需要考虑的核心问题是如何能销售更多产品。只要产品能销售得出去，产品的获得就是其次的问题。企业的供应链是拉式的、逆向的，即从销售到生产再到采购——知道了顾客需要多少产品，企业才去考虑是自己生产还是购买或生产外包。为了区别于工业时代的规模经济，我们将信息时代的规模经济暂称为“新规模经济”。新规模经济的主营业务不是传统产品生产，但也不局限于销售，还应包括服务、虚拟商品的生产等。

2. 能够获取规模经济利益的原因不同

扣针厂能够获得规模经济利益的原因是分工和机器。分工使工人的技能因业专而日进，避免了由一种工作转到另一种工作损失的时间，从而生产出工人独立生产所不可能生产出来的产品数量；机器开动一次的成本较高，生产较多产品才值得开动机器。由于这两个原因，扣针厂生产的扣针越多，平均成本就越低。扣针厂获取规模经济利益的原因是分工和机器，而新规模经济的关键则是海量的顾客。

二、新规模经济企业的类型

从当当网顺藤摸瓜，发现新规模经济的企业有多种形式，除了网络销售还有平台服务、虚拟产品和连锁经营等。

1. 网络销售

京东、凡客、聚美优品、好乐买都是网络销售的成功案例，它们都具有与当当网类似的特点。

2. 平台服务

平台服务企业的客户至少有供需两方，通过收取管理费、广告费获利。平台服务企业不销售商品，也不向某一方单独提供

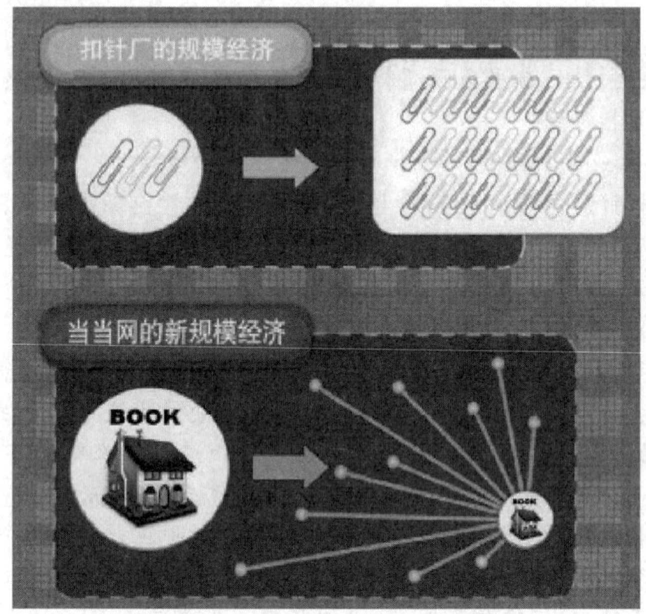

附图 1 新旧规模经济利益的获取

服务,而是同时为双方客户提供服务。平台服务可以是传统商务形式,也可以是电子商务形式。相比之下,电子商务形式的平台服务更能发挥出规模优势。互联网将平台企业的规模无限放大——没有一个商城可以像淘宝一样同时容纳两亿人一同逛街、没有一个婚介所可以像世纪佳缘一样同时容纳六千多万人约会。

3. 数字化产品

数字化产品最能体现新规模经济的特征,这类产品的复制成本几乎为零,产品越多,平均成本越低。第一类,将现实产品信息化的数字产品,如中国知网的电子学术期刊、超星的电子图书、迅雷的数字影视剧等,这类数字化产品对现实的产品有替代作用,如电子图书可以取代纸质图书。第二类是软件,即一组计算机程序,如管理系统、杀毒软件、游戏等。第三类是网络游戏公司制作的虚拟产品,如虚拟土地、服装、装备等。腾讯的 QQ 服饰和各类游戏中的武器都是虚拟产品。虚拟产品也是数字化的产品,通常具有与现实产品同样的名称,但具有与现实产品不

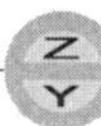

同的特性,如网络游戏中的服装没有御寒的功能,只是美化了游戏人物,满足了玩家的心理需求。它们不是现实产品的数字化版本,更不能替代现实产品。

4. 连锁经营

互联网技术似乎就是为新规模经济而生的,二者的本质追求都是使更多人聚集在一起。但新规模经济并非都要以互联网为平台,如连锁经营也符合新规模经济的特点。连锁经营中总部的管理职能包括产品设计、广告促销、装修设计、商品配送等大部分工作,连锁店只负责执行。肯德基在全球有3.3万家连锁店,肯德基餐厅开得越多,每个汉堡的平均成本越低。尽管连锁经营不是基于互联网技术的,但有了互联网等通信技术,全世界的同一品牌的连锁店才得以在各方面完全同步。

三、新规模经济的典型特征

新规模经济中的产品,无论是实物、服务或者是知识,无论互联网经济还是实体经济,都有明显的共同特征。

1. 产品复制成本低

复制一个产品,可能是一个顾客在当当网买了一本书,可能是在淘宝上多一个买家,可能是中国知网的一位顾客又下载了一篇文章。新规模经济企业增加一个产品,边际成本很小。

2. 产品需求量持续增长

终身学习的观念已深入人心,因此当当网、中国知网的顾客会越来越多;人们对消费品的需求种类不断增多,因此淘宝是必要的;人们工作生活的节奏越来越快,因此肯德基会有更多顾客。这些需求一方面来源于对潜在需求的挖掘,如足不出户的便利使人们在当当网、淘宝网上买了更多的商品。但另一方面来源于对传统行业市场的抢占,有资料显示,从2007年到2009年,中国实体书店减少了上万家。

四、新规模经济盈利的有效途径

有规模才能有效益,新规模经济盈利的良性循环应该是:固定成本投入→客户增多→平均成本降低→利润增长→固定成本投入……新规模经济盈利应该从吸引客户、降低成本、适时再投资三个环节入手。

1. 吸引客户：品牌乘数营销

用品牌做乘数,在后面乘上各种经营手段以获得最大的利润,延长产业价值链或利用品牌开发各种衍生品。如网上专业超市逐步向综合商城发展,图书起家的当当网开始销售家电、服装等,苏宁电器的网上商城也开始销售图书;平台服务企业可以向产业链的上下游产业扩展,阿里巴巴公司向产业链下游发展,建立了阿里巴巴物流平台;数字产品可以开发衍生品,玩具就是一种不错的选择,把虚拟的造型做成毛绒或电动玩具;连锁经营也应向网上发展,肯德基提供了网上无限制地打印优惠券的服务。这些策略都可以充分发挥品牌乘数营销的优势,可以进一步吸引客户,以使新规模经济的规模无限扩大。

2. 降低平均成本：使用新技术

新规模经济企业大多依赖于通信和网络技术,产品成本与技术的成本息息相关。新技术的使用、软硬件设备价格的不断降低促使新规模经济企业的成本进一步降低。

3. 提高服务质量：适时再投资基础设施

新规模经济中,需要考虑搭建的基础设施能够承受客户的最大数量。当客户的数量接近上限时,必须再次投入以加强基础设施建设。

如果说新规模经济企业需要一组螺旋式上升的动力链条,那么以上这些经营策略就像是润滑油一样,保证了每个齿轮间无障碍地高效、协调运行,使得新规模经济企业获得更多的稳定利润。

资料来源：牛慧卿,《从当当网看新规模经济》,《企业管理》2013年第3期。

模拟商战分数权益利润记录表(6年)

组别	第一年			第二年			第三年			第四年			第五年			第六年			名次
	分数	权益	利润	分数	权益	利润	分数	权益	利润	分数	权益	利润	分数	权益	利润	分数	权益	利润	
A																			
B																			
C																			
D																			
E																			
F																			
G																			
H																			
I																			
G																			

模拟商战现金流量表(六年)

项　目	第一年				第二年				第三年				第四年				第五年				第六年			
初期余额																								
交税																								
广告费																								
短期贷款																								
民间融资																								
应收账款																								
贴现实到款																								
应付账款																								
产品研发																								
购/调生产线																								
加工费																								
管理费																								
余额																								

（续表）

项　目	第一年		第二年		第三年		第四年		第五年		第六年长贷/利息	
长贷/利益												
维修费												
购/租房												
市场开发												
ISO 认证												
罚金												
余额												

年份	第一年				第二年				第三年				第四年				第五年				第六年			
季度	1	2	3	4	1	2	3	4	1	2	3	4	1	2	3	4	1	2	3	4	1	2	3	4
R1																								
R2																								
R3																								
R4																								

出牌游戏计分表 第________轮

组别	________组		________组	
局数	出牌颜色	得分	出牌颜色	得分
1				
2				
3				
分数小计：				
4				
5				
6				
分数总计				

游戏规则变化情况记录：

出牌游戏计分表 第________轮

组别	________组		________组	
局数	出牌颜色	得分	出牌颜色	得分
1				
2				
3				
分数小计：				
4				
5				
6				
分数总计				

游戏规则变化情况记录：

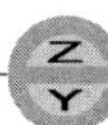

宏观经济数据调研记录表

年份：________ 地区：________

指标	内容(数据及单位)
地区生产总值(GDP)	
第一产业	
第二产业	
工业	
建筑业	
第三产业	
三次产业结构	
常住总人口	
人均地区生产总值	
财政总收入	
财政总支出	
社会固定资产投资	
社会消费品零售额	
进出口总额	
居民消费价格总水平	
城镇登记失业率	
恩格尔系数(城镇 & 农村)	
职工最低工资标准	

经济周期与经济增长数据记录表(________省/区/市)

年　份	GDP 增长率(%)	年　份	GDP 增长率(%)

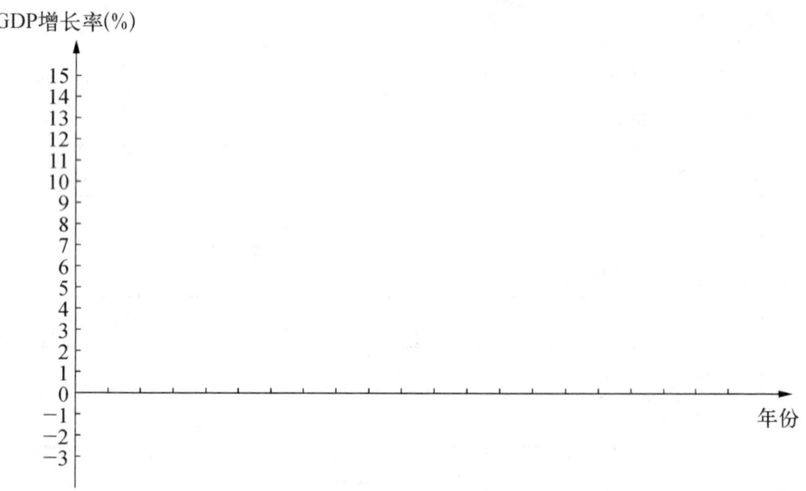

经济周期与经济增长趋势图

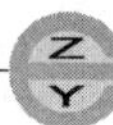

宏观经济政策分类整理表

年份		
财政政策	税　　收	
	国　　债	
	政府购买	
	转移支付	
货币政策	存贷款基准利率	
	存款准备金率	
	公开市场业务	
	再贴现政策	

外汇牌价调研记录表(单位:人民币/100 外币)

货币名称	现汇买入价	现钞买入价	卖出价	中间价	基准价
美元 USD					
瑞士法郎 CHF					
新加坡元 SGD					
瑞典克朗 SEK					
丹麦克朗 DKK					
挪威克朗 NOK					
日元 JPY					
加拿大元 CAD					
澳大利亚元 AUD					
欧元 EUR					
澳元 MOP					
菲律宾比索 PHP					
泰铢 THB					
新西兰元 NZD					
英镑 GBP					
港币 HKD					
韩元 KRW					

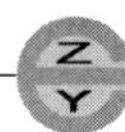

人民币汇率变动调研记录表(单位:人民币/1美元)

年份或日期	人民币对美元汇率中间价	年份或日期	人民币对美元汇率中间价

调 查 问 卷

教材使用调查表(学生用)

评　价　指　标	好	一般	差
有较强的理论性			
时代性强,具有前瞻性			
实践性强,利于能力的培养			
适用性强			
与先行课程所用教材内容重复较少			
取材适宜,内容精练,难度适中			
编排合理,顺序清楚,结构严谨,有鲜明特色			
薄厚适中,利用率高			
复习思考题、关键词索引、文图搭配适当			
差错率低			
价格适中			
版本新			
权威性强			
案例搭配适宜			
综合评价			

您对本教材的其他评价与建议(可附页):

注:在相应的位置划“√”,每个选项只能在一个空格中标记。

教材质量评议表(教师用)

一级指标	二级指标	三级指标	最佳状态描述	好	一般	差
内容质量	教学水平	教学适应性	符合人才培养目标及本课程教学的要求:取材合适、深度适宜、分量恰当,使用单位多			
		认识规律性	符合认知规律,富有启发性,便于学习,有利于激发学生兴趣及各种能力的培养			
		结构完整性	绪论、正文、习题(思考题)、索引、参考文献齐全,教学组织结构合理,学习路径明确,知识关联清晰			
	科学水平	先进性	能反映本学科国内外的科学研究和教学研究的先进成果,近三年出版并获得过省部级以上奖励			
		系统性	能完整地表达本课程所包含的知识,反映其相互联系和发展规律,结构严谨			
		理论性	能正确地阐述本学科的科学理论和概念,注重理论联系实际			
	思想水平	思想性	思想观点正确,符合辩证唯物主义,弘扬民族文化的精华,无政治性和政策性错误			
		逻辑性	层次分明,条理清楚,教材体系能反映内容的内在联系和本专业特有的思维方法			
	文图水平	语言文字	文字规范、简练、符合语法规则,语言流畅、通俗易懂、叙述生动			
		图表	图文配合恰当,图表清晰、准确,符号、计量单位符号符合国家标准			
编校质量	加工水平	具体内容	无政治性、科学性、知识性错误,正确反映内容,目录正文一致,参考文献著录准确			
		各类符号	标点、符号、公式、数据、计量单位标准规范			
	设计水平	封面设计	封面、扉页、封底能恰当反映本书内容,构思合理、格调健康、风格鲜明、文字准确、色彩和谐			
		版式设计	规范、统一,字号字形、序号使用合理			
	绘图水平	绘图水平	线画清晰、准确、美观,图文合理			
	校对水平	校对水平	差错率低于万分之零点五			

综合评议说明(可附页):

注:在相应的位置划“√”,每个选项只能在一个空格中标记。

参 考 书 目

1. [美] 曼昆著，梁小民等译：《经济学原理》，北京大学出版社，2006 年。
2. 梁小民著：《经济学是什么》，北京大学出版社，2001 年。
3. 朱京曼主编：《西方经济学教学案例精选》，经济日报出版社，2008 年。
4. 王福重著：《人人都爱经济学》，人民邮电出版社，2008 年。
5. 尹伯成主编：《西方经济学简明教程》，上海人民出版社，2002 年。
6. [美] 熊彼特著，韩宏等译：《从马克思到凯恩斯的十大经济学家》，江苏人民出版社，2003 年。
7. [英] 罗杰·E·巴克豪斯著，莫竹芩、袁野译：《西方经济学史》，海南出版社，2007 年。
8. [韩] 柳泰宪著，徐若英译：《在小吃店遇见凯恩斯》，中信出版社，2006 年。
9. 张丽娟、王彩霞编著：《每天学点经济学》，金城出版社，2009 年。
10. 梁小民著：《活学活用经济学》，中国社会科学出版社，2007 年。
11. 林景良、吴伟主编：《新编经济学基础》，大连理工大学出版社，2008 年。
12. 李芷琳编著：《35 岁前要懂的 88 个经济学常识》，九州出版社，2009 年。
13. 华桂宏主编：《经济学基础》，中国人民大学出版社，2012 年。
14. 杨长江、石洪波编著：《宏观经济学》，复旦大学出版社，2007 年。
15. [美] 迈克尔·帕金著，张军等译；《微观经济学》，人民邮电出版社，2009 年。

图书在版编目(CIP)数据

经济学基础与应用/胡田田主编. —2版. —上海:复旦大学出版社,2014.8(2020.3重印)
(复旦卓越·21世纪经济学系列)
ISBN 978-7-309-10715-9

Ⅰ.经… Ⅱ.胡… Ⅲ.经济学-高等学校-教材 Ⅳ.F0

中国版本图书馆CIP数据核字(2014)第114554号

经济学基础与应用(第二版)
胡田田 主编
责任编辑/徐惠平

复旦大学出版社有限公司出版发行
上海市国权路579号 邮编:200433
网址:fupnet@fudanpress.com http://www.fudanpress.com
门市零售:86-21-65642857 团体订购:86-21-65118853
外埠邮购:86-21-65109143 出版部电话:86-21-65642845
江苏句容市排印厂

开本787×960 1/16 印张22.5 字数395千
2020年3月第2版第4次印刷
印数12 201—13 300

ISBN 978-7-309-10715-9/F·2056
定价:42.00元